致谢信息与价格预测运筹中心暨河马中心

Special Thanks to Hub of Information, Price Prediction and Operation (HIPPO)

洞悉市场　把脉全局

Deep Insight into Markets and the Economy

本书获得以下基金资助

国家自然科学基金委员会与美国国家科学基金会合作研究项目（42061124002）

国家自然科学基金面上项目和青年基金（71771101，71501079，71803058）

基于多尺度分析的中国生猪
市场价格与补贴政策研究

朱信凯　熊　涛　田晓晖　李　剑　陈　威　著

中国农业出版社

北　京

图书在版编目（CIP）数据

基于多尺度分析的中国生猪市场价格与补贴政策研究/
朱信凯等著. —北京：中国农业出版社，2021.9
ISBN 978-7-109-27321-4

Ⅰ.①基… Ⅱ.①朱… Ⅲ.①生猪市场—价格—研究
—中国②生猪市场—政府补贴—财政政策—研究—中国
Ⅳ.①F326.3

中国版本图书馆 CIP 数据核字（2020）第 174174 号

基于多尺度分析的中国生猪市场价格与补贴政策研究
**JIYU DUOCHIDU FENXI DE ZHONGGUO SHENGZHU SHICHANG
JIAGE YU BUTIE ZHENGCE YANJIU**

中国农业出版社出版
地址：北京市朝阳区麦子店街 18 号楼
邮编：100125
责任编辑：贾　彬　文字编辑：肖　杨
版式设计：杜　然　责任校对：刘丽香
印刷：北京通州皇家印刷厂
版次：2021 年 9 月第 1 版
印次：2021 年 9 月北京第 1 次印刷
发行：新华书店北京发行所
开本：700mm×1000mm　1/16
印张：11.75
字数：240 千字
定价：58.00 元

近年来，受经济因素、政策因素和自然因素叠加影响，我国生猪市场价格波动特征渐趋复杂。生猪价格序列长周期中包含多个短周期，序列本身也显现出非线性、非平稳和多尺度（即多个频率）等复杂特性。由于猪肉在我国肉类消费中占据重要地位，生猪价格的大幅波动往往会引起社会的高度关注。

多尺度分析方法近年来在非平稳时间序列数据分析中被广泛应用，该方法主要借助多尺度分解方法、重组算法、机器学习和时间序列模型等，从多尺度视角对非平稳时间序列数据开展分析。多尺度分解方法（如傅立叶变换、小波分析和经验模态分解方法等）在处理非平稳数据上具有较好的时域和频域分辨率，能够将非平稳时间序列分解为频率特征不一致但波动相对平稳的多个子时间序列。在此基础上，根据各子时间序列不同的波动特征和规律，综合运用重组算法、机器学习等方法开展数据分析和预测工作。

本书系统地介绍了多尺度分析方法在我国生猪市场价格分析中的应用。多尺度分析方法能将复杂的非平稳生猪市场价格序列分解为频率特征不一样的多个相对平稳的价格子序列。应用多尺度分析方法有利于识别生猪市场价格周期波动，并为深层次分析生猪产业链的价格传导机制提供支撑。本书进一步根据各分项的周期波动特征和规律，结合生猪产业链各环节影响因素对生猪价格的影响机理，从多尺度视角构建生猪市场价格预测模型，并建立生猪价格超常波动预警方案。在此基础上，本书从生猪养殖规模效率和生猪价格波动两个视角，探究生猪补贴政策的有效性，力求在全面分析评估已有补贴政策的同时，提出科学的生猪补贴政策建议，促进我国生猪市场健康平稳发展。

本书的主要研究内容如下。

（1）我国生猪市场价格波动特征研究。①运用集合经验模态分解技术对原始猪肉价格序列进行多尺度分解，并利用重组算法将分解后的子价格序列重组为猪肉市场短期供需不均衡影响的高频波动分量、猪肉市场重大事件影响的低频波动分量和我国经济环境影响的趋势分量。该处理方法可以更明晰地捕捉猪肉价格的波动特征与规律。②综合利用集合经验模态分解技术和多断点检验法，构建多尺度视角下生猪价格波动特征及调控政策混合分析模型，并开展相关实证分析。

（2）我国生猪市场价格传导机制研究。①利用有向无环图和结构向量自回归模型，对我国生猪产业链上游玉米、豆粕、仔猪的价格，中游生猪的价格和下游猪肉的价格传导效应开展研究，明晰我国生猪产业链的价格传导机制。②采用集合经验模态分解技术对生猪产业链各环节价格进行多尺度分解，并运用重组算法将子价格序列重构为短期供需不均衡影响的高频分量、中期重大事件影响的低频分量和长期趋势分量。进一步基于各分量的自身特征，综合运用有向无环图技术、结构向量自回归模型及状态空间模型，从多尺度视角实证分析我国生猪产业链多尺度价格传导效应。③运用有向无环图和预测方差分解等方法，探究芝加哥商品期货交易所瘦肉猪期货价格和持仓量、美国西德克萨斯轻质原油价格、人民币对美元汇率等国际市场因素对我国猪肉价格波动的影响。④选取货币供应量、仔猪价格、饲料价格、城镇居民收入和白条鸡价格等五个变量，运用通径分析法实证检验货币政策对猪肉价格的直接与间接影响效应。研究结果表明货币政策对猪肉价格的直接影响有限，而主要通过间接影响发挥作用。仔猪价格和城镇居民收入是货币政策影响猪肉价格的主要渠道。

（3）我国生猪市场价格预测研究。本书提出了一种改进的基于集合经验模态分解技术的多尺度混合预测建模框架，并将其应用于我国生猪价格短期预测。该方法运用集合经验模态分解技术分解生猪价格序列，经重组算法处理得到各个分量后，分别运用极限学习机等机器学习技术、自回归移动平均模型和多项式回归模型等时间序列模型对低频分量、高频分量和趋势分量进行建模预测。最后将得到的上述三个分量的预测值求和，计算合成生猪价格的最终预测值。

（4）基于价格波动的生猪补贴政策研究。①利用曼奎斯特指数和倍差法，本书对我国 2002—2012 年生猪补贴政策实施前后生猪养殖效率的变化进行分析，旨在探究我国生猪补贴政策的有效性。结果表明，在该时间段内我国大规模和中规模生猪养殖的技术效率和规模效率总体上略有增长，但全要素生产率、技术进步和纯技术效率明显下降。其次，大、中规模生猪养殖的技术效率变化指数较为稳定，但全要素生产率和技术进步变化指数出现大幅波动，且两者都呈现出同步变化趋势。此外，生猪补贴政策整体上降低了生猪养殖的规模效率。仔猪费用、精饲料费用和防疫费用的投入额对不同规模生猪养殖的规模效率影响具有显著差异。生猪调出大县奖励和畜牧标准化养殖补贴政策降低了大规模生猪养殖户的规模效率，对中规模生猪养殖的规模效率影响不显著。②利用农村居民生活消费数据和生猪产业相关数据，基于 Minot 福利效应模型，探究我国生猪主产区生猪价格波动导致的农户福利效应变化，并分析生猪补贴政策对各省份农户福利的影响情况。结果表明，生猪主产区各省份农户的猪肉消费占总消费的比值和生猪生产收益占总收入的比值总体呈现出略微下降的趋势。净收益率的省际差异性较大。在农户福利方面，各省份农户福利效应的变化走势基本趋同，其中生猪价格正向影响生产福利，而猪肉价格负向影响消费福利。价格的波动不利于农户福利的稳定，大部分省份农户生产福利主导着总福利的变化。

本书由中国人民大学信息与价格预测运筹中心（Hub of Information, Price Prediction and Operation，HIPPO，河马中心）朱信凯、熊涛、田晓晖、李剑、陈威完成。本书成果是河马中心在农产品价格预测预警领域的系列成果之一，也是河马中心近年人才培养成果的重要体现。在此，特别感谢参与本书部分章节的研究人员：魏家娟、赵畅锦、李小刚。近年来，河马中心围绕农产品价格预测预警开展了一系列创新性研究和实践性探索。团队自主开发了中国农产品价格自适应短期预测系统（Self‑adaptable Short‑term Agricultural Prices Prediction System，SSAPP 系统），每年定期发布我国农产品价格短期预测分析研究报告，并形成了一系列资政报告。研究成果多次获得国家和省部级领导肯定性批示，被相关部门采纳，在国内外学术界产生了广泛的影响。本书的附录部分，对研究团队在农产品价格短期预测与预警的理论、方法与应用中的探索进行了简要的介绍。

[目 录]

1 绪论

1.1 研究背景、目的及意义

生猪产业在我国畜牧业乃至整个国民经济中占据重要地位，是保障"菜篮子"产品市场有效供给的战略产业，是农业结构调整的纽带产业，也是促进农民增收奔小康的重要产业。以习近平同志为核心的党中央高度重视生猪产业发展，近年来我国生猪产业快速发展，综合生产能力明显增强，我国生猪出栏量达到世界生猪出栏总量的 55％以上。与此同时，受生猪养殖周期和非洲猪瘟疫病等因素综合影响，我国生猪市场价格波动剧烈，屡屡超出正常波动范围，引起了主管部门和社会舆论的广泛关注。生猪市场价格的异常波动引发了一系列连锁反应，给国民经济健康发展带来了诸多不利影响，并成为党和国家高度关注的重点领域之一。2015 年，国家发展和改革委员会、财政部等 4 部委发布新版《缓解生猪市场价格周期性波动调控预案》；2017 年，农业部印发《全国生猪生产发展规划（2016—2020 年）》；2019 年，国务院办公厅印发《关于稳定生猪生产促进转型升级的意见》；2020 年，国务院办公厅印发《关于促进畜牧业高质量发展的意见》。这一系列政策措施为我国生猪产业健康平稳发展提供了有力的保障。

作为居民"菜篮子"的重要组成部分，猪肉一端连着居民的"菜篮子"，一端连着农民的"钱袋子"，"肉贵伤民"和"猪贱伤农"凸显保持生猪市场稳定和平抑异常的价格波动对增加农民养殖户收入、稳定居民通货膨胀预期及促进国民经济健康快速发展具有非常重要的现实作用。

不稳定（波动）是全球生猪业的主要特征之一。这种不稳定性以生产和价格的周期运动模式显现出来。此周期是波动的生产和价格反复进行的历史运动模式。周期中内在的价格波动会给生猪生产者、加工者、投入要素供给者及消费者带来较高的代价。它将导致资源的浪费，给行业中的各类决策者带来不确定性，并影响从养殖到零售的整个产业。近年来，受各种经济风险和自然风险不断叠加影响，我国生猪市场价格波动渐趋复杂化，长周期中往往包含多个短周期，序列本身也呈现出明显的非线性、非平稳和多尺度等复杂特性。这使得生猪市场价格波动、传导和预测研究成为农业经济管理学界和生猪产业从业者急需解决的关键和难点问题之一。

在此背景下，多尺度分析方法在处理非平稳时序数据上具有良好的时间和频率辨析度的优势，特别是还能将复杂的非平稳生猪市场价格序列分解为频率特征不一样但相对平稳的多个子时间序列，这样增强了不同尺度上各分项变化的规律性，极大地提升了识别生猪市场价格周期波动的能力，更有助于深层次地分析生猪产业链的价格传导机制。在此基础上根据各分项的周期波动特征和规律，结合生猪产业链各环节影响因素对生猪价格的影响机理，从多尺度视角构建预测模型对生猪市场价格进行准确预测，提供及时有效的预警信息，对于推动我国生猪产业的健康发展，稳定城镇居民食品类消费价格，促进农业及国民经济的快速和平稳发展具有重要意义。

1.2 研究现状

1.2.1 基于经验模态分解的多尺度分析方法

目前，国内外学者对时间序列的多尺度分析进行了有益的探讨和应用。其中，开创性的工作是美国航空航天局的美籍华人 Huang 等（1998）提出的经验模态分解（Empirical Mode Decomposition，EMD）。EMD 是近年来发展起来的一种新型时间序列时频处理技术，具有很高的信噪比，特别适用于各种非线性、非平稳序列的分析处理。该方法能够准确迅速地将原始的复杂序列中不同周期的波动逐级分解开来，最后能有效地提取出一个时间序列的趋势项。不同周期的波动被定义为本征模函数（Intrinsic Mode Function，IMF），IMF 波动分量具有显著的缓变波包的特性，而趋势项分量是单调函数或者均值函数，各 IMF 和趋势项分量之和为原始数据序列。不同的 IMF 分量波动是平稳的，每个分量意味着原生猪价格序列在不同时间尺度上的波动变化。在理论上，EMD 技术可以处理任何领域和类型的时间序列，尤其适用于处理非线性和非平稳的序列。因此，EMD 技术一经问世就受到国内外诸多学者和从业者的广泛关注和研究，并已在自然科学和社会科学领域得到了成功应用。

EMD 技术能有效地提取出原始时间序列中不同周期的波动项（即 IMF），从而便于从多尺度角度识别和剖析蕴藏在原始序列中的各种周期性波动。鉴于此，基于 EMD 的多尺度波动周期分析被成功运用于非线性和非平稳数据序列的波动周期研究。在自然科学领域，Niaki 等（2014）凭借 EMD 的多尺度分解能力，研究分布式电力系统中供给耦合点波动率的周期性。Spada 等（2014）运用基于 EMD 的多尺度周期分析法研究格陵兰岛最长的潮汐及海平面记录的周期性。余世鹏等（2014）利用集合经验模态分解方法对三峡蓄水后8 年的三峡日入库、出库流量和坝下各水文站日水情信号进行多尺度时频分析。杜建丽等（2009）运用 EMD 分析了 1950—2006 年全国干旱灾害受灾面积波动情况，得出干旱灾害受灾面积存在准 3 年、准 8.5 年和准 14 年特征时间尺度的周期性波动。在社会科学领域，Kožić 等（2014）运用 EMD 方法对美国经济周期进行分析，并与传统的过滤法和小波变换进行比较，结果表明美国经济表现出 16～32 个季度周期性，基于 EMD 的多尺度周期分析法明显地优于传统的过滤法和小波变换。秦宇（2008）运用 EMD 方法对上海股票市场价格日序列进行趋势分解和周期性波动分析，得到各分量的波动对宏观的重大事件有不同程度的反应，这意味着这些分量的波动反映了股票市场的各种周期规律。杨艳昭等（2014）采用 EMD 方法，从洲际、区域、国家等多个尺度，定量分析了 1980—2010 年非洲粮食产量波动的时空格局，结果表明自 1980 年以来，非洲粮食产量总体呈上升趋势，短期波动以 3 年周期为主，长周期约为 10 年。李仲飞等（2014）运用 EMD 方法对 1991 年 1 月至 2011 年 12 月我国房地产销售价格指数的月度数据进行分析，从多尺度角度识别出我国房地产市场内在的准周期成分。阮连法等（2012）运用 EMD 方法对杭州市新建商品住宅交易的周度价格数据进行分解，再根据本征模函数的特征进行重组，研究结果表明杭州市商品住宅市场存在 3 年的大周期，14 个月和 7 个月的小周期。

经过 EMD 技术处理，原始的复杂时间序列被分解为若干个特征相对单一的本征模函数和一个剩余分量之和。因此，遵从"各个击破"的思想，可将对原始的复杂时间序列的预测建模问题简化为对若干个特征相对单一的本征模函数和剩余分量的预测建模问题。鉴于此，Yu 等（2008）初创性地提出基于 EMD 的多尺度混合建模框架。在该框架中，首先运用 EMD 技术对原始原油价格序列进行分解，得到若干本征模函数和剩余分量，然后运用建模技术对各本征模函数和剩余分量进行建模和预测，最后运用建模技术对原始序列与各本征模函数和剩余分量的函数关系构建模型得到最终预测值。在自然科学领域，Napolitano 等（2011）运用 EMD 方法和人工神经网络对河流流量进行预测。Guo 等（2012）构建基于 EMD 方法的预测模型对我国甘肃省张掖市的每日风速进行中长期预测。在社会科学领域，Yu 等（2008）构建基于 EMD 方法和人工神经网络的混合模型对美国西德克萨斯轻质原油和北海布伦特原油日价格进行预测。基于该建模思路，Chen 等（2012）运用该模型对台湾入境游客流量进行预测。针对自然灾害之后食品短缺和人们对食品需求量增加的矛盾，Xu 等（2010）提出基于 EMD 技术和自回归移动平均模型的混合方法对我国的甘蓝、番茄和蘑菇三种蔬菜的需求量进行预测。Xiong 等（2013）构建基于 EMD 方法的多步预测模型对美国西德克萨斯轻质原油周价格进行中长期预测。

通过对 EMD 方法的分解结果进行重组，可以得到重大事件对原始数据序列的影响程度。因此，基于 EMD 的多尺度重大事件研究成为近年来 EMD 理论和应用研究的新方向。Zhang 等（2008）首次提出对 EMD 分解结果进行重组的方法，该方法根据各 IMF 序列的均值与零均值在统计上是否显著为标准，将 IMF 序列进行重组，得到原始序列的高频波动项、低频重大事件项和长期趋势项（即剩余分量），进而用于研究重大事件对原始序列影响的程度和持续时间等。此后，Zhang 等（2009）进一步完善基于 EMD 的多尺度重大事件研究法，并利用该方法研究海湾战争和伊拉克战争等重大事件对国际原油价格的影响。沿用 Zhang 等（2009）的研究思路，Zeng 等（2013）从多尺度的视角研究美国 911 恐怖袭击事件、伊拉克战争、欧盟债务危机等重大事件对波罗的海干散货指数的影响。为研究金融危机、宏观调控政策等重大事件对我国城市住宅价格的影响，阮连法等（2012）在沿用基于 EMD 的多尺度重大事件研究法的基础上，引入结构突变理论，使得对重大事件的分析更具针对性。

1.2.2 生猪市场价格波动研究

生猪市场价格波动研究自 20 世纪 30 年代就引起了经济学家的广泛关注。诺贝尔奖获得者 Coase 等（1937）曾研究过英国的生猪价格波动周期。Ezekiel（2015）利用蛛网模型分析生猪周期，用动态分析方法刻画了生猪供给量和价格在偏离均衡状态以后的实际波动过程及其结果，奠定了当代分析研究的基础。Futrell 等（1989）发现，1950—1986 年，美国生猪生产周期平均为 4.5 年。另外，高频蛛网理论指出，在较长的周期中可能有几个短周期同时存在。Harlow（1960）运用蛛网理论分析生猪价格周期性波动现象，探究生猪价格、生猪产量和屠宰数量之间的关系，并首次提出生猪价格波动周期为 4 年左右，为后来学者们解释生猪周期作了重要的理论铺垫。Hayes 等（1987）对生猪周期提出了质疑，他们指出如果生产者拥有关于生猪周期存在和变化的知识储备，生产者会顺理成章采取反周期行为来减缓周期的存在，最终会导致生猪周期性减弱甚至消除。因此，生产者如果具有这方面的知识储备，那么生猪周期性的剧烈价格变化将会得到遏制。Ruth 等（1998）通过建立关于生猪周期的新非线性和动态合成模拟模型，认为影响生猪周期的原因主要是市场信息的缺乏和生产的延迟。种猪与育肥生产间的非同步反应是由市场信息的缺乏引起，生产的延迟则在价格变化后影响利润率。同时分析指出由于生猪及其产品缺乏弹性，生产者在短期协调供给和需求方面存在困难，从而导致生猪存栏量随时间不断地波动。Larson（1964）从生猪生产者角度分析其对经济的影响，以及生猪生产者在生产和销售决策中作出的一系列反应所涉及的因素，同时作者强调了了解整个反馈过程的重要性。Parker 等（2014）通过最早的系统研究，利用 20 世纪末和 21 世纪初的数据考察了德国猪饲料价格比，开发了一种结合随机趋势和随机循环的动态不可观测时间序列模型，研究结果显示猪肉的波动具有 4 年 1 个周期的特征，并显示猪肉价格更具有频繁波动性。

　　针对中国生猪市场价格周期性波动的研究，国内外学者进行了大量的工作。Mao 等（2016）利用 Hilbert‐Huang 转移方法进行了 1994—2013 年中国生猪生产价格周期的分解。分析结果表明，存在一个趋势和四种主要模式的周期，包括 4 个月周期、8～9 个月周期、17～19 个月周期和 42～43 个月周期。这与美国 1994—2013 年和 1910—1969 年猪肉价格周期高度相似，结果显示，生猪价格周期是由猪繁殖的生物特性决定，因此应当尊重价格循环的规律，而不是任意干预。Chang 等（2011）通过利用条件波动模型研究台湾生猪价格在加入世界贸易组织（WTO）之前、期间和之后的增长率和波动，选取的样本时间跨度为 1999 年 3 月 23 日到 2007 年 6 月 30 日。研究表明在加入 WTO 之前、期间和之后的三个子样本分别显示出了对称性、不对称性和杠杆的显著不同的持续波动性。同时研究指出金融理论和最优风险管理可以直接应用于农产品价格的分析中。

　　生猪价格波动是农产品价格波动的一个小方面，农产品价格波动一直受多数学者的关注。庄岩（2013）研究了我国农产品价格波动的特征，农产品价格波动越来越频繁的原因以及政府在调控农产品价格波动中应当发挥怎样的作用。研究结果显示，我国农产品价格波动的近期周期特征是波动周期时间缩短，波动频率加快。该研究同时从横向和纵向两个角度分析了农产品价格波动的原因。纵向角度，农产品价格传递需求拉动效应比供给效应要强，持续时间更长。农产品供给量的影响因素主要有农产品成本、财政投入以及农产品当期价格。最后对宏观经济的影响方面，农产品价格波动表现为通货膨胀，而财富效应和供给效应不明显。陈顺友等（2000）从宏观调控理论、经济技术、生产循环周期理论三个角度分析了规模化养猪生产市场波动的内部成因和规律性，探讨了有效规避或化解市场风险的途径。綦颖等（2007）探讨了生猪价格波动的形成机理，着重对生猪价格波动的成因进行了系统化的经济学分析，同时也对缓解生猪价格周期性波动提出了建议。徐雪高（2008）选择 2002—2007 年的月度数据，将 1978—2006 年的农产品价格波动现象分为五个周期，2007 年为农产品价格上涨的第六个周期，以农产品集市价格作为指标，新一轮农产品价格上涨的代表者——猪肉价格为研究对象，利用协整检验和均衡误差修正模型分析了农产品价格波动各周期的整体表现特征和结构特征。最终研究分析指出第六个周期农产品价格上涨主要是国际价格的传导、生产成本的增加、加工需求的拉动、突发因素扰动等原因叠加而成的现象。张利庠等（2011）建立向量自回归模型从产业链纵向角度研究外部冲击对生猪、仔猪、猪肉等多种农产品价格波动的影响。研究结果显示，外部冲击对农产品价格波动产生举足轻重的作用，其中短期内初级产品价格受外部冲击波动幅度会扩大 3～5 倍。作者也指出生猪、大豆、肉鸡产业链的市场化程度很高，不仅受生产影响，国际贸易、汇率等外部冲击对其影响也很大，价格波动的解释程度高达 10％～30％。李忠斌等（2013）从农民的生产行为角度入手，研究了生猪等农产品价格波动的原因。研究结果表明，农产品必需品的属性是导致农产品价格波动的根本所在，同时对农产品价格的预期加剧了农产品价格波动。

1.2.3 生猪市场价格传导研究

本部分从猪肉产业链各环节的传导和猪肉价格的非对称传导角度梳理现有文献，并进一步针对猪肉产业链各环节的异常价格波动梳理出已有文献所提出的应对策略。王芳等（2009）根据养猪业的特点将其分为生产环节、流通环节和消费环节，其中上游生产环节原料品代表为玉米、仔猪，中游流通环节代表为生猪价格，下游最终消费品代表为猪肉价格，运用有限分布滞后模型和动态计量方法揭示四种价格间的引导和传导机制。结果表明，应当将玉米、生猪价格作为价格监控重点对象。王静怡等（2015）通过协整检验、向量误差修正模型传统方法对猪肉产业链各环节的价格传导机制进行分析。研究表明猪肉产业链各环节市场价格存在长期均衡关系，但不能完全依靠市场自发对猪肉价格进行调节。价格传导存在滞后（1 期或 2 期），且猪肉价格的传导表现为由产业链下端向上端的需求拉动型，因此零售价格尤为重要。何忠伟等（2012）运用基于向量自回归模型（VAR 模型）的广义脉冲响应函数法与方差分解法对2005 年 1 月至 2011 年 6 月的数据进行了分析，研究生猪生产和销售之间的价格传导。该研究以生猪生产价格总指数、农产品批发价格指数、食品零售价格指数和居民肉禽及其制品消费价格指数为研究对象，研究结果表明生猪生产端和销售端存在长期均衡，且生猪生产端和销售端的价格传导更通畅，生猪产业链各阶段价格的短期波动恢复时间较长，均超过 20 个月。因此，生猪生产价格对整个产业链的影响最为突出，与先前的研究者关于农产品价格传导机制的研究相符。因此必须把控生猪生产环节，做好这一环节的调控。

刘清泉（2013）利用理论与实证相结合的方法，从内因和外因两方面全方位分析生猪价格对养殖效益和供给的影响、生猪价格波动的特征，并着重从横向和纵向两个维度分析生猪价格形成和产业链价格传导机制。结果表明，生猪价格是养猪效益波动的主要原因，同时生猪价格受居民收入、生猪供给以及产业和货币政策等外在因素影响。生猪价格在整个猪肉产业链各环节中发挥至关重要的作用，生猪价格的稳定是产业链的关键。孙秀玲等（2016）基于生猪产业分析农产品价格波动，选取 2000 年以来的仔猪、玉米、生猪和猪肉价格，运用误差修正模型分析生猪产业链价格波动。生猪价格受到自身滞后 1 期价格的显著影响，同时生猪价格受滞后 3 期和滞后 4 期玉米价格的影响。

类似于上文中提到的生猪产业链研究，宁攸凉等（2012）同样从产业链的角度来分析生猪价格传导，将生猪产业链分为三个环节，育肥猪配合饲料价格作为上游的代表，而中游养殖环节和下游分别使用待宰活猪和屠宰加工环节的去皮带骨猪肉价格作为代表。通过分析 2000 年 1 月至 2011 年 5 月三个环节的数据，运用约翰森协整模型、误差修正模型和格兰杰因果关系检验方法研究了上、中、下游的价格传导机制。研究发现生猪产业上、下游各环节的价格存在长期均衡，同时生猪产业链价格系统存在一定反向修正，即短期发生价格波动时价格系统会减轻价格的偏离并促进价格走向均衡。

作为消费者，我们会时常感觉到生猪价格上涨会迅速传导给下游的猪肉市场价格，但生猪价格下跌却在很长一段时间后才会影响到下游的猪肉市场价格，即消费者能迅速感知生产成本的上升，但成本下降的感知却严重滞后。国内较多学者想研究人们这种非对称价格传导的感知是否是错觉，即是否真的存在生猪与猪肉价格的非对称传导。杨朝英等（2011）利用门限自回归的方法研究中国生猪价格和猪肉批发价格的月度数据，研究结果表明生猪价格和猪肉价格之间存在着长期协整，生猪价格和猪肉价格上行传递和下行传递速度是不一样的，即消费者的感知并非错觉。猪肉批发商对生猪价格上涨的反应更灵敏，生猪养殖者对猪肉价格下跌的反应更灵敏。董晓霞（2015）运用门槛自回归模型（TAR）、动量门槛自回归模型和非对称误差修正模型（APT－ECM）对 1994 年 6 月至 2013 年 12 月生猪价格和猪肉价格的月度数据进行分析，研究发现，中国生猪价格与猪肉价格之间的传导存在双向非对称性，即生猪价格对猪肉价格的传导和猪肉价格对生猪价格的传导都存在非对称性。王思舒等（2010）运用 ADF 检验、格兰杰因果检验等方法，对北京市猪肉价格日报数据进行了分析，研究结果表明显著的非对称性也存在于北京市批发和零售环节的猪肉价格。宁攸凉等（2012）利用中国育肥猪配合饲料、待宰活猪价格和去皮带骨猪肉价格三个变量，基于约翰森协整模型、误差修正模型和格兰杰因果关系研究了 2001 年 1 月至 2011 年 5 月三个变量的月度数据，分析了中国生猪产业链价格传导。研究结果表明生猪产业链各环节价格存在着长期均衡，产业链价格系统存在一定的反向修正效应，同时生猪产业链价格系统相互影响并存在明显的时滞性。周金城等（2014）以中国生猪为研究对象，以 2006 年为生猪养殖规模化转折点，分别研究生猪养殖规模化前（1994—2006 年）和规模化后（2007 年之后）的上游饲料代表玉米价格和中游生猪价格，研究结果表明生猪价格与玉米价格具有协整关系，即长期均衡关系，垂直产业的整合性较强。周金城等（2014）基于门限模型研究 2000 年 1 月至 2013 年 6 月的生猪出栏价格、猪肉批发价格、猪肉零售价格的月度数据，研究表明：猪肉产业链的四个阶段都存在非对称的价格传导关系。在逆向传导阶段，下游价格下跌时要比上涨时更快地传导给上游价格；在顺向传导阶段，生猪价格上涨时要比其下跌时更快地传导给猪肉批发价格。

1.2.4　生猪市场价格预测研究

生猪市场价格预测研究有助于生猪产业的不同参与者提前把握价格的运行态势和规律，极大地提高了相关决策制定的前瞻性与科学性。在政府层面，美国农业部（U. S. Department of Agriculture，USDA）定期发布月度 *World Agricultural Supply and Demand Estimates*（WASDE）报告，在该报告中，USDA 提供下一个季度的牲畜（牛、猪和禽）价格、需求和供给量的点预测和区间预测值。WASDE 报告的定期发布激发了学者对其预测准确性评判的研究兴趣。Sanders 等（2002）从有效性和无偏性角度检验了 WASDE 报告中关于牲畜需求和供给预测的准确度。此后，Sanders 等（2003）进一步运用基于误差的指标和基于分类的指标检验了 WASDE 报告中关于牲畜价格预测的准确度。研究结果表明，总体而言，WASDE 报告提供的预测值满足无偏性，为牲畜产业从业者提供了一定的参考，但预测的准确性有待进一步提高。我国商务部开发建设了"我国猪肉价格预测预警系统"，该系统是一个集数据采集、加工、存储、模型构建、风险分析、预测预警、信息发布于一体的多功能决策支持体系。该系统能够有效地监测和预测我国生猪市场价格运行态势，提高我国政府关于生猪市场调控的预见性。

在学术界，诸多学者对生猪市场价格预测开展了有效探索和研究。Hahn（2004）在研究牲畜价格传递的基础上，对猪肉、牛肉等肉类价格进行预测。Li 等（2014）和 Li 等（2012）构建分位数回归模型，对我国猪肉、鸡肉和鸡蛋价格进行区间预测。Saengwong 等（2012）运用诸如单位根检验、协整检验和格兰杰因果检验等时间序列分析方法，研究台湾猪肉、牛肉和禽肉价格的弹性及价格之间的联动关系，并运用自回归移动平均模型和方差分解方法，对猪肉、牛肉和禽肉价格进行建模和预测。许彪等（2014）从趋势因素、周期因素、季节因素、偶发因素和货币因素等构建五因素模型，对我国猪肉价格进行预测。

1.2.5　生猪市场补贴政策研究

围绕我国生猪养殖效率和调控政策有效性等研究议题，学者们开展了大量卓有成效的研究工作。陈诗波等（2008）运用数据包络分析（DEA）方法和曼奎斯特指数（Malmquist）方法对我国 1991—2005 年不同地区生猪养殖效率进行了分析，认为技术水平下降制约了其生产率的提高，另外发现我国中西部生猪散养户养殖具有优势，东部规模养殖具有优势。梁剑宏等（2014）运用随机前沿技术分析生猪产业政策的影响，发现我国生猪养殖整体上处于规模报酬递减阶段，而散养户尤其小规模户全要素生产率增长速度在下降，中规模户与大规模户全要素生产率增长显著。王明利等（2011）运用随机前沿分析方法，对 2002—2009 年全国 15 个生猪主产区的技术效率进行测算，分析了各生猪主产区间技术效率的差别以及不同投入要素对生猪生产的贡献。研究发现，我国生猪养殖的总体技术效率较高，规模养殖的技术效率优势逐步体现，其中饲料投入对生猪产出的影响最大，用工数量其次。谭莹（2010）利用 DEA 方法比较分析了我国生猪生产效率在区域和规模上的差异，认为我国应该差别化实施生猪补贴扶持政策。曾华盛等（2017）运用了 Malmquist－DEA 模型考察了生猪补贴政策对广东省生猪生产效率的影响，认为补贴政策实施的效果并不佳，虽然提高了广东省中等饲养规模的生产效率，但其他饲养规模的生产效率都有不同程度的下降，甚至加剧了生猪生产效率的波动。白华艳（2016）通过类倍差法对我国能繁母猪补贴政策实施前后的生猪生产效率变化进行分析，发现我国能繁母猪政策的实施与宏观因子消费者物价指数（CPI）的上涨均不利于提升生猪全要素生产率。潘国言等（2011）运用 DEA 方法，从动态和静态两个维度综合考察产销对接区域不同省份生猪生产方式的效率，发现生猪生产效率近年呈小幅下跌，大规模猪场主要是由于技术效率变化的无效，而其他生产方式主要是由于技术进步变化的无效。闫振宇等（2012）则运用 DEA 方法分别测算了散养、小规模、中规模和大规模生猪饲养模式的生产效率，研究补贴省份间不同养殖规模下生猪生产效率和最优规模存在的差异性。

1.3 全书结构和主要内容

全书共 6 章，其中第 2 章至第 5 章是全书的主要研究工作，其内容的相互关系如图 1－1 所示。

各章及附录的主要内容如下：

第 1 章：绪论。本章叙述了本书的研究背景、目的与意义，全面回顾了与本研究相关的已有研究成果，主要包括基于经验模态分解的多尺度分析方法、生猪市场价格波动研究、生猪市场价格传导研究、生猪市场价格预测研究，最后介绍了本书的研究内容。

第 2 章：我国生猪市场价格波动研究。针对生猪市场价格呈现出非线性、非平稳波动特征，本章创造性地将多尺度分析方法引入生猪市场价格波动分析，以更深层次地探求生猪市场价格波动特征、调控政策对生猪价格的影响等。本章主要分为以下两个部分。①以我国猪肉周度价格为研究对象，运用集合经验模态分解技术对猪肉价格进行多尺度分析，并对分解后的本征模函数进行重构，以得到由猪肉市场短期供需不均衡所决定的高频波动分量、猪肉市场重大事件如疫病或调控政策等决定的低频波动分量和由我国经济环境决定的趋势分量。通过上述处理，可以更清楚地捕捉到猪肉价格波动特征与规律。②针对我国生猪价格波动剧烈和生猪市场调控政策频出的现实背景，本章构建基于

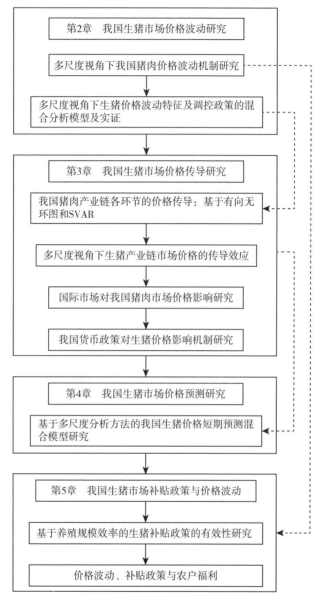

图 1-1 本书第 2 章至第 5 章内容的相互关系

多尺度分析的生猪价格波动特征及调控政策混合分析模型，从多尺度视角深入分析我国生猪价格波动特征，并明晰调控政策对生猪价格的多尺度影响程度等。

第 3 章：我国生猪市场价格传导研究。针对已有生猪市场价格传导研究局限于原始序列的问题，本章从多尺度视角重新审视生猪市场价格传导机制。本章主要分为以下四个部分。①通过结合有向无环图和结构向量自回归模型，研究猪肉产业链各环节的价格传导，克服了传统研究方法无法解释变量之间的同期因果关系的局限性。此外，研究对象包括生猪产业链上游玉米、豆粕等猪饲料及仔猪价格，中游生猪价格和下游猪肉价格，完整的分析生猪产业链价格传导机制。②更进一步，将仔猪价格、生猪价格和猪肉价格分别作为生猪产业链的上、中、下游代表，运用集合经验模态分解技术对生猪产业链价格传导进行多尺度分析。③在考虑到传统供需影响因素的条件下，将国际市场因素包括美国 CME 瘦肉猪期货价格和持仓量、人民币对美元汇率、WTI 原油价格纳入分析模型，综合运用有向无环图和结构向量自回归模型，系统全面地研究国际市场因素和我国猪肉市场供需因素对国内猪肉价格的影响。④选取货币供应量、仔猪价格、饲料价格、城镇居民收入和白条鸡价格等五个变量，运用通径分析法实证分析货币政策对猪肉价格的直接与间接影响效应。研究结果表明货币政策对猪肉价格的直接影响有限，主要通过间接影响发挥作用，其中主要通过仔猪价格和城镇居民收入对猪肉价格产生影响，而通过饲料价格和白条鸡价格对猪肉价格的影响较小。

第 4 章：我国生猪市场价格预测研究。针对现有研究局限于对原始生猪价格进行预测建模的问题，围绕生猪价格影响因素的时变性特征，本章在生猪市场价格预测技术和方法上取得了一系列突破。主要内容有以下两个部分。①提出基于集合经验模态分解技术的混合建模框架，以有效地捕获生猪价格复杂的非线性和非平稳性波动特征，进而提升其短期预测准确度。②引入迭代预测策略，以提升基于集合经验模态分解技术的混合建模框架的应用能力，适应生猪市场价格短期预测（多步预测）场景。

第 5 章：我国生猪市场补贴政策与价格波动。本章分别从生猪养殖效率和生猪价格波动两个视角探讨我国生猪市场补贴政策的有效性。具体内容有：①利用曼奎斯特指数和倍差法对我国 2002—2012 年生猪补贴政策实施前后的生猪养殖效率的变化进行分析，旨在辨析我国生猪补贴政策的有效性。②基于农村居民生活消费数据和生猪产业相关数据，运用 Minot 福利效应模型，探究我国生猪主产区生猪价格波动的农户福利效应变化，并分析生猪补贴政策对各省份农户福利的影响情况。

第 6 章：全书总结。本章对全书的研究工作进行总结。

附录：农产品价格短期预测与预警的理论、方法与应用。本附录在梳理农产品价格预测预警理论的基础上，系统介绍了由信息与价格预测运筹中心（Hub of Information，Price Prediction and Operation，HIPPO，河马中心）开发的中国农产品价格自适应短期预测系统（Self‐adaptable Short‐term Agricultural Prices Prediction System，SSAPP 系统）的原理、方法和应用实例。

2 我国生猪市场价格波动研究

2.1 引言

我国是全球最大的猪肉生产和消费国，猪肉是国民最重要的肉食消费品。近年来，我国生猪市场价格的超常频繁波动不仅影响着上游和中游的生产者，对下游消费者的"菜篮子"也有很大的影响。猪肉消费关乎国计民生，生猪市场变化受到生产者、消费者和政府部门的广泛关注。2015年以来生猪价格的超常涨跌使得社会对生猪市场价格的关注度达到高峰。特别地，受近年来各种经济风险和自然风险叠加影响，我国生猪市场价格波动渐趋复杂化，长周期中往往包含多个短周期，序列本身也呈现出明显的非线性、非平稳和多尺度等复杂特性，这大大增加了生猪市场价格波动分析的难度。

本章将基于集合经验模态分解技术的多尺度分析方法引入我国生猪市场价格波动分析，通过将复杂的非平稳生猪（猪肉）价格序列分解为频率特征不同但相对平稳的多个子时间序列，识别不同尺度上各分项变化的规律性，大幅提升了识别生猪（猪肉）价格周期波动的能力，更有助于从多尺度视角对生猪市场调控政策的有效性开展研究。

2.2 多尺度视角下我国猪肉价格波动机制研究

2.2.1 研究背景和研究动机

我国是世界上最大的猪肉消费市场，2020年我国猪肉消费量约占全球猪肉消费量的一半。在我国，猪肉是农业与家禽肉类消费的主要来源。根据国家统计局数据，我国猪肉产量从1992年的2 550万吨增长至2020年的4 113万吨，2020年猪肉占总体猪牛羊禽肉总产量的比例为53.8%。因此，猪肉及生猪市场的健康发展无疑对我国肉类生产和消费至关重要。

我国猪肉价格波动剧烈，波动来源主要为疾病、产量、需求及政策调控等因素。2006年6月2日我国猪肉价格为9.81元/千克，而2011年9月16日上涨至26.44元/千克。我国猪肉价格出现的剧烈波动提高了农业从业者在生产和流通环节作出科学决策的风险。猪肉价格的高位运行迫使猪肉供给方作出相应的反应，如大量屠宰母猪、减少仔猪的数量等，这会进一步导致未来猪肉价格的剧烈波动。因此，在显著影响农业市场参与者的回报的不确定条件下，了解猪肉价格的行为机制对于市场参与者作出科学决策是一个至关重要的因素，对于政策制定者制定生猪或猪肉市场相关调控政策具有重要的现实意义。

已有大量研究工作聚焦猪肉或生猪市场价格行为（Chang et al.，2011；Li et al.，2012；Saengwong et al.，2012；Abao et al.，2014；Abdulai，2002；Adachi et al.，2009；Boetel et al.，2010；Emmanouilides et al.，2015；Gervais，2011；Kuiper et al.，2013；Lee et al.，2012；Luo et al.，2011；Rude et al.，2014；Spirtes et al.，1993；Zhao et al.，2015）。例如，Henghung 等（2015）运用多变量 GARCH 模型，分析台湾黑猪与白猪价格之间的动态差异。Chang 等（2011）分析加入 WTO 之前、期间和之后的猪肉价格波动特征，评估加入 WTO 对台湾猪肉价格的影响。Abao 等（2014）采用误差修正模型与历史分解法，研究口蹄疫对吕宋岛中部肉类市场的影响。Zhao 等（2015）利用阈值自回归模型分析中国猪肉价格走势。Li 等（2014）采用线性分位数法探讨猪肉价格的异方差性，提升后续预测建模的准确度。Saengwong 等（2012）利用传统的计量经济学方法，如 Johansen 协整和格兰杰因果关系检验方法，对台湾猪肉价格的协整关系与定价的因果关系进行研究。Luo 等（2011）利用自回归条件异方差模型（ARCH 模型）探究中国肉类价格波动特征及其不对称性。Miljkovic（2009）从市场一体化和贸易依赖性角度考察了加拿大和美国畜牧业价格之间的协整关系。在线性回归的分析框架下，Adachi 等（2009）研究了日本猪肉农场价格的结构性变化。这些研究有一定的理论与应用贡献，但均基于猪肉价格原始序列，无法在猪肉市场的非线性机制与内在复杂性前提下得出有益的结果。猪肉价格波动受猪肉市场短期供需不均衡、疫病等重大事件和经济环境等因素综合影响。多尺度分析思路能够将生猪价格原始序列进行分解，这也有助于探讨上述因素对猪肉价格波动的经济含义。

本研究的重点是从多尺度视角分析中国猪肉价格波动机制。在经验模态分解（Empirical mode decomposition，EMD）技术及其改进版的基础上，从多尺度视角深入分析时间序列在不同时间尺度上的波动机制。该研究方法已成功地运用于多个领域，包括能源市场（Afanasyev et al.，2015；Oladosu，2009；Zhang et al.，2008）、金融市场（Li et al.，2014；Ouyang et al.，2015）、碳市场（Zhu et al.，2015）以及信号处理方面（Antoniadou et al.，2015）等。经验模态分解技术首先由 Huang 等（1998）提出，其利用时间序列局部自适应的特点，将原始时间序列分解为具有不同时间尺度的本征模函数（IMF）。因为经验模态分解技术对所分解的时间序列的性质不需要设定先验假设，所以其在处理非线性时间序列上具有独特的优势。每个分解后得到的本征模函数都反映了原始时间序列在特定时间尺度上的动态特征，通过研究单个本征模函数，可以获得原始时间序列在某一方面的具体特征。

基于多尺度分析思路，本研究运用集合经验模态分解技术与重构算法构建多尺度分析框架来探讨中国猪肉价格波动机制。本研究以 2004 年 1 月 2 日至 2015 年 8 月 28 日的周度猪肉价格数据作为对象，用于实证分析。在多尺度分析框架中，首先运用传统经验模态分解技术的改进版集合经验模态分解技术 (Ensemble Empirical Mode Decomposition，EEMD) 对原始猪肉价格序列进行多尺度分解，得到若干个特征相对单一的本征模函数和一个剩余分量。之后，利用重构算法将分解后的本征模函数及剩余分量重组为高频波动分量、低频波动分量及趋势分量，这三个重组分量具有一定的经济含义。具体而言，高频波动分量由猪肉市场短期供需不均衡所决定，低频波动分量由猪肉市场重大事件如疫病或调控政策等决定，趋势分量由宏观经济环境决定。通过上述处理，可以更清楚地捕捉到猪肉价格波动特征与规律。

本研究的贡献如下：第一，目前较少有运用集合经验模态分解技术对农业市场进行多尺度分析研究工作；第二，通过集合经验模态分解技术将原始猪肉价格分解，得到若干个本征模函数和剩余分量，可以从多尺度视角重新探究猪肉价格波动特征，如周期性与非线性性；第三，通过将分解后得到的本征模函数和剩余分量重组为猪肉价格的高频波动分量、低频波动分量与趋势分量，可以探讨和解释这三个重组分量的经济意义。

2.2.2 研究方法

(1) 经验模态分解 (EMD)。经验模态分解是 Huang 等 (1998) 提出的，这是历史上首次对傅立叶变换的基本信号和频率定义进行创新性的改进。该方法在处理非平稳时间序列时体现出很大的优越性，已成功应用于我国股票市场 (秦喜文等，2016)、我国房地产市场 (阮连法等，2012) 及我国区域经济发展 (管卫华等，2006) 等领域。生猪价格作为一个非平稳、非线性的时间序列，根据其内在特征，能从原始序列中提取出不同频率的 IMFs 和序列的趋势项。IMF 反映出了生猪价格内在波动的特性。IMF 要满足以下两个条件：①整个序列的极值点的数目与过零点的数目必须相等或最多相差一个；②在任何点上，局部极大值点确定的上包络线与局部极小值点确定的下包络线的均值必须为零。

经验模态分解技术主要包括以下四步。

步骤 1：找上、下包络线。对于生猪价格序列 $X(t)$，首先找出所有的极值点（包括极大值点与极小值点），然后对所有极大值点用三次样条函数进行插值，拟合出原序列 $X(t)$ 的上包络线 $X_{max}(t)$。同理，可以得到下包络线 $X_{min}(t)$。最后形成平均包络线 $m_1(t)$，即：

$$m_1(t) = [X_{max}(t) + X_{min}(t)]/2 \qquad (2-1)$$

步骤 2："筛选"出第一个 IMF。在步骤 1 的基础上，将原序列 $X(t)$ 减去 $m_1(t)$ 得到：

$$h_1(t) = X(t) - m_1(t) \tag{2-2}$$

步骤 3：检测 $h_1(t)$ 的特征。如果 $h_1(t)$ 满足 IMF 的两个条件，则把 $h_1(t)$ 视为第一个 IMF，即 $c_1(t) = h_1(t)$；如果 $h_1(t)$ 不满足以上条件，则将 $h_1(t)$ 当作原信号，重复上述步骤，得到：

$$h_{11}(t) = h_1(t) - m_{11}(t) \tag{2-3}$$

其中 $m_{11}(t)$ 是 $h_1(t)$ 的上、下包络线均值；此时如果 $h_{11}(t)$ 仍不是 IMF，则继续筛选，重复上述过程 k 次，得到第 k 次筛选的数据 $h_{1k}(t)$：

$$h_{1k}(t) = h_{1(k-1)}(t) - m_{1k}(t) \tag{2-4}$$

利用限制标准差 SD 的值来判断每次筛选结果是否为 IMF，SD 的定义为：

$$SD = \sum_{t=0}^{T} \left| \frac{\left| h_{1(k-1)}(t) - h_{1k}(t) \right|^2}{h_{1(k-1)}^2(t)} \right| \tag{2-5}$$

其中，SD 的值一般取在 0.2～0.3。当 $h_{1k}(t)$ 满足 SD 的取值要求时，则称其为第一个 IMF，频率最高，周期最短，记做 $c_1(t) = h_{1k}(t)$。

步骤 4：将剩余时间序列 $r_1(t)$ 作为新的原始时间序列重复以上步骤，依次得到第 2 个、第 3 个……第 n 个 IMF，分别记为 $c_1(t)$、$c_2(t)$ ……$c_n(t)$。其中 $r_1(t) = X(t) - c_1(t)$。

一般来说 IMF 的数量限制在 $\log_2 N$ 以内，其中 N 表示序列的长度。最后生猪价格序列 $X(t)$ 被分解成若干个特征模态 $c_i(t)$ 和一个趋势项 $r_n(t)$，即：

$$X(t) = \sum_{i=1}^{n} c_i(t) + r_n(t) \tag{2-6}$$

至此，通过以上步骤将生猪价格原始序列按照频率从高到低的顺序将内在准周期分量逐级分解出来。

（2）集合经验模态分解（EEMD）。在实际应用中，经验模态分解存在模式混淆问题，降低了数据分解的准确度。为克服该缺陷，Wu 等（2005）对 EMD 进行实质性创新，其核心思想是通过对原始序列加入白噪声以解决模态混淆问题。

EEMD 的核心部分仍是 EMD 算法，但在进行数据分解前对原始序列加入白噪声序列以辅助分解。EEMD 技术主要包括以下四步。

步骤 1：对原始序列增加一个白噪声序列。

步骤 2：运用 EMD 对增加白噪声后的序列进行分解，得到若干个 IMF 和趋势项。

步骤 3：重复前两个步骤，但每次加入不同的白噪声。

步骤4：将上述结果进行总体平均运算，得到的各IMF和趋势项作为最终分解结果。

（3）FTC（Fine‐To‐Coarse）重组算法。由上述可知，原始猪肉价格已经通过EEMD分解为多个IMFs及一个趋势项。因此，可以发现猪肉价格波动一些有意义的特征。接着，为进一步揭示IMFs与趋势项的经济意义，采用FTC重组算法将得到的IMFs与趋势项重组为三个分量：高频分量、低频分量与趋势分量。对于前文中原始猪肉价格分解得到的各IMFs，用如下FTC算法进行重组。

步骤1：依次计算从$h_{1,t}$至$h_{r,t}$（$r=1$，2，…，k）总和的平均值，用M_r（$r=$1，2，…，k）表示。

步骤2：在5%的显著性水平下对M_r（$r=1$，2，…，k）采用均值为零的t检验。

步骤3：一旦在第r个值显著区别于零，则将第r个到第k个IMF加总得到低频分量，剩下的IMFs加总得到高频分量。此外，将趋势项作为趋势分量。

2.2.3 实证研究

（1）数据来源。本研究将商务部公布的我国猪肉周度价格作为研究对象。图2-1显示了2004年1月2日至2015年8月28日的猪肉价格时间序列，共有608个样本。

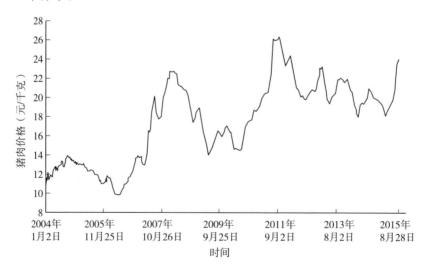

图2-1 我国猪肉周度价格序列

如图2-1所示，可以清楚地看出猪肉价格从2005年开始出现剧烈波动。通过计算猪肉价格序列波峰与波谷间的时差，不难发现猪肉价格呈现出周期性波动，周期大致为 4 年。最低价格 9.81 元/千克，出现在 2006 年 6 月 2 日，仅仅一年半后，在 2008 年 2 月 8 日猪肉价格大幅涨至 22.88 元/千克，接着，在 2009 年 6 月 5 日猪肉价格大幅下跌至 14.01 元/千克，在这次暴跌之后，2011 年 9 月 16 日猪肉价格又大幅涨至 26.44 元/千克，为序列中猪肉最高价格。之后，猪肉价格继续出现这种暴涨暴跌现象。

表 2-1 列出了猪肉价格的描述性统计量。偏度统计量表明猪肉价格几乎是对称分布。峰度统计量为 1.958，可知与标准正态分布相比，猪肉价格呈现出厚尾的数据分布。在 0.05 的显著性水平下，Jarque-Bera（JB）统计量进一步显示猪肉价格不服从正态分布。表 2-2 中的 ADF 和 Phillips-Perron（PP）统计量表明，猪肉价格序列在 0.01 的显著性水平下无法拒绝有一个单位根的原假设，表明猪肉价格原始序列是非平稳的。但是，猪肉价格序列在一阶差分后平稳。另外，需要检验猪肉价格是否呈现出非线性的特征。本研究用非线性依赖性检验法（BDS 检验法）来进行。正如 Saâdaoui（2013）所述，通过不同的嵌入维度（$m=2$，3，4，5），将 BDS 检验法应用于猪肉价格检验中。对于每一个嵌入维度（$m=2$，3，4，5），都设置标准差为 0.7。表 2-3 展示 BDS 检验结果，可以发现在所有嵌入维度中，在 0.01 的显著性水平下均拒绝原假设，说明猪肉价格呈现出显著的非线性波动特征，因此非线性模型更适用于对猪肉价格进行建模。

表 2-1   我国猪肉价格序列的描述性统计量

统计量	值	统计量	值
样本量	608	中位数	18.46
均值	17.577	偏度	−0.106
标准差	4.201	峰度	1.958
最小值	9.81	JB统计量	28.644
最大值	26.44		

表 2-2   我国猪肉价格序列的平稳性检验结果

检验方法	单位根检验序列	T统计量	P值
ADF	原始序列	−1.760	0.400
	一阶差分序列	−8.758***	0.000
PP	原始序列	−1.634	0.464
	一阶差分序列	−14.797***	0.000

注：***、**、*分别表示在 1%、5%、10%的水平上显著。

表 2-3　我国猪肉价格的 BDS 检验结果

嵌入维度	W 统计量	P 值
2	122.406***	0.000
3	135.219***	0.000
4	151.416***	0.000
5	174.416***	0.000

注：***、**、* 分别表示在 1%、5%、10%的水平上显著。

（2）分解。本部分内容着重探讨集合经验模态分解技术对猪肉价格的分解结果。在集合经验模态分解过程中，总体次数设定为 500，白噪声幅值比值设定为 0.3。理论上，本征模函数的个数是由猪肉价格序列的样本数所决定。因此，猪肉价格经过分解后，得到 8 个不同时间尺度的本征模函数和 1 个剩余分量。图 2-2 显示了从最高频率至最低频率的各本征模函数和剩余分量。

由图 2-2 可知，所有的本征模函数都存在明显的频率和振幅变化趋势，这与任何谐波都不一样。随着频率从高到低，本征模函数的振幅也逐渐变大。例如，IMF1 至 IMF4、IMF7 至 IMF8 的振幅均在 2 以内，IMF5 和 IMF6 的振幅都在 4 以内。而最后一个趋势项的振幅接近于 30，是一个围绕长周期均值缓慢变化的函数。

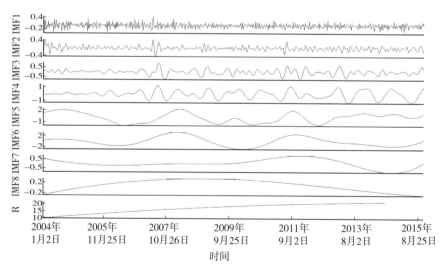

图 2-2　我国猪肉价格的本征模函数和剩余分量

表 2-4 列出了各本征模函数和剩余分量的描述性统计量。从表 2-4 中可以清楚地看出，剩余分量的方差占原始猪肉价格序列方差的比例最高，为71.156%，可见猪肉价格波动主要取决于长期趋势项。同时，原始猪肉价格与

趋势项的 Pearson 相关系数和 Kendal 相关系数都是最高的。另外，每一个本征模函数与原始猪肉价格的相关系数都很低，而且占原始序列方差比均低于10%，进一步表明各本征模函数对猪肉价格波动的影响有限。在深入研究本征模函数后会发现对猪肉价格波动影响次高的是 IMF6，平均周期为 152.00 周（2.92 年）。

表 2-4　猪肉价格的本征模函数和趋势项的描述性统计量

	平均周期（周）	Pearson 相关系数	Kendall 相关系数	方差	占原始序列方差比（%）	占重组序列方差比（%）
原始序列				17.644		
IMF1	2.79	0.029	0.016	0.014	0.079	0.082
IMF2	6.14	0.038	0.030	0.011	0.060	0.062
IMF3	14.48	0.171***	0.122***	0.066	0.372	0.383
IMF4	32.00	0.198***	0.141***	0.297	1.686	1.735
IMF5	86.86	0.353***	0.287***	1.468	8.319	8.561
IMF6	152.00	0.480***	0.320***	2.467	13.981	14.388
IMF7	202.66	0.150***	0.218***	0.230	1.303	1.341
IMF8	304.00	−0.027	−0.002	0.038	0.217	0.224
趋势项		0.777***	0.484***	12.555	71.156	73.226
总和					97.173	100

注：***、**、*分别表示在 1%、5%、10%的水平上显著。

（3）重组。对各本征模函数和趋势项进行分析后，采用上述的重组算法将本征模函数重组为高频波动分量和低频波动分量。同时，剩余分量作为趋势分量。本部分内容将详细介绍这三个分量的特征与经济意义。

图 2-3 展示重组算法的运行结果。由图 2-3 可以看出，当 $r=5$ 时，本征模函数总和显著不为零。因此，把 IMF1 至 IMF4 在各时点加总得到高频波动分量，IMF5 至 IMF8 在各时点加总得到低频波动分量，剩余分量作为猪肉价格整体的趋势分量。

图 2-4 显示了猪肉价格的三个重组分量，可以看出每一个分量都有一些不同的特征。具有最小振幅的高频波动分量反映了猪肉价格短期波动，主要代表猪肉产品正常供需波动所造成的短期市场不均衡。低频波动分量主要由重大事件所决定。而最重要的是，围绕着长期均值缓慢变化的长期分量可以作为猪肉价格波动的长期趋势。

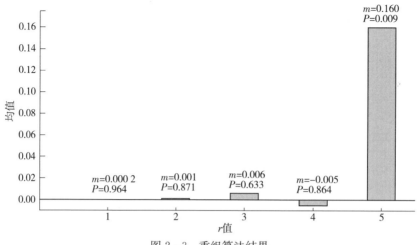

图 2-3　重组算法结果

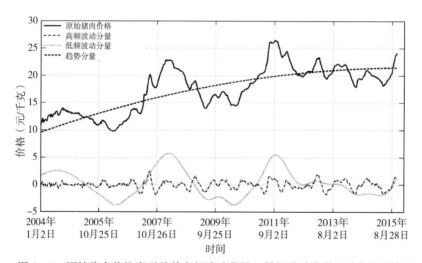

图 2-4　原始猪肉价格序列及其高频波动分量、低频波动分量和趋势分量序列

　　表 2-5 列出了这些分量和原始猪肉价格序列的相关性描述，可以得出如下结论，最主要的组成分量依然是趋势分量，与原始猪肉价格的相关系数都是最高的。另外，低频分量与趋势分量占重组序列方差比较高，分别为32.542%与64.609%，而高频分量对原始猪肉价格波动的影响最小。

　　为了进一步检验这三个重组分量的非线性，本研究采用 BDS 检验法，嵌入维度 $m=2$，3，4，5。对于每一个嵌入维度，均设置标准差为 0.7。检验结果如表 2-6 所示，可以看出在所有情况下都拒绝原假设，表明非线性模型均适用于这三个分量的波动。

表 2-5 猪肉价格三个重组分量的统计量

	平均周期（周）	Pearson 相关系数	Kendall 相关系数	方差	占原始序列方差比（%）	占重组序列方差比（%）
原始序列				17.644		
高频分量	4.16	0.214***	0.156***	0.554	3.138	2.849
低频分量	86.85	0.515***	0.381***	6.324	35.840	32.542
趋势分量		0.777***	0.484***	12.555	71.156	64.609
总和					110.134	100

注：***、**、*分别表示在1%、5%、10%的水平上显著。

表 2-6 我国猪肉价格的三个重组分量的 BDS 检验结果

成分	嵌入维度	W 统计量	P 值
高频分量	2	51.248***	0.000
	3	53.355***	0.000
	4	55.058***	0.000
	5	57.581***	0.000
低频分量	2	89.615***	0.000
	3	96.141***	0.000
	4	104.272***	0.000
	5	115.931***	0.000
趋势分量	2	98.436***	0.000
	3	107.458***	0.000
	4	118.980***	0.000
	5	135.442***	0.000

注：***、**、*分别表示在1%、5%、10%的水平上显著。

（4）长期趋势。如前文所述，趋势分量是猪肉价格波动的决定性因素。众所周知，猪肉或猪肉产品的主要成本来源于仔猪、玉米和豆粕。图2-5、图2-6分别显示了我国仔猪、玉米和豆粕的月度价格，可以看出这三大成本的价格都有上涨的趋势，尤其是玉米和豆粕价格。因此，猪肉价格持续上涨与三大成本价格变化具有一致性。

从表2-5可知，趋势分量与原始猪肉价格的 Pearson 相关系数和 Kendall 相关系数在 0.01 的显著性水平下分别是 0.777 和 0.484。更为重要的是，趋势分量对原始猪肉价格的方差贡献占比为 70% 左右，说明趋势分量是原始猪肉价格在长期波动中最重要的因素。就趋势分量与原始猪肉价格之间的比较而

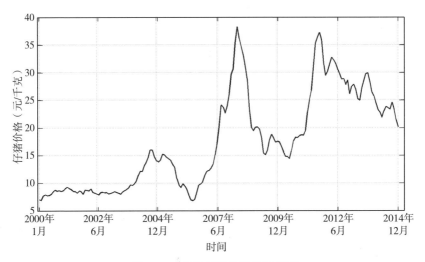

图 2-5 我国仔猪月度价格序列

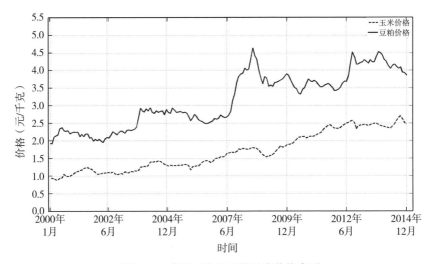

图 2-6 我国玉米和豆粕月度价格序列

言，可以得出一个重要的结论：虽然一些重大事件会导致猪肉价格剧烈波动，但随着重大事件的影响逐渐消失，猪肉价格最终会回归至长期缓慢增长的趋势。例如，2005 年底暴发的猪蓝耳病导致猪肉价格从 12.12 元/千克急剧下跌至 9.81 元/千克，但是之后猪肉价格回升，并沿着长期趋势，在 2007 年 5 月 18 日涨至 15.04 元/千克。

（5）重大事件影响。如前文所述，重大事件对猪肉价格的影响反映在由 IMF5 至 IMF8 组成的低频分量中。从表 2-4 可以看出，这 4 个 IMF 的平均周期分别是 86.86 周（1.67 年）、152.00 周（2.92 年）、202.66 周（3.87 年）和 304.00 周（5.83 年），这表明近年来的重大事件影响较显著且会持续一段时间，至少为 1 年。由表 2-5 可知，低频分量与原始猪肉价格的 Pearson 相关系数和 Kendall 相关系数在 0.01 的显著性水平下分别是 0.515 和 0.381。同时，低频分量占原始猪肉价格的方差比在 30% 左右，可知低频分量对猪肉价格波动影响较大，但要弱于趋势分量。如图 2-4 所示，应当注意的是低频分量波动较为平缓，2012 年以来重大事件的数量和影响强度有所下降。

通过将低频分量中所包含的重大事件影响与原始猪肉价格分开，可以发现每一个重大事件的影响，更为重要的是可以作为参照来估计下一个类似重大事件对猪肉价格的影响。众所周知，影响猪肉生产最重要的因素之一就是猪蓝耳病。例如，在 2005 年底我国种猪发生了高传染性的猪蓝耳病，导致猪肉价格从 2005 年 8 月 19 日的 12.12 元/千克急剧下跌至 2006 年 6 月 2 日的 9.81 元/千克，降幅为 2.31 元/千克。但是，除去其他因素后猪蓝耳病对猪肉价格的具体影响是多少？由低频分量可知，在 2005 年 8 月 19 日和 2006 年 6 月 2 日该分量的值分别为 -0.652 和 -3.632，滞后值为 2.98。因此，可以知道除去其他因素后猪蓝耳病对猪肉价格的具体影响为 2.98 元/千克，大于以原始猪肉价格计算的 2.31 元/千克。以上结果可以说明除去猪蓝耳病后其他因素使得猪肉价格上涨 0.67 元/千克，即可预测下一次猪蓝耳病暴发对猪肉价格的影响约为 3 元/千克。

（6）市场的短期供需不均衡。除受到长期分量和高频分量影响外，猪肉价格也会受到短期市场波动的影响，尤其是正常猪肉市场的供需不均衡。正常猪肉市场不均衡的影响是由 IMF1 至 IMF4 组成的高频分量反映出来的，由表 2-4 可知这四个本征模函数最短和最长的平均周期分别为 2.79 周（0.7 个月）和 32.00 周（8 个月）。另外由表 2-5 可知，高频分量的平均周期为 4.16 周（1.04 个月），表明正常猪肉市场不均衡对猪肉价格的影响很快就会消失，持续时间约为 1 个月。高频分量的 Pearson 相关系数和 Kendall 相关系数及占重组序列方差比相当低，分别为 0.214、0.156 和 2.849%，即高频分量与原始猪肉价格相关性不高。这表明正常猪肉市场不均衡对猪肉价格的影响较小。

综上所述，猪肉价格是由高频分量、低频分量和趋势分量三部分组成。具体地，由短期市场波动所产生的高频分量对猪肉价格只有短暂的影响；低频分量是由重大事件（如疾病和政策调控）对猪肉价格的影响所致，这些影响持续的时间都较长，至少有 1 年；趋势分量是由猪肉价格长期总体趋势所致。因此，本研究中所使用的多尺度分析方法可以将原始猪肉价格分解为三个不同时间尺度的分量。例如，2011 年 10 月 14 日猪肉价格为 25.94 元/千克可以分解为短期市场波动所致的 0.52 元/千克、重大事件所致的 5.45 元/千克和长期趋势所致的 19.97 元/千克。

2.2.4 总结

本研究从多尺度视角来分析猪肉价格行为机制。具体来说，首先通过集合经验模态分解技术将 2004 年 1 月 2 日至 2015 年 8 月 28 日的中国猪肉周度价格分解为 8 个不同时间尺度的本征模函数和 1 个剩余分量，可以发现一些关于猪肉价格的内在波动特征。之后，通过重组算法将所得的本征模函数和剩余分量重组为由市场短期不均衡导致的短期市场波动、重大事件的影响和长期趋势，这揭示了三个重组分量的经济含义。

关于本研究的展望，可以延伸至其他许多方向。第一，本研究中所提出的多尺度分析方法可以适用于其他领域或农业市场，如蔬菜价格和猪肉消费研究。此外，可以使用多尺度分析方法来研究一些可观测的农产品价格之间的关系，可发现这些价格间相互作用机制新的不同的研究成果。

2.3 多尺度视角下生猪价格波动特征及调控政策的混合分析模型及实证研究①

2.3.1 研究背景和研究动机

生猪产业在我国畜牧业乃至整个农业经济中占据重要地位。生猪养殖不仅是农民收入的重要来源之一，还带动了食品、饲料等相关产业的发展。自 20 世纪 80 年代中期我国逐步放开猪肉购销价格管制以来，生猪产业快速发展。近年来，我国生猪价格波动剧烈，并在一定程度上超出了正常波动的范围，不仅严重影响了生猪产业的健康发展，同时给农业经济平稳运行带来冲击。为此，国家相继出台了一系列针对生猪市场的调控政策，旨在平抑生猪价格的超常波动，促进生猪市场健康发展。鉴于此，准确把握生猪价格的波动特征，明晰调控政策对生猪价格的影响，对于有效地规避生猪养殖风险，提升政策制定的合理性与有效性，推动我国生猪产业的健康发展，促进农业快速与平稳发展具有重要意义。

近年来，生猪价格的超常波动促使大量学者投身于生猪价格波动特征研究。例如，杨朝英等（2011）采用 ARCH 模型发现生猪批发价格年内震荡具有明显的季节性波动特征。綦颖等（2007）对 1984—2005 年我国生猪市场价格波动特征的研究表明，我国生猪市场价格呈现周期性波动，且周期逐渐增长，波动幅度越来越大。田文勇等（2016）采用 High-Pass（H-P）滤波分解法、误差修正模型及脉冲响应函数分析法对生猪价格的时间序列进行分析，

---

① 本节内容来源于：赵畅锦，熊涛. 多尺度视角下生猪价格波动特征及调控政策的混合分析模型及实证［J］. 系统工程，2017（35）：93-104.

结果表明生猪价格呈现持续的长期性上涨趋势，并在短期内处于供需不均衡状态。毛学峰等（2008）借助时间序列分解方法，发现生猪价格经历了 5 个周期，周期时长大约为 35～45 个月。吕东辉等（2012）采用带有区制转移的自回归条件异方差模型（MS‐ARCH 模型），发现生猪价格波动具有较高的持续性，且生猪价格在上升期的波动最为剧烈，在下降期的波动相对较强，而在平稳期的波动最弱。黎东升等（2015）分析了 2000—2013 年我国生猪价格波动特征，发现 2008 年以后生猪价格在上涨周期内出现了较明显的下跌周期。潘方卉等（2016）采用三区制马尔科夫区制转移模型方法对生猪价格波动周期进行研究，发现我国生猪价格波动周期中存在下跌阶段、稳定阶段和上涨阶段三种区制。赵瑾等（2014）采用 X‐12 季节分析法和 H‐P 滤波分解法对我国生猪价格的趋势性、周期性、季节性和不规则性等波动特征进行分析。赵守军等（2012）运用 H‐P 滤波分解法将生猪价格波动划分了 3 个周期。王倩等（2014）研究发现，我国生猪价格无论是周期波动还是短期波动指标都有波动明显加剧的现象。Parcell（2003）指出美国猪肉价格波动存在一个明显的季节性波动周期。

　　近年来生猪价格的剧烈波动严重影响到生猪产业的健康发展，为此，国家相继出台一系列极具针对性的调控政策。学术界对此类调控政策的有效性进行了初步探讨。例如，王明利等（2010）认为从短期看，高强度的生猪产业扶持政策等会直接影响价格的波动，改变生猪价格周期的轨迹，其冲击影响在 1～2 年达到最大。王世杰（2009）在梳理近年来我国猪肉价格走势的基础上，对相关政策进行分析，认为政府的宏观调控政策是猪肉价格涨跌的主要原因。张谋贵（2012）提出我国应建立一套生猪价格调控机制，能够在生猪价格处于波峰时，及时抑制生猪价格的上涨，而在波谷时，及时稳定生猪生产、提高生猪价格。张喜才等（2012）发现国际金融危机、政府调控等外部冲击，对生猪价格波动的影响达到 90%，而且对生猪价格影响时间也较长。方燕等（2011）借助 X‐12 季节分析法和 H‐P 滤波分解法发现，生猪疫病、调控政策等重大事件在一定程度上影响猪肉价格。

　　综上所述，已有关于生猪价格波动特征的研究局限于对生猪价格原始序列进行分析，或采用传统的 X‐12 季节分析方法与 H‐P 滤波分解法等，较少从多尺度视角深入剖析生猪价格波动特征。而调控政策影响研究侧重于定性分析，缺乏系统全面的定量研究。值得关注的是，吴登生等（2011）从多尺度视角对生猪价格波动特征与影响事件进行了有益的探索，但所采用的经验模态分解技术易出现模式混淆问题，同时本征模函数缺乏有效地组合使其经济意义不显著。鉴于此，本研究从多尺度视角构建生猪价格波动特征及调控政策混合分析模型，以剖析我国生猪价格的多尺度波动特征与规律，并明晰国家调控政策对生猪价格的多尺度影响。具体为，运用经验模态分解技术的改进版——集合经验模态分解技术对生猪价格进行多尺度分解，在对各本征模函数进行统计分析的基础上，将本征模函数进行重组以生成三个分量，以把握生猪价格内在波动规律并提升分析结果的经济意义。更进一步，综合运用 Bai‐Perron 结构突变检验法与事件分析法，识别三个分量的结构突变点，并结合生猪市场的六个重大调控政策，分析调控政策对生猪价格的多尺度影响。本研究以 2006 年 7 月 14 日至 2016 年 12 月 9 日的全国生猪周度零售价格数据作为样本进行实证分析。研究结果表明：我国生猪价格主要由生猪市场短期供需不均衡导致的高频波动分量、由重大事件导致的低频波动分量、经济基本面决定的长期趋势分量等三个分量组成，其中长期趋势分量和低频波动分量为主要分量。目前国家宏观调控政策只对低频波动分量有影响，而对长期趋势分量和高频波动分量影响不大。上述研究成果在为生猪产业的从业者把握产业运行规律，以及为主管部门制定相关生猪产业政策提供科学的依据方面，具有理论与实践的双重意义。

2.3.2 Bai‐Perron 多结构断点检验法

Chow（1960）提出经典的结构突变检验即邹检验，在该检验中，数据被分割成 2 个或 2 个以上子集，利用 F 统计量来判断子集的参数是否相等，从而判断是否存在结构突变，但该检验的局限性在于将已知突变点个数作为先验条件，而主观地设定突变点个数往往会影响结果的可信度。因此，本研究选取 Bai 等（2010）提出的 Bai‐Perron 检验法，该方法不仅可以判断是否存在结构突变，还可以检测出 2 个以上的结构突变点，不需要人为设定结构突变点个数。该检验根据 Sup Wald 统计量，对多个结构突变点进行估计并且可以给出断点的次数及相应的置信区间，进一步完善了结构突变的检验。

Bai‐Perron 多结构断点检验法基于如下模型：

$$y_t = x_t^{\mathrm{T}}\boldsymbol{\beta} + z_t^{\mathrm{T}}\boldsymbol{\delta}_j + u_t, \quad t = T_{j-1}+1, \; T_{j-1}+2, \; \cdots, \; T_j \quad j = 1, \; 2, \; \cdots, \; m+1$$

其中，$\boldsymbol{\beta}$ 和 $\boldsymbol{\delta}_j$ 是系数向量；x_t^{T} 是 p 维向量，z_t^{T} 是 q 维向量，u_t 是扰动误差项。在 $p \neq 0$ 的情况下，在总样本区间内 β 没有变化，这种情况下的模型称为半结构化模型；在 $p = 0$ 的情况下，由于所有的系数都是可变的，此种情形下称为纯结构化模型。通过使残差平方和最小化，得到 $\boldsymbol{\beta}$ 和 $\boldsymbol{\delta}_j$ 的估计值：

$$\sum_{i=1}^{m+1} \sum_{t=T_{j-1}+1}^{T_j} (y_t - x_t^{\mathrm{T}}\boldsymbol{\beta} - z_t^{\mathrm{T}}\boldsymbol{\delta}_j)^2$$

把在 m 个结构突变点情况下，估计出的参数值记为 $\hat{\boldsymbol{\beta}}(\{T_j\})$ 和 $\hat{\boldsymbol{\delta}}(\{T_j\})$，将该参数值代入到目标方程中，同时把对应的残差平方和记作 $S_T(T_1, \; T_2, \; \cdots, \; T_m)$。当 $T_i - T_{i-1} \geqslant q^2$ 成立时选择能够最小化残差平方和的时间集作为估计的结

构突变出现的时点，即$(\hat{T}_1, \hat{T}_2, \cdots, \hat{T}_m) = \mathrm{argmin}_{T_1, T_2, \cdots, T_m} S_T(T_1, T_2, \cdots, T_m)$。在得到时间集的基础上重新计算参数值，记为$\hat{\boldsymbol{\beta}} = \hat{\boldsymbol{\beta}}(\{\hat{T}_j\})$，$\hat{\boldsymbol{\delta}} = \hat{\boldsymbol{\delta}}(\{\hat{T}_j\})$。

对于是否存在结构突变点，用可以用$UD\max$或者$WD\max$检验方法。在确定模型有突变点以后，除了传统的 BIC 指标外，也可以采用 Bai 和 Perron 提出的"序贯检验"的方法。首先检验原假设没有结构变化点与对立假设 1 个结构变化点 $\sup F(1/0)$。如果没有结构变化点的假设被拒绝，则继续检验原假设 1 个结构变化点与对立假设 2 个结构变化点。以此类推，进行序贯检验 $\sup F_T [(l+1)/l]$，直到 $(m+1)$ 个结构变化点的对立假设被拒绝，从而接受 m 个结构变化点的原假设，其中，l 表示结构突变点的个数。至此，可确定模型具有 m 个结构变化点，并可对模型 $(m+1)$ 个区间的参数值进行估计。

2.3.3 多尺度分析

（1）数据来源。本研究以商务部公布的全国生猪周度零售价格为分析对象，时间跨度为 2006 年 7 月 14 日至 2016 年 12 月 9 日，共 510 个观测值。周度数据跨度适中，比月度数据更能及时、准确地反应生猪价格波动特征。生猪价格的描述性统计量和走势分别如表 2-7 与图 2-7 所示。由表 2-7 可知，近十年来我国生猪价格波动剧烈，最低价为 6.76 元/千克，最高价为 21.20 元/千克，标准差高达 2.939。由 JB 统计量可知，我国生猪价格在 0.1 的显著性水平下不服从正态分布。进一步，由图 2-7 可知，我国生猪价格从 2006 年 7 月 14 日至 2008 年 3 月 21 日处于上升的态势，虽然在此期间经历了三次轻微的下跌。从 2007 年 3 月 23 日至 2009 年 4 月 30 日生猪价格经历了一次比较完整的周期性波动，其峰值点出现在 2008 年 3 月 21 日，随后一直在较低的价格区间震荡，直到 2010 年 10 月 15 日开始出现大幅度上涨，并于 2011 年 9 月 2 日出现了第二次峰值。从 2011 年 9 月 9 日开始，生猪价格进入下跌通道，并于 2012 年 6 月 1 日跌至低谷，随后波动在 10～16 元/千克，一直持续至 2014 年 5 月 2 日。在 2014 年 5 月 2 日以后，生猪价格开始大幅度的上涨，最终在 2016 年 6 月 3 日达到我国历史最高点，之后生猪价格又出现较大幅度下跌，在 2016 年 10 月 21 日后出现价格回暖的趋势。

表 2-7　生猪价格序列的描述性统计量

总量 （个）	最小值 （元/千克）	最大值 （元/千克）	平均值 （元/千克）	标准差	偏度	峰度	JB统计量
510	6.76	21.20	14.23	2.939	0.038	−0.457	4.703*

注：* 表示在 10% 的水平上显著。

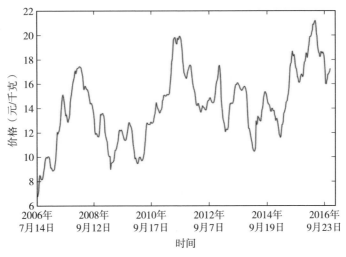

图 2-7　全国生猪周度零售价格走势

（2）平稳性检验。本研究运用 ADF 检验法对我国生猪价格序列的平稳性进行分析，结果如表 2-8 所示。由表 2-8 知，T 统计量的相伴概率小于 0.05，故在 0.05 的显著性水平下，生猪价格时间序列是非平稳的。集合经验模态分解技术特别适用于处理非平稳时间序列，为此，本研究运用集合经验模态分解技术将非平稳的生猪价格序列分解为若干平稳的、特征相对单一的子序列（即本征模函数和趋势项），以全面深入地探究生猪价格的多尺度波动特征与规律。

表 2-8　生猪价格序列的平稳性检验结果

	T 统计量	相伴概率
ADF 检验值	−2.983	0.037
0.01 的显著性水平	−3.443	
0.05 的显著性水平	−2.867	
0.1 的显著性水平	−2.570	

（3）集合经验模态分解。运用集合经验模态分解技术进行时间序列分解，需设置白噪声幅值比值与总体平均次数等两个参数。本研究白噪声幅值比值设定为 0.2，总体平均次数设定为 500。借助 MATLAB 平台的集合经验模态分解程序包，对生猪价格进行多尺度分解，得到 7 个不同尺度的本征模函数和 1 个趋势项，如图 2-8 所示。生猪周价格时间序列与各本征模函数、趋势项之间的相关性、方差来源如表 2-9 所示。

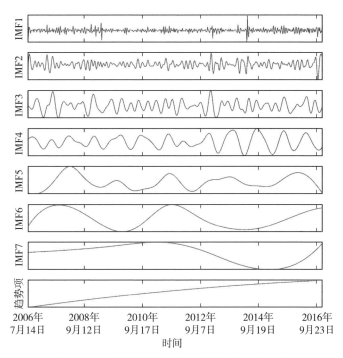

图 2-8 我国生猪价格的本征模函数及趋势项

表 2-9 生猪周价格时间序列与各本征模函数、
趋势项之间的相关性、方差来源

	平均周期（周）	Pearson 相关系数	Kendall 相关系数	方差	占原始序列方差比（%）
原始序列				8.636	
IMF1	3.17	0.061	0.029	0.010	0.12
IMF2	7.08	0.117***	0.073**	0.024	0.28
IMF3	15.93	0.300***	0.193***	0.178	2.06
IMF4	39.23	0.321***	0.207***	0.662	7.67
IMF5	102.00	0.661***	0.465***	1.216	14.08
IMF6	255.00	0.500***	0.359***	2.324	26.91
IMF7	510.00	−0.111**	−0.041	0.199	2.30
趋势项		0.532***	0.365***	4.176	48.36

注：***、**、* 分别表示在 1%、5%、10% 的水平上显著。

从图 2-8 得到的 7 个本征模函数来看，这些分解的本征模函数是从高频到低频的顺序排列，本征模函数频率越来越低，平均周期越来越长。IMF1 的频率最高，而周期最短，为 3.17 周。IMF6 和 IMF7 的频率分别为次低和最低，周期分别长达 255.00 周和 510.00 周。其中，高频本征模函数的周期短、波动频繁导致其与原始序列的相关系数较小，方差占原始序列方差的比例很小，最小的只有 0.12%，最大的也只有 7.67%。但是，低频本征模函数与原始序列的相关系数较大，占原始序列方差的比例相对于高频本征模函数而言较高，最高的是 26.91%。而 IMF7 与原始序列的相关系数为负数，原因可能是周期太长，波动方向变化缓慢，当原始时间序列处于一个向上或者向下的运行趋势时，这一个本征模函数会按照原来的运行方向持续很长一段时间，导致其波动与原始时间序列的波动趋势相反。

趋势项波动较为平滑，波动周期长，同原始序列中的大部分样本点是同方向变动，所以趋势项与原始序列的相关系数较高。由于在 2006 年 7 月 14 日至 2016 年 12 月 9 日，低频分量波动过于剧烈，使得趋势项的相关系数并不是最大，但其方差占原始序列的比例最高，达到 48.36%。由此可知，原始生猪价格波动中起主导作用的是趋势项而非本征模函数，正如 Huang 等（1998）所述，趋势项是原始序列中的内在运行轨迹。从长期趋势来看，我国生猪价格呈现逐渐变缓的上升态势。

（4）重组。经集合经验模态分解技术，生猪价格序列被分解为 7 个本征模函数与 1 个趋势项。本征模函数的频率各不相同，低频本征模函数具有很强的周期波动性，高频本征模函数则表现出随机无序性。本研究基于 FTC 重组算法，重新建立指标 i，将 IMF1 记为指标 1，"IMF1＋IMF2" 记为指标 2，依次类推，即前 i 个本征模函数的和记为指标 i，检验前 i 个本征模函数的和的平均值是否显著区别于 0，检验结果如图 2-9 所示。从图 2-9 可以看出来，

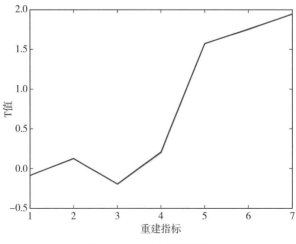

图 2-9　高低频分割判断

T 值在第 5 个数发生明显跳跃，且在 0.05 的显著性水平下区别于 0，因此将 IMF1 至 IMF4 在各时点加总得到高频波动分量，将 IMF5 至 IMF7 在各时点加总得到低频波动分量。

由表 2-10 可知，低频分量与生猪价格序列的相关性最高，且生猪价格序列 60.29% 来自低频分量，其次是趋势分量，占原始序列方差比为 48.36%。前两者的方差占比明显高于高频分量的 13.96%。

表 2-10 生猪价格序列与三个分量的相关性、方差来源

	平均周期（周）	Pearson 相关系数	Kendall 相关系数	方差	占原始序列方差比（%）
原始序列				8.638	
高频分量	6.99	0.376***	0.245***	1.205	13.96
低频分量	102.00	0.632***	0.447***	5.207	60.29
趋势分量		0.533***	0.365***	4.176	48.36

注：***、**、*分别表示在 1%、5%、10%的水平上显著。

高频分量、低频分量和趋势分量分别隐含着很强的经济含义，可以用来揭示隐藏在生猪价格背后的内在特征。如图 2-10 所示，无序的高频分量围绕着零均值线上下随机波动，主要由生猪市场短期供需不均衡所导致，而振幅代表市场不均衡程度。低频分量上某些拐点和转折点的出现与生猪市场的调控政策或突发疫情等重大事件有关。趋势分量描述了生猪价格的长期趋势，主要由宏观经济环境所决定。

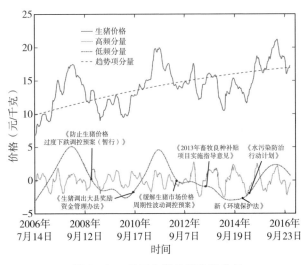

图 2-10 我国生猪价格重组分量

（5）趋势分量。趋势分量表示生猪价格的长期走向。趋势分量与生猪价格序列的相关系数是 0.533，而且可以解释约 48% 的生猪价格方差变动。根据表 2-10 所示的相关系数与方差占比可知，将本征模函数重组，得到低频分量与高频分量后，趋势分量所代表的长期因素对生猪价格的影响要弱于低频分量，但仍明显高于高频分量。趋势项与低频分量的方差占比相差较小，仅为 10% 左右，可见趋势项仍然是我国生猪价格波动的重要组成部分。由图 2-10 可知，我国生猪价格呈现持续性上涨的态势，由 2006 年 7 月 14 日的 9.90 元/千克逐步上升到了 2016 年 12 月 9 日的 16.93 元/千克，增长率为 70.97%，但是上涨态势逐渐平缓。

（6）低频分量。低频分量表示生猪市场的重大事件对生猪价格的影响，平均周期为 102.00 周（约 2 年）。由图 2-10 可知，重大事件对生猪价格波动的影响程度较大，表明生猪市场难以在短时间内消除重大事件的影响。趋势项运行的轨迹是缓慢变化且单调递增的，而生猪价格的高频分量振幅较小，因此生猪价格在中长期的大幅波动主要由低频分量所致。生猪价格的低频分量与原始序列的 Pearson 相关系数高达 0.632，高于趋势项的 0.533 和高频分量的 0.376。低频分量占原始序列方差的比例为 60.29%，均高于趋势分量和高频分量。同时，低频分量波动剧烈，最大值与最小值分别为 5.10 元/千克和 -3.00 元/千克，两者的差值达到 8.10 元/千克。因此，低频分量运行轨迹是决定原始生猪价格波动的最重要因素。

（7）高频分量。在受到趋势分量与低频分量双重影响的同时，生猪价格波动还受到生猪市场短期供需不均衡的影响。一般而言，市场供需不均衡是客观存在的，市场具有短期自我调整的功能，因此价格的小幅度振荡属于正常现象。另外，养殖户尤其是散养户阶段性地退出与进入生猪市场，将影响短期内生猪的供给，进而造成价格的低振幅高频率波动。高频分量由 IMF1、IMF2、IMF3 和 IMF4 构成，平均周期分别为 3.17 周、7.08 周、15.93 周和 39.23 周，组合得到的高频分量的平均周期为 6.99 周，明显低于低频分量的平均周期。IMF1、IMF2 和 IMF3 等三个本征模函数的平均周期分别小于 1 个月、2 个月和 4 个月，这是生猪价格短期自调整所导致的。IMF4 的波动周期为 9～10 个月，由价格预期（4 个月左右）的滞后性所引起。这也给养殖户提供了短期补栏或出栏时机的建议。高频分量振幅虽然小，但其频繁波动对生猪价格的涨跌有一定的影响。因此，如从长期的角度分析生猪市场价格特征时，可以忽略高频分量，但对短期生猪价格的波动进行预测时，高频分量的影响不容忽视。

2.3.4 生猪价格结构断点分析

接下来，本研究综合运用 Bai-Perron 多结构断点检验法和事件分析法对生猪价格原始序列及高频量、低频量与趋势分量进行分析，以探究生猪价格在各尺度上的结构突变点及调控政策对生猪价格的多尺度影响。检验结果如表 2-11 所示，所用的计量软件为 GAUSS 9.0。

表 2-11　多变点 Bai-Perron 检验

		原始序列	高频分量	低频分量	趋势分量
UDmax		2.571	0.070	4.003***	0.199***
WDmax		3.891	0.098	9.984***	0.436***
SupF	0/1	0.689	0.030	1.901	1.709
	0/2	2.571	0.104	14.410***	4.640
	0/3	2.102	0.080	0.708	7.913***
	0/4	1.538	0.082	3.688	12.983***
	0/5	1.774	0.056	8.920***	37.311***
	2/1	1.019	0.182	0.830	0.054
	3/2	0.301	0.042	0.048	0.137
	4/3	0.046	0.043	0.525	0.109
	5/4	0.266	0.000	0.000	0.000
BIC		5	2	5	5
LWZ		4	0	5	5
参数估值	$\hat{\delta}_1$	12.881 (0.428)	−0.039 (−0.031)	−0.298 (−0.060)	13.177 (0.427)
	$\hat{\delta}_2$	11.228 (0.317)	0.533 (0.200)	−2.366 (−0.424)	13.578 (0.362)
	$\hat{\delta}_3$	16.408 (0.436)	−0.216 (−0.092)	2.152 (0.353)	14.167 (0.378)
	$\hat{\delta}_4$	14.645 (0.392)	—	−0.423 (−0.069)	14.800 (0.395)
	$\hat{\delta}_5$	13.358 (0.355)	—	−2.078 (−0.340)	15.354 (0.410)
		17.984 (0.478)		2.207 (0.362)	15.758 (0.468)

注：***、**、*分别表示在 1%、5%、10%的水平上显著。UDmax 检验和 WDmax 检验的零假设都是不存在结构突变，SupF 检验的零假设是存在 i 个突变点，备择假设是存在 j 个突变点，i/j 为在已存在 i 个突变点的情况下对是否可能增加到 j 个突变点的检验。UDmax 统计量在 0.05 的显著性水平下对应临界值为 8.880，WDmax 统计量在 0.05 的显著性水平下对应临界值为 9.910。

本研究根据 UDmax 和 WDmax 统计量检验序列是否存在结构断点，只要 UDmax 和 WDmax 其中一个满足即可判断存在结构断点。然后根据 BIC 准则确定最优断点的个数和断点发生时间。结合结构断点发生的时间，本研究对 2006 年后生猪市场的重大调控政策进行梳理，详情见表 2-12。

表 2-12　影响生猪价格波动的调控政策

序号	时间	调控政策
1	2009 年 1 月 9 日	国家发展和改革委员会、农业部和财政部等六部门制定《防止生猪价格过度下跌调控预案（暂行）》
2	2010 年 8—12 月	财政部制定《生猪调出大县奖励资金管理办法》
3	2011 年 5 月 11 日	国家发展和改革委员会、农业部和财政部等六部门发布《缓解生猪市场价格周期性波动调控预案》
4	2013 年 7—12 月	农业部办公厅和财政部办公厅制定《2013 年畜牧良种补贴项目实施指导意见》
5	2015 年 1—6 月	2015 年 1 月 1 日新《中华人民共和国环境保护法》正式实施，2015 年 4 月 16 日国务院发布《水污染防治行动计划》

　　通过结构断点检验结果及梳理的生猪市场相关调控政策，可以得出多尺度视角下调控政策对生猪价格波动的影响，如表 2-13 所示。

　　由表 2-13 可知，在 0.05 的显著性水平下，生猪价格原始序列中没有结构断点。而对三个分量的检验结果显示，趋势分量和高频分量仍然没有结构断点，但低频分量存在 5 个结构断点。这表明，通过运用先进的数据分解技术，可以更深入地探究生猪价格内在的波动特征，最终加深对生猪价格波动特征的认识。本研究将进一步运用事件分析法，分析这些调控政策对低频分量的影响。

　　由表 2-11、表 2-12 可知，国家部委对生猪产业的调控政策以及新环保措施的出台等对低频分量产生了影响，分别是在点 112（2009 年 12 月 12 日）、点 206（2010 年 10 月 29 日）、点 282（2012 年 5 月 4 日）、点 358（2013 年 11月 15 日）和点 434（2015 年 5 月 29 日）。通过对分段数据的统计描述，分析六次事件对生猪价格低频分量所产生的具体影响，详情见表 2-14。

表 2-13　调控政策对生猪价格波动影响检验结果

序列	可代表含义	Bai-Perron 多结构断点检验	影响点及对应事件
生猪价格	原始波动	无	—
趋势分量	长期趋势	无	—
高频分量	短期市场供需不均衡	无	—
低频分量	重大事件影响	5 个：点 115、点 206、点 282、点 358、点 434	点 112（2009 年 12 月 12 日），对应事件 1；点 206（2010 年 10 月 29 日），对应事件 2；点 282（2012 年 5 月 4日），对应事件 3；点 358（2013 年 11月 15 日），对应事件 4；点 434（2015年 5 月 29 日），对应事件 5

表 2 - 14 生猪价格低频分量分段统计描述

统计量	第一段 2006 年 7 月 14 日至 2008 年 12 月 12 日	第二段 2008 年 12 月 13 日至 2010 年 10 月 29 日	第三段 2010 年 10 月 30 日至 2012 年 5 月 4 日	第四段 2012 年 5 月 5 日至 2013 年 11 月 15 日	第五段 2013 年 11 月 16 日至 2015 年 5 月 29 日	第六段 2015 年 5 月 30 日至 2016 年 12 月 9 日
最大值	5.099	0.090	4.589	0.066	−1.444	2.344
最小值	−3.004	−2.629	−0.570	−1.313	−2.994	−1.230
中位数	2.117	−1.492	2.461	−0.408	−2.737	1.606
平均值	1.905	−1.577	2.378	−0.560	−2.532	1.295
方差	5.857	0.407	2.619	0.117	0.228	1.034
偏度	−0.373	0.201	−0.155	−0.355	0.902	−0.970
峰度	−1.022	−0.090	−1.326	−1.105	−0.493	−0.096

通过比较表 2 - 14 中第一段时期和第二段时期的统计量可以发现，第一段时期低频分量的最大值与最小值相差较大，同时最大值、最小值和方差的绝对值均大于第二段时期的统计量，这说明生猪价格在第一段时期的波动幅度明显高于第二段时期。两段时期的分界点是在 2008 年 12 月 12 日，这距离 2009 年 1 月 9 日国家发展和改革委员会、农业部和财政部等六部门制定《防止生猪价格过度下跌调控预案（暂行）》仅有 1 个月的时间。因此，本研究认为第二段时期生猪价格波动程度的降低与该调控政策紧密相关，该预案从一定程度上抑制了生猪价格的过度下跌，达到了调控的目的。

对比低频分量在第二段时期和第三段时期的统计量，可以发现，低频分量的最大值从第二段时期的 0.090 元/千克攀升到第三段时期的 4.589 元/千克，最小值从 −2.629 元/千克攀升到 −0.570 元/千克。这说明生猪价格呈现出明显的上涨态势，并且上涨的幅度较大，同时波动更为剧烈。财政部于 2010 年 8 月 18 日制定了《生猪调出大县奖励资金管理办法》，该办法旨在进一步促进生猪生产、流通，引导产销有效衔接，保障猪肉市场供应安全。考虑到规模养殖户会进行大规模补栏以及其决策的滞后期，该管理办法为这两段时期的分界点所对应的调控政策。

第四段时期与第三段时期相比，低频分量的极差、振幅和方差均更小，表明价格波动趋于平缓。由图 2 - 10 可知，生猪价格在第四段时期基本处于平稳状态，伴随略微下降的趋势。这一分界点对应的重大事件主要是 1 周后国家部委发布的《缓解生猪市场价格周期性波动调控预案》，该预案在 2009 年预案的基础上进行了完善。分析结果表明该预案有效地平抑了生猪价格的波动，起到了稳定生猪市场的作用，对于促进生猪生产平稳健康持续发展，有效维护生产者、消费者和经营者合法权益具有深远的意义。

通过观察第四段时期和第五段时期的统计量，可以发现第五段时期低频分量的最大值和最小值都是负值，说明在这一段时期生猪价格处于下跌的态势。方差为 0.228，表明这一段时期生猪价格大约平均下跌 2.532 元。农业部办公厅和财政部办公厅在 7 月 11 日制定了《2013 年畜牧良种补贴项目实施指导意见》，该意见有效地刺激了养殖户进行补栏。但是因为仔猪经过育肥阶段到出栏阶段一般需要大概 4 个月的时间，所以将该意见列为第四段时期与第五段时期分界点所对应的调控政策。2013 年 7—12 月，由于养殖户会大规模地出栏，生猪数量的供给大于需求，会导致生猪价格在较低的区间持续一段时期。

最后比较第六段时期和第五段时期的统计量，可以发现第六段时期低频分量的最大值与最小值均高于第五段时期。其平均值是正数，为 1.295，表明这一段时期的价格呈现上涨的趋势，但是上涨幅度与之前相比并不大。这一分界点对应的调控政策主要是政府对于环境保护的重视而颁布的一系列法律与计划。例如，2015 年 1 月 1 日正式实施的新《中华人民共和国环境保护法》（以下简称《环境保护法》）和 2015 年 4 月 16 日国务院发布的《水污染防治行动计划》等，旨在保护和改善环境，防治污染和其他公害，保障公众健康，推进生态文明建设，促进经济社会可持续发展。由于这些环保措施的出台，一些小型生猪养殖场以及生猪养殖散户等会逐渐被取缔，导致整个生猪市场供给偏紧，进而出现生猪价格上涨的情况。

综合生猪价格内在波动特征以及调控政策混合分析模型的实证结果，可以看出我国生猪价格的内在波动由不断上升的长期趋势分量、生猪市场调控政策所导致的低频分量所决定，同时也会受到生猪市场供需不均衡所导致的高频分量的影响。不管是与生猪市场直接相关的各种调控政策，还是影响生猪供需的其他间接性政策措施，都将影响生猪价格中长期的波动。因此，有效地实行国家发布的关于生猪市场的调控措施，对于稳定生猪价格波动具有一定的作用。

2.3.5　总结

本研究结合生猪价格波动的理论分析结果，在集合经验模态分解技术与 Bai - Perron 多结构断点检验法的基础上，构建了多尺度视角下生猪价格波动特征及调控政策的混合分析模型，并以 2006 年 7 月 14 日至 2016 年 12 月 9 日的我国生猪周度平均零售价格作为研究对象，对生猪价格的内在波动特征及调控政策对生猪价格的影响进行实证分析。

通过集合经验模态分解技术对生猪价格原始序列进行多尺度分解，并将分解后的各本征模函数重组成具有经济意义的多个分量，结果显示我国生猪价格主要由生猪市场短期供需不均衡导致的高频波动分量、重大事件导致的低频波动分量、经济基本面决定的长期趋势分量等三个分量组成，其中以低频波动分量和趋势分量起主导作用。

另外，本研究在集合经验模态分解及重组的基础上，综合运用 Bai - Per-ron 多结构断点检验法与事件分析法，对原始序列和三个分量进行事件影响检验，发现我国生猪价格原始序列并没有结构断点，但三个重组分量中存在结构断点，说明集合经验模态分解技术能够更加深入地把握我国生猪价格波动规律。在三个重组分量中，只有低频波动分量有 5 个断点，而长期趋势分量和高频波动分量没有断点，结合国家对生猪市场的六个重大调控政策，表明国家调控政策对我国生猪价格的中长期波动有着重要的影响，能够在一定程度上稳定生猪价格。其中，2009 年 1 月 9 日国家发展和改革委员会、农业部和财政部等六部门发布的《防治生猪价格过度下跌调控预案（暂行）》及 2011 年 5 月 11 日在此基础上完善的《缓解生猪市场价格周期性波动调控预案》都有效地遏制了生猪价格的过度下跌，而且完善后的预案基本达到平抑生猪价格波动的目的；2016 年新《环境保护法》与《水污染防治行动计划》等环保政策的相继颁布，使得生猪价格逐渐回暖，改善了生猪价格剧烈波动的局面。

2.4 本章小结

本章针对生猪市场价格波动研究问题，创新性地引入了基于集合经验模态分解技术的多尺度分析方法，将我国猪肉和生猪价格序列进行分解，明晰多尺度视角下生猪市场价格周期性波动规律。更进一步，通过重组算法将所得的本征模函数和剩余分量重组为由生猪市场短期供求不均衡所导致高频波动分量、生猪市场重大事件决定的低频波动分量和经济环境所决定的长期趋势分量，从以上三个方面探究生猪市场价格多尺度波动特征。此外，针对我国生猪市场调控政策频出的背景，本章基于结构断点检验方法，从多尺度视角研究了生猪市场调控政策对生猪市场价格的影响。

3 我国生猪市场价格传导研究

3.1 引言

近十多年来，我国生猪产业发展的显著特点是生猪市场价格超常波动。生猪市场价格波动频繁且剧烈，已经对社会经济与人民生活造成较大影响。"过山车"式的生猪市场价格波动，一方面影响着消费者的"菜篮子"，尤其对中低收入群体的生活造成巨大影响；另一方面给生产者造成巨大经济损失，尤其是生猪价格处于下行通道时，生产者将面临微薄的利润甚至亏损。那么，生猪市场产业链上游的生猪饲料和仔猪价格、中游的生猪价格和下游的猪肉价格，各环节价格传导方向及传导路径是否通畅？本章旨在回答该问题。

本章首先运用有向无环图和结构向量自回归模型、方差分解分析模型对猪肉产业链各环节的价格传导机制进行实证分析。其次，本章引入基于集合经验模态分解技术的多尺度分析方法，在前述内容的基础上，从多尺度视角探究生猪产业链上游的仔猪价格、中游的生猪价格和下游的猪肉价格之间的多尺度价格传导关系。此外，考虑到近年来我国生猪（猪肉）进出口贸易的急剧扩大，本章进一步探究国际生猪市场等对我国生猪价格的影响。

3.2 我国猪肉产业链各环节的价格传导：基于有向无环图和结构向量自回归模型[①]

3.2.1 研究背景和研究动机

众所周知，"六畜猪为首"，可见生猪生产在我国畜牧业中有着无可替代的作用，放眼整个农业大环境，生猪的生产和消费占据着十分重要的地位。畜牧业的发展对改善人民的膳食结构、调节农业结构，以及增加农民的收入方面作出了巨大贡献。

随着人民生活水平的提高，消费观念从追求吃饱到吃好的改变，城乡居民减少了对粮食的消费，转而增加了对畜产品的消费，猪肉成为居民的主要肉食来源，猪肉的消费量远高于牛肉、羊肉等其他畜产品。近年来猪肉经历着巨大

① 本节主要内容来源于：魏家娟. 我国猪肉产业链各环节的价格传导：基于有向无环图和SVAR [D]. 武汉：华中农业大学，2017. 导师：熊涛。

的价格波动，猪肉价格暴涨更是直接导致了 CPI 快速上扬。在现行的 CPI 权重中，食品类居民消费价格指数约占 31%。其中，猪肉仅作为食品类中子项目，其价格指数就占到 CPI 的 9%。针对生猪及猪肉价格的剧烈波动，国家先后出台了一系列政策来稳定生猪市场。例如，2011 年，国务院办公厅发布的《关于促进生猪生产平稳健康持续发展防止市场供应和价格大幅波动的通知》，要求"建立完善的生猪市场价格调控机制，缓解生猪市场价格周期性波动"；2012年 5 月 11 日，国家发展和改革委员会等部门发布《缓解生猪市场周期性波动调控预案》，将猪粮比价 6：1 和 8.5：1 分别作为猪肉价格过度下跌和过快上涨的预警点。2016 年猪肉价格急速上涨，农业部印发了新中国成立以来的第一个生猪生产发展规划，规划指出通过提升标准化规模养殖水平，保障稳定供给的产业基础。尽管国家印发多个文件，但相关政策的实施并未能有效实现预期目标。

猪肉价格"过山车"式的剧烈波动危害巨大。价格急剧上涨会影响消费者的"菜篮子"，使得物价难以稳定，对中低收入群体尤其是困难群众生活水平的提高造成巨大影响。而价格大幅下跌会降低生猪生产者的积极性，造成养殖户非理性的大量出栏。

一方面是猪肉价格的"过山车"式暴涨暴跌，另一方面，随着环境污染日益严重，农业中的环境保护问题也提上日程，环保政策持续加码，禁养区的划定及猪场拆迁的政策落地，对市场的影响持续加大。2014 年 1 月 1 日起施行的《畜禽规模养殖污染防治条例》，是首部针对畜禽养殖污染防治的法规性文件。该条例明确了禁养区划分标准、适用对象（畜禽养殖场、养殖小区）、激励和处罚办法。

自此文下发后，环保政策对畜禽养殖的影响即拉开序幕，一系列相关法律法规相继出台。2015 年 1 月实施新《环境保护法》，进一步明确畜禽养殖场、养殖小区、定点屠宰企业等的选址、建设和管理应当符合有关法律法规。2015年环保政策集中出台和实施，共出台 4 个文件，国务院和农业部各发布 2 个。其中，4 月国务院发布"水十条"，8 月农业部持续发力，11 月农业部出台《关于促进南方水网地区生猪养殖布局调整优化的指导意见》。2016 年的环保改革力度不亚于 2015 年，连续出台 3 个文件：5 月国务院发布"土十条"；11月环境保护部和农业部联合发布关于畜禽养殖区划定的指南文件，指南中明确提出后期全国各地划定禁养区的依据；12 月国务院印发《"十三五"生态环境保护规划》，要求在 2017 年底前，各地区依法关闭或搬迁禁养区内的畜禽养殖场（小区）和养殖专业户。

2018 年 8 月爆发的非洲猪瘟对我国生猪产业造成极大的冲击，2019 年生猪存栏 31 041 万头，同比下跌 27.5%；生猪出栏 54 419 万头，同比下跌21.6%。随之而来的是生猪价格暴涨。为遏制非洲猪瘟疫情，迅速恢复生猪产能，国家出台一系列强有力的政策：2019 年 7 月，国务院办公厅印发《关于加强非洲猪瘟防控工作的意见》；2019 年 9 月，国务院办公厅印发《关于稳定生猪生产促进转型升级的意见》；2020 年 3 月，农业农村部关于印发《非洲猪瘟疫情应急实施方案（2019 年版）》；2020 年 9 月，国务院办公厅印发《关于促进畜牧业高质量发展的意见》。在市场和政策的推动下，2020 年生猪生产持续加快恢复，产能快速提升，2020 年底全国生猪产能恢复至常年水平的 90％以上。

农业的主导者是小农户，这是目前我国作为农业大国的特征之一。随着我国产业转型升级，作为基础产业的农业成为供给侧结构性改革的重要部分。由于环境日趋恶化，养殖业作为污染严重行业，其发展遭到限制。养殖业的发展趋势表现为小农户逐渐被淘汰，规模化养殖成为主体。

行业政策和环保政策同步发力，导致生猪养殖进入门槛提升，猪肉价格波动更加频繁，波动幅度更大。猪肉价格的剧烈波动导致我国养猪业逐步演变为高风险行业。因此，深入分析猪肉产业链各环节的价格传导机制，探索猪肉产业链各环节价格波动规律意义重大。

养殖业是我国农业重要的组成部分，在国民经济发展中发挥着举足轻重的作用。其中养猪业更是我国农业与农村经济的重要组成部分。在国民的肉类消费比重中，猪肉在城乡居民肉类消费中占比最大。在现行的 CPI 测算中，猪肉价格是一个重要的权重因素，2012—2015 年，猪肉在 CPI 中所占比重分别为 3.27％、3.2％、3.17％和 3.21％。当猪肉价格上涨超过 30％时，会拉动 CPI 上涨 1 个百分点以上。

我国生猪养殖目前处于规模化养殖和散养并存的时期，尽管规模化养殖正在逐步推进，但生猪养殖主体仍然是散养户，因此散养户的生猪存栏量居于主导地位。散养户在经营管理方面存在短视行为，注重短期经济效益，猪肉价格上升时，会加紧补栏量，形成"一哄而上"的现象，而价格下降时，会选择迅速撤离生猪市场，对生猪后期的供给量形成较大冲击，这种冲击最终影响到下游猪肉价格的波动。

猪肉价格的剧烈波动致使中国养猪业逐步演变为高风险行业，成为影响国民经济平稳发展的突出矛盾之一。因此，深入研究猪肉价格波动的规律，考察猪肉价格传导机制，成为稳定猪肉价格亟待解决的重要问题。

根据中国养猪业发展的特点，从生产环节到消费环节，中国养猪业价格主要由上游的仔猪价格、玉米价格、豆粕价格，以及中游的生猪价格和下游的猪肉价格这些重要部分组成，由于各地养殖的人工成本无法统一计量而未计入。在本研究中，选取仔猪价格、玉米价格、豆粕价格作为养猪业上游原料品价格代表，生猪价格作为中游价格的代表，猪肉价格作为下游最终消费品的价格代表，由这五种价格作为猪肉产业链条上的主要价格代表，构成养猪业价格系统。

本节运用统计分析和计量分析的方法从生产供给角度，将以上五种价格代表作为研究对象来分析中国养猪业价格系统，深入分析猪肉产业链上、中、下游各种价格之间的传导机制，分析五种价格之间的传导关系，揭示中国养猪业价格波动的规律。

本节根据2006—2016年的数据，对我国猪肉价格波动现状、猪肉产业链各环节的价格传导情况进行分析。首先，对国内外文献进行系统梳理，同时详细介绍本研究所涉及的重要概念与相关理论，为后续研究打下坚实基础。其次，利用我国猪肉产业链上、中、下游价格的波动现状，采用实践与理论相结合的方式，揭示我国猪肉产业链上游的饲料和仔猪价格、中游的生猪价格和下游的猪肉价格之间的传导机制，以摸清产业链各环节价格波动情况和传导机制。最后，对稳定猪肉价格以及相关部门制定猪肉市场调控政策提出可行性对策和建议。

第一类研究角度是生猪价格对外部冲击的反应，如疾病和政策干预（Chang et al.，2011；Abao et al.，2014；Miljkovic，2009；Tamini et al.，2005；Larue et al.，2010）。具体而言，Miljkovic（2009）通过模拟每日生猪价格的增长率和波动性，研究了美国和加拿大市场一体化和贸易自由对畜产品价格（生猪价格）的影响。Chang等（2011）研究了台湾加入WTO对生猪价格的影响。Abao等（2014）通过运用误差修正模型和历史分解法，研究了口蹄疫疾病对于菲律宾生猪价格的影响。

第二类研究关注生猪市场价格传导机制（Abdulai，2002；Kuiper et al.，2013；Rude et al.，2014；Boyd et al.，1988；Cechura，2008；Kinnucan et al.，2016）。Abdulai（2002）通过阈值协整检验方法，研究了瑞士生猪生产者和零售者非对称价格的传导。Cechura（2008）利用有向理论模型和拟合简化模型研究了农产品链中猪肉价格传递。Kuiper等（2013）应用局部投影方法探讨了猪肉价格传导链。

第三类研究聚焦于生猪价格波动的模拟以及生猪价格与其他价格的协同运动，如生猪价格与饲料价格和能源价格（Zhang et al.，2009；Li et al.，2012；Emmanouilides et al.，2015；Luo et al.，2011；Bessler，1984；Carter et al.，2010；Streips，1995；Stavropoulos et al.，2011；Zhou et al.，2015），利用ARCH模型分析中国肉价的非对称性和波动性。Zhang等（2009）运用多个时间序列模型检验了国际原油和中国生猪价格的动态联系。Li等（2012）研究了中国短期内猪肉价格对于相应成本（如饲料、仔猪、生猪成本）的反应。Zhou等（2015）研究了生猪价格和饲料价格的动态联系。

　　第四类是关于生猪价格周期波动的研究。Harlow（1960）首先将蛛网理论运用于生猪周期问题，分析生猪价格、生猪产量和屠宰数量之间的关系，首次提出生猪价格波动周期为 4 年左右，这为后来学者们解释生猪周期作了重要的理论铺垫。Mao 等（2016）通过利用 Hilbert－Huang 转移方法，分析了 1994—2013 年中国生猪生产价格周期的分解。分析结果表明，存在 1 个趋势和 4 种主要模式的周期，包括 4 个月、8～9 个月、17～19 个月和 42～43 个月周期的经济。这与美国 1994—2013 年和 1910—1969 年猪肉价格周期高度相似。结果还显示，猪肉价格周期由猪繁殖的生物特性决定，因此应当尊重价格循环的规律，而不是任意干预。

　　已有关于猪肉的研究仅聚焦于猪肉产业链环节的中游或是下游，即生猪价格与猪肉价格的非对称性传导，或是关注于上游到中游的价格传导。本节相比先前的研究，创新性主要体现在以下两个方面。①研究的完善程度及数据。从猪肉产业链各环节的完整角度来分析，包括上游的饲料玉米和豆粕、仔猪价格价格，中游的生猪价格，下游的猪肉价格。同时，实证分析的数据采用 2006 年 7 月 21 日到 2016 年 12 月 26 日的周度数据，数据研究范围广，更加全面分析猪肉产业链各环节价格近十几年的传导规律。②研究方法。首先，格兰杰因果检验具有未考虑变量间的同期因果关系和基于不同的滞后阶数会得出不同的结果两大固有缺陷。其次，由于向量自回归模型中的变量之间常常存在某种程度的共线性关系，使得 F 统计量下偏而容易产生"不存在因果关系"的错判。最关键的是格兰杰因果检验只考虑统计方面经济变量的因果关系显著性，而并非经济意义上的显著性。同时，我们借助预测方差分解方法对各种传导途径的有效性进行比较，但是传统的方差分解方法同样存在着不足，原因在于正确设定扰动项之间的同期因果关系，是进行方差分解的关键。我们利用有向无环图分析方法，即借助扰动项之间的（条件）相关系数，来正确识别扰动项之间的同期因果关系，为正确设定扰动项的结构关系提供客观的依据，避免了传统研究方法存在的局限性。同时本研究通过结合有向无环图和结构向量自回归模型研究猪肉产业链环节的价格传导，克服了传统研究方法无法解释变量之间的同期因果关系的局限性。

3.2.2　研究方法

　　（1）ADF 检验。在对时间序列数据进行计量分析时，我们首先需要对各变量进行平稳性检验，以确保其都是平稳数据，否则直接利用非平稳数据的时间序列进行回归会造成虚假回归现象。本研究采用了 ADF 检验来确定各变量数据的平稳性，具体模型如下：

$$\Delta X_t = \delta X_{t-1} + \sum_{i=1}^{m} \beta_i \Delta X_{t-i} + \varepsilon_t \qquad (3-1)$$

$$\Delta X_t = \alpha + \delta X_{t-1} + \sum_{i=1}^{m} \beta_i \Delta X_{t-i} + \varepsilon_t \qquad (3-2)$$

$$\Delta X_t = \alpha + \beta t + \delta X_{t-1} + \sum_{i=1}^{m} \beta_i \Delta X_{t-i} + \varepsilon_t \qquad (3-3)$$

对数据进行平稳性检验的具体步骤是，按照式 3-3、式 3-2、式 3-1 的顺序依次进行，当检验结果显示拒绝零假设，即原序列不存在单位根，为平稳序列时停止检验。如果 3 个模型的结果均显示无法拒绝零假设，则认为原序列是非常平稳的。

（2）结构向量自回归模型和结构方差分解。自 Sims（1980）将向量自回归模型引入经济学以来，该方法已成为研究宏观经济问题的重要分析工具。一般的 p 阶向量自回归模型可表示为：

$$X_t = \boldsymbol{\mu} + \sum_{i=1}^{p} \Phi_i X_{t-i} + e_t, t = 1, 2, \cdots, T \qquad (3-4)$$

其中，T 为样本个数，p 为滞后阶数，X_t 是 k 维内生变量，$\boldsymbol{\mu}$ 是 k 维截距列向量，e_t 是 k 维扰动列向量，且 e_t 服从独立同分布，即 e_t 不与自己的滞后项相关，而且不与等式右边出现的变量相关，但是它们之间可以同期相关。

向量自回归模型是后续格兰杰因果检验、脉冲响应函数以及预测方差分解三种重要分析的基础。大多数传统的格兰杰因果检验或基于向量自回归的格兰杰因果检验都存在一定的局限性。首先，格兰杰因果检验对于滞后期的选择非常敏感，不同的滞后期会得到完全不同的检验结果，因而分析结果并不稳健（杨子晖，2011）。基于向量自回归的格兰杰因果检验虽然避免了滞后期的问题，但只考虑了经济变量的因果关系在统计上的显著性，而忽略了在经济意义上的显著性。然而我们更应该关注经济意义的显著性，因此不能仅仅用格兰杰因果检验来研究猪肉产业链各环节的价格传导。相较而言，方差分解方法更为合理，它考虑了变量之间的关系在经济意义上的显著性，该方法的关键是正确设定变量之间的同期因果结构（卜林等，2015）。变量之间的同期因果关系一般不易确定，现有的关于猪肉价格传导的研究多是采用对变量顺序非常敏感的 Choleski 分解以得到脉冲响应函数。

本研究相对传统研究的创新之处有：首先，本研究选择有向无环图，以数据为导向识别我国猪肉产业链上游的仔猪、玉米和豆粕价格，中游生猪价格以及下游猪肉价格的同期因果关系，在此基础上构建结构向量自回归模型并采用结构方差分解方法，研究其相互影响；其次，本研究同时探讨猪肉产业链五种价格之间的关系，且样本选择周数据比以往研究长，增强了研究方法的可靠性和结果的稳健性。

（3）有向无环图。有向无环图最早出现在数学的分支——图论中，是由

Swanson 等（1997）以及 Spirtes 等（2000）结合计算机科学和人工智能的相关理论提出的分析方法。有向无环图以数据为驱动，利用图形清晰明了地表示变量间同期因果关系的依赖性和指向性。具体而言，该方法以数据为核心，通过分析变量之间的相关系数和偏相关系数，识别变量间的同期因果关系，利用节点和有向边来表示变量之间因果关系的存在性和指向性。如果两个变量之间存在有向边相连，则表明变量之间存在同期因果关系；反之，如果两者之间没有有向边连接，则表示两者之间相互独立。举例说明，若其他变量保持不变，A 的变化直接导致 B 的变化，即存在着由 A 到 B 的单向因果关系，表示为"A→B"；"A↔B"则表示两者之间存在双向的因果关系；若 A 与 B 之间存在同期因果关系，此时的方向性不明确，则为"A—B"。在有向无环图中，无环图的意思是图形中不能出现有向回路，即当以某个变量为初始出发点，无法根据有向边的指向而最终再次回到原始的出发点。

有向无环图的实质是通过无条件相关系数和偏相关系数来确定一组变量之间的同期因果关系的一种新型方法，它通过有无有向边来刻画每对变量之间是否存在因果关系。为了得到描述变量之间的同期因果关系的有向无环图，Spirtes 等（2000）提出了一种有向图算法（PC 算法）。此算法首先是将所有变量相互用无方向的实线连接，得到"无向完全图"，以此为起点进行定向和去边两个过程来确定有向无环图。在去边阶段，PC 算法首先检验变量之间的无条件相关系数，若系数为 0，则去除这条连线。其次，对剩余的连线进行一阶偏相关系数分析，若系数为 0，则继续去除；再次，分析二阶偏相关系数，依此类推。对于 N 个变量，PC 算法要一直持续到（N－2）阶偏相关系数。在进行上述检验中，通常采用 Fisher's 统计检验量，以确定变量间的偏相关系数是否为 0。Z 统计量的表达式如下：

$$z[\rho(i,\ j\,|\,k),\ n] = \left(\frac{1}{2}\sqrt{n-3-\lceil k\rceil}\right)\ln\left|\frac{1+\rho(i,j\,|\,k)}{1-\rho(i,j\,|\,k)}\right| \qquad (3-5)$$

其中，n 是样本数目，|k| 表示条件变量的个数，$\rho(i,\ j\,|\,k)$ 则表示条件变量为 k 个时，i 和 j 的偏相关系数。

在定向阶段中，该算法引入了"隔离集"的概念，它是移除两个变量之间无向连线的条件变量的集合。如果 A 和 B、B 和 C 分别相邻，同时 A 和 C 不相邻，即可以表示为"A—B—C"，同时 B 不在 A 和 C 的分离集中（偏相关系数显著不为 0），那么我们可以推断出三者之间的同期因果关系为"A→B←C"。同时，Spirtes 等（20000）指出，当样本容量较小时，应当通过提高显著性水平确保有向无环图分析效果，避免被低估。

（4）Johansen 多变量协整检验。根据 Engle‐Granger 因果检验的结果选取 n 个变量构成一个内生系统，进行脉冲响应研究。依据对这个系统进行的

Johansen 多变量协整检验结果，决定建立 VAR 模型还是 VEC 模型进行广义脉冲响应分析。

（5）方差分解。方差分解的主要思想是把系统中每个内生变量的波动按其成因分解为与各方程信息相关联的 m 个组成部分，从而了解各信息对模型内生变量的相对重要性。

3.2.3 猪肉行业政策回顾及长短期价格波动规律

（1）猪肉行业政策回顾。新中国成立之初到 1985 年，百废待兴，农业作为第一产业在我国经历了多次的试验、探讨和变革。1953 年之前，我国的猪肉行业主要由市场占主导地位。国家对私营肉禽蛋企业采取积极的扶持政策，鼓励其从事正当经营，同时当时经营肉禽蛋的国有商业机构尚未建立，代替国有商业机构的是国有土产公司和供销社少量兼营。1953 年全国国有商业和供销社共收购生猪数量为 881.1 万头，仅占当年生猪出栏量的 12.73%。

1953 年之后，随着经济的发展，我国城镇人口迅速增长，对农副产品的需求也随之上升，农产品供给不能满足全社会需求，农产品供不应求，加上私营商业与国有商业竞争货源，干扰市场，价格上涨的现象凸显。针对这种局面，国家自 1953 年开始对关系国计民生的重要农产品购销及价格进行计划管理，统购统销。在粮食实行统购统销制度后，为与计划经济体制的建立、形成相适应，肉类产品的计划流通体制也逐渐形成。

1955 年，全国财经会议根据 1954 年会议内容开启了部分省份试行派养派购政策。派购任务由各级政府逐级下达，具体落实到农业生产合作社和社员养猪户，签订派购合同或发给养猪证。当年实行派购的有 23 个省、自治区和直辖市。这一政策不久便扩大到全国除西藏外的所有地区。随后，农产品统购派购制度不断得到加强，直到 1985 年 1 月，中共中央、国务院颁布《关于进一步活跃农业经济的十项政策》，国务院各个部门对分别主管的农副产品陆续取消了统购统销制度。

总体来说，这期间计划管理是农产品流通及价格体制的基本特征，计划管理成为高度集中的国民经济管理体制不可分割的部分。但从 1978 年十一届三中全会后，我国实行对内改革、对外开放经济政策，农产品的管理体制才逐渐开始有所放松，但直到 1984 年，都没有根本改变这一流通制度。1978—1984年的改革，是在不触动统派制度的条件下，缩小统购范围，减少统购品种，放开集市贸易，允许部分农产品议购议销和自由购销。这期间，猪肉供给也在国家计划管理之下。按照货源情况，采取两种供应办法：一是货源充足时实行按国家牌价充足供应；二是货源紧张时则采取凭票定量供应，以稳定肉价。同时为了调节市场供应，减少国有商业的经营亏损，实行高于国家牌价但低于市场价格的议价供应。这一时期的政策也使猪肉价格的波动非常小。

1985 年，是农业市场的变革之年，中共中央、国务院发布《关于进一步活跃农村经济的十项政策》，决定逐步取消生猪派购，实行上市自由、自由交易、随行就市、按质论价的政策。同年 3 月，国务院在《关于调整生猪购销政策和价格方案》（以下简称《方案》）进一步取消生猪派购，实行有指导的议购议销，国家通过各种经济手段，如合同定购或市场收购方式掌握货源，参与市场调节。随着《方案》的实施，肉类产品的流通体制发生了巨大的变化。经济体制方面，由计划调节转向市场调节，生产经营者以市场为导向组织生产和流通，批发市场、零售市场相继产生；从经营主体看，国有商业包揽市场的局面被打破，国有商业、集体商业、私营个体商业在同一市场上竞争。从流通渠道看，由单一化的渠道转为多渠道流通，出现了农民进城直销、中间商经销、产销一体化等新型流通渠道。

生猪市场的开放为生猪产业的蓬勃发展奠定了制度基础。农民的养殖积极性极大提高，生猪饲养以及相关的上下游产业得到快速发展。1985—2015 年的 31 年间，猪肉供给量呈现稳步上升趋势，1985 年我国的猪肉产量约为 1 655 万吨，2006 年达到了 5 197 万吨，2015 年时达到了 5 487 万吨，2015 年较 1985 年增长了 231%。同时 1985 年城镇居民人均年购买猪肉数量为 17.2 千克，2012 年的城镇居民人均年购买猪肉数量为 21.2 千克。农村居民家庭平均每人每年的猪肉消费量从 10.3 千克增至 2012 年的 14.4 千克。在猪肉产量方面，个别年份出现了产量减少的现象，1996 年猪肉产量较前一年急剧下降，2006 年、2007 年猪肉产量出现了连续两年的下降，产量的急剧下降造成了 2007 年以来猪价的迅速飚升。

市场调节下的猪肉市场给猪肉产业带来发展的同时，也出现了价格剧烈波动、养殖风险增加、养殖户收益不稳定等经济问题。

（2）我国猪肉产业链各环节价格波动规律。2000 年 1 月至 2016 年 6 月是我国经济高速发展时期，在这 17 年间，无论是上游的仔猪价格、中游的生猪价格还是下游的猪肉价格都经历着剧烈波动。猪肉市场可以总结为波动频繁，波幅剧烈。这种"过山车"式的价格波动对养殖业生猪的生产和猪肉消费者的生活都造成极大影响，也使得本就处于弱势地位的散养农户承担了更多的经营成本和经营风险，给广大的低收入消费群体的消费支出增加了负担。因此，本部分内容试图通过对 2000 年 1 月以来猪肉价格波动状况进行总结，找出其内在波动的规律，给予生猪生产者相应的生产指导。

根据畜牧业信息网站的公开数据分析，以 2007 年为时间节点进行阶段分析，在 2007 年 1 月之前，我国的猪肉产业链各环节的价格在 5～15 元波动，其中生猪价格、仔猪价格和猪肉价格的谷值都出现在 2000 年的第一季度附近。峰值出现在 2004 年的第四季度，月度价格波动呈现明显的周期性波动。每年的 1 月、2 月猪肉需求强劲，价格较高；从 3 月开始，随着天气转热，消费量呈现下降趋势，到第三季度形成消费的低谷，价格最低；进入 10 月，天气转凉，中秋节以及国庆节等节假日增多，猪肉消费回暖。这种消费回暖的态势一直持续到 2 月，再次达到消费顶峰。可以看出，在一个自然年中，各月猪肉价格主要受我国居民的消费习惯所影响，呈现出两头高中间低的价格波动特点。

2007—2015 年，猪肉产业链各环节价格经历了两次明显的周期性波动。其中 2009—2015 年的周期性波动持续时间明显长于 2007—2008 年的周期性波动。2015 年猪肉产业链各环节价格开始步入上升通道，预示着新一轮的周期性波动即将来临。首先在 2015 年 9 月前后出现短期内的第一次高点，仔猪价格、猪肉价格的价格分别为 34.91 元/千克、28.3 元/千克，8 月待宰活猪的价格为 18.12 元/千克。价格维持高位运行两个月后仔猪价格出现了小幅下降，2015 年底仔猪价格降为 29.55 元/千克。在 2015 年末的价格微调中也蕴藏着新一轮的价格上涨。其中以仔猪价格的上升为代表带动猪肉价格大幅拉升，猪肉产业链各环节的价格也是扶摇直上。2016 年 6 月仔猪价格为 52.39 元/千克，相比 2015 年的价格高点又出现 70% 的增幅。猪肉价格和生猪价格分别为 31.29 元/千克、20.41 元/千克。猪肉价格的高涨与宏观经济有一定的关系，但同时表明目前我国的养猪业处于一个非常动荡的环境中，上游成本的转嫁、生猪生产方式的转变、生猪疫情与疾病、政策的改变、消费动态的变化等因素都可能单方面或者综合性影响猪肉价格。

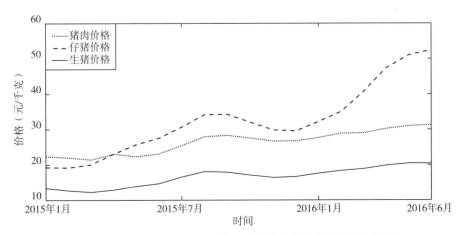

图 3-1 2015 年 1 月至 2016 年 6 月猪肉产业链各环节价格波动

选择 2000 年 1 月至 2016 年 6 月的猪肉产业链各环节的上游仔猪价格、中游生猪、下游猪肉价格作为代表来分析。从这 17 年的猪肉产业链各环节的价格波动可以看出，几次价格的波峰出现在 2004 年 10 月、2008 年 4 月、2011 年 9 月以及 2015 年 9 月，我国猪肉产业链各环节的价格波动每 3～4 年有一次周期性波动。实际上从每一个价格波峰开始，猪肉产业链各环节的价格就开始步入下降阶段，也就会开始出现卖猪难的问题。价格的大幅下降是由于生猪出栏的大幅增加所引起，相对于较为稳定的需求，供给过剩将导致卖猪难问题。同时，供大于求又必然使价格降低，在这个闭环圈中必定导致生猪生产的受挫，养殖户遭受打击后，生猪存栏量开始降到一个低水平。到了供不应求的程度，猪肉产业链各环节的价格又开始上升，直到下一个价格波峰为止，这样价格反复轮动。

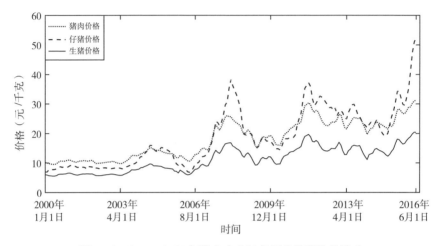

图 3 - 2　2000—2016 年猪肉产业链各环节长期价格波动

在 1985 年之前，我国猪肉价格较为平稳。选择 2000 年之后的猪肉产业链各环节的数据，从短期来看，在一个自然年度里，各月的猪肉价格主要受居民消费习惯的影响，呈现"两头高、中间低"的价格波动特点。而从跨越 17 年的数据来看，共经历了 4 次周期波动，平均 3～4 年猪肉产业链各环节的价格波动一次，但 2004 年之后猪肉的价格波动呈现出周期缩短、波动频繁的新现象。这种现象与我国整个农业的产业升级相关，规模化养殖成为未来趋势，散户养殖将逐渐缩小比例。同时划分生猪养殖限养区，我国目前逐渐将长江流域的养殖规模缩小，整体调整到生猪养殖的饲料产区，如东北三省作为生猪饲料玉米的主产区，将为生猪生产提供更为便捷的饲料来源并降低生猪养殖成本。未来"北肉南运"的现象将增多，甚至成为常态。

本节概述了我国猪肉产业链各环节的发展现状，总结了猪肉产业链各环节价格的长短期波动规律。但不能仅根据价格波动规律来指导生产，必须对猪肉产业链各环节价格传导的深层次原因进行分析，从根本上探明产业链之间的价格传导机制，摸清产业链各环节价格的波动情况和传导方向，为相关部门制定猪肉市场调控政策提出建议和对策。

3.2.4 实证研究

（1）数据来源。猪肉价格的传导受多重因素综合影响，大致可以分为内因和外因。本研究主要从猪肉产业链各环节的角度分析价格传导。同其他养殖产业类似，猪肉产业同样需要从产业上游、中游以及下游三个角度来分析。本研究选择仔猪价格以及重要饲料玉米和豆粕作为养殖业上游原料品价格代表，选择生猪价格作为养殖业中游商品价格代表，猪肉价格作为下游最终消费品价格的代表。数据均来源于 Wind 数据库。由于原始数据可能带来异方差，因此模型中的数据均采用原始时间序列数据的对数序列。

（2）猪肉产业链各环节价格波动分析。年度数据是现有研究学者对猪价波动规律分析研究选择的主要数据，但年度数据或月度数据会因为数据间的跨度比较长而隐藏数据间必要的价格突变信息。鉴于此，不同于之前的研究，本研究采用豆粕价格、玉米价格、仔猪价格、生猪价格、猪肉价格的周度数据。从 2006 年 7 月 21 日至 2016 年 12 月 26 日，中国养猪业五种价格的周度走势如图 3-3 所示。

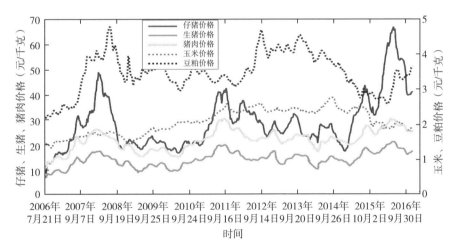

图 3-3 我国生猪产业各环节价格周度走势

从图 3-3 可以看出，仔猪价格、生猪价格和猪肉价格的变动情况非常相似，尤其出现上升和下降的时间节点非常相似。玉米价格与其他四种价格的波动有明显的差异，呈现出随时间推移而缓慢上涨的态势。从图中可以看出，2007 年 8 月之前仔猪、猪肉和生猪价格呈现缓慢上升的态势，在 8 月达到首次峰值。仔猪价格、猪肉价格、生猪价格分别达到每千克 31.48 元、22.92 元和 14.94 元。从图中可以明显看出价格波动的过程，经历了上涨、下跌，再上涨、下跌，再次冲高的过程。自此猪肉价格步入上升通道，在 2008 年 3 月仔猪价格再创新高，达到历史峰值 48.84 元。相应的猪肉价格和生猪价格也达到峰值 26.21 元和 17.40 元。在经过 2006—2008 年的不断上升后，仔猪、猪肉和生猪价格又经历"过山车"式的下降，至 2010 年 5 月的每千克 17.68 元、15.49 元和 9.77 元。短暂的价格下降后猪肉价格又开始上升，在 2011 年又创新高。此后猪肉价格不断波动，2015 年 1 月价格跌入低谷后出现反弹，此番价格反弹一直持续至今。其中 2016 年 6 月仔猪价格达到了每千克 65.89 元的历史最高值。

表 3-1 是五种生猪市场产业链的价格变量之间的相关性检验结果，从检验结果可以看出，仔猪、生猪和猪肉价格具有高相关性，其中猪肉和生猪价格相关系数高达 0.982，但相较于玉米价格，豆粕价格与猪肉价格相关性偏低，由于豆粕作为猪的重要饲料及玉米的替代品，仍旧将其纳入研究当中。

表 3-1　养猪业价格系统的相关性检验

	豆粕价格	玉米价格	生猪价格	仔猪价格	猪肉价格
豆粕价格	1.000				
玉米价格	0.489	1.000			
生猪价格	0.195	0.398	1.000		
仔猪价格	0.140	0.287	0.889	1.000	
猪肉价格	0.255	0.445	0.982	0.884	1.000

由表 3-2 可以得出，除了仔猪价格出现右偏，豆粕、玉米、生猪和猪肉价格均为左偏。同时从表中可以看出，仔猪价格和猪肉价格的峰度值较高，都大于 3，说明仔猪和猪肉价格分布形态较为陡峭。

表 3-2　描述性统计

	$\ln bp$	$\ln cp$	$\ln hg$	$\ln pigp$	$\ln pork$
均值	1.214	0.705	2.636	3.303	3.065
中位数	1.231	0.723	2.656	3.307	3.087
最大值	1.562	1.015	3.054	4.200	3.415
最小值	0.786	0.217	1.940	2.151	2.410
标准差	0.174	0.184	0.214	0.346	0.197
偏度	−0.501	−0.408	−0.452	0.221	−0.610
峰度	2.739	2.157	2.787	3.026	3.008

（3）猪肉产业链各环节之间价格传导实证分析过程。从基于中国养猪业价格系统的初步分析可以看出，仔猪价格、生猪价格和猪肉价格的波动轨迹非常相似，相关性检验结果也表明，它们之间可能存在着紧密的联系。但这种分析

仅仅反应价格波动方面特征，不能反映猪肉产业链各环节的具体关系。在对选择的研究变量进行基本统计描述和分析后，本章用定量分析的实证方法来分析猪肉产业链各环节之间的价格传导关系。

本章首次使用有向无环图和结构向量自回归模型的理论框架。向量自回归模型作为有向无环图实证分析的中间环节，而有向无环图结果又作为最后数据驱动结果进行方差分解和脉冲响应分析的前提铺垫。

①变量平稳性检验。平稳性检验是对数据进行分析的基础和前提。首先需要对五种价格变量进行单位根检验。先对其原始序列进行检验，如果原始序列不平稳，继续对其一阶差分序列进行检验，单位根检验汇总于表3-3。

表3-3 单位根检验

变量	ADF 统计量	5%临界值	结论
lnbp	0.291	−1.941	不平稳
lncp	−0.152	−1.941	不平稳
lnhg	0.311	−1.941	不平稳
ln$pigp$	0.450	−1.941	不平稳
ln$pork$	0.552	−1.941	不平稳
Δlnbp	−10.895	−2.867	平稳
Δlncp	−9.825	−2.867	平稳
Δlnhg	−10.370	−2.867	平稳
Δln$pigp$	−11.972	−2.867	平稳
Δln$pork$	−11.288	−2.867	平稳

注：①lnbp、lncp、lnhg、ln$pigp$、ln$pork$ 分别表示豆粕价格、玉米价格、生猪价格、仔猪价格、猪肉价格的对数序列；②Δ 表示变量的一阶差分。

可以看出，五种价格的原始序列的 ADF 统计量均在5%显著性水平下大于临界值，不能拒绝单位根假设。而经过一阶差分序列的检验，结果都拒绝了单位根假设。可见，玉米价格、豆粕价格、仔猪价格、生猪价格和猪肉价格的时间序列都是一阶单整 I（1）序列。可以建立 2006 年 7 月 21 日至 2016 年 12 月 26 日五种序列的协整函数。但协整检验之前需要借助向量自回归模型来确定其滞后阶数。

②VAR 模型滞后阶数的选择。VAR 模型中一个重要的问题就是滞后阶数的确定。一般进行选择时，需要综合考虑滞后项和自由度，使得滞后项和自由度数目充足。

实际研究中，通常选择 AIC 信息准则和 SC 信息准则，其计算方法可由下式给出：

$$AIC = -2l + 2n \qquad (3-6)$$
$$SC = -2\ln l + n\ln T \qquad (3-7)$$

其中，在 VAR 模型中，$n = k(d + pk)$ 是被估计的参数的总数，k 是内生变量个数，T 是样本长度，d 是外生变量的个数，p 是滞后阶数。

在本章中，首先运用 Eviews 软件建立一个 VAR 模型，点击 view/lag structure/length criteria 输入不同的滞后阶数，以 AIC 为准则选择最优滞后阶数。表 3-4 是获得的 $\ln pigp$、$\ln hg$、$\ln pork$、$\ln cp$、$\ln bp$ 的最优滞后阶数选择表，根据表 3-4，可以选择最优滞后阶数为 3 阶。选择了最优滞后阶数后，接下来进行协整检验。

表 3-4　最优滞后阶数检验结果

Lag	LogL	LR	FPE	AIC	SC	HQ
0	1 706.971	NA	7.81e-10	-6.781	-6.739	-6.764
1	5 732.257	7 954.350	9.36e-17	-22.718	-22.466	-22.619
2	5 864.189	258.082	6.11e-17	-23.144	-22.682*	-22.963*
3	5 905.908	80.779	5.72e-17*	-23.211*	-22.539	-22.947
4	5 929.283	44.795*	5.76e-17	-23.204	-22.322	-22.858
5	5 936.140	13.003	6.19e-17	-23.132	-22.040	-22.703
6	5 950.430	26.815	6.46e-17	-23.089	-21.787	-22.578
7	5 959.095	16.088	6.90e-17	-23.024	-21.512	-22.431
8	5 970.185	20.368	7.30e-17	-22.969	-21.246	-22.293

注：***、**、*分别表示在1%、5%、10%的水平上显著。

③Johansen 协整检验。经过了变量的平稳性检验，得到五个变量都是同阶单整 I（1）序列，可以进行协整检验。因此进一步运用 Johansen 协整检验方法，通过选取最优滞后阶数进行协整检验，以检验猪肉产业链各环节间是否存在长期稳定的均衡关系。检验结果列于表 3-5。

表 3-5　协整检验结果

Hypothesized No. of CE（s）	Eigenvalue	Trace Statistic	0.05 Critical Value	Prob.**
None*	0.130	128.972	69.819	0.000
At most 1*	0.045	58.274	47.856	0.004
At most 2*	0.042	35.023	29.797	0.011
At most 3	0.017	13.183	15.495	0.108
At most 4*	0.009	4.494	3.841	0.034

由表 3-5 可以看出，当原假设为"至多存在 2 个协整关系"时，迹统计量为 35.023，大于 5% 临界值 29.797，拒绝该假设；当原假设为"至多存在 3 个协整关系"时，迹统计量为 13.183，小于 5% 临界值 15.495，不能拒绝原假设。迹统计量检验结果显示，五种价格之间存在 3 个协整关系。猪肉产业链各环节的上中下游存在着长期稳定的均衡关系。

④同期因果关系的 DAG 及 SVAR 识别。通过协整检验可以对 VAR 模型进行正确估计，从而得到各变量之间的扰动相关系数矩阵：

$$corr = \begin{bmatrix} 1 & & & & \\ 0.830 & 1 & & & \\ -0.073 & -0.067 & 1 & & \\ -0.192 & -0.130 & 0.350 & 1 & \\ -0.130 & -0.118 & 0.480 & 0.298 & 1 \end{bmatrix} \qquad (3-8)$$

接着以"扰动相关系数矩阵"为进一步研究出发点，对豆粕价格、玉米价格、生猪价格、仔猪价格和猪肉价格五个变量之间的同期因果关系进行 DAG 分析。获得 DAG 分析结果亦是对 SVAR 进行识别，并进行方差分解分析的重要前提。

首先，画出无向无环图这是分析的起点（图 3-4）。各个变量均与其他变量有着无方向的连线，以表示各变量之间可能存在同期因果关系。接着利用软件 TETRAD IV 它已经设计好的程序 PC 算法，通过"扰动相关系数矩阵"对各变量之间的无条件相关系数以及偏相关系数（条件相关系数）进行分析，以得出各变量间同期因果关系的相关性以及因果关系的指向性。根据 Spirtes 等（2000），当样本量较小时（如小于 100），应采用较大的显著性水平（如 20%），这样可以确保有向无环图分析效果。本研究的样本量为 510，样本量充足，因此选用 5% 显著性水平。各变量间的同期因果关系如图 3-5 所示。

从图 3-5 中可以得知，豆粕和玉米、猪肉与生猪和仔猪之间存在着同期因果关系。换言之，依据 DAG 的结果分析，同期猪肉价格会影响生猪和仔猪价格，即猪肉价格的迅速下降或上升会导致养殖上游的瞬间传导作用，导致生猪和仔猪价格变化。中游生猪价格的变化同期也会影响到上游仔猪价格的变化。然而饲料价格对猪肉价格、生猪价格、仔猪价格同期的影响并非很大。作为仔猪生长阶段的重要饲料来源的豆粕的价格变化会导致仔猪价格的同期变化。作为生猪生长饲料的互补品，玉米价格对豆粕价格存在同期影响。

根据 DAG 结果，对同期系数矩阵 A 进行识别约束，对没有同期因果关系的边施加零约束：

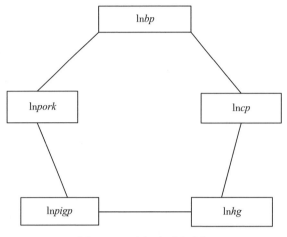

图 3 - 4　无向无环图示意

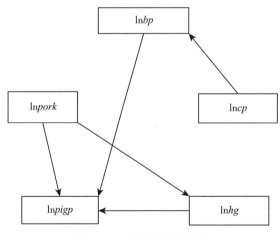

图 3 - 5　有向无环图示意

$$
\begin{bmatrix}
1 & & & & \\
a_{21} & 1 & & & \\
0 & 0 & 1 & & \\
a_{41} & 0 & a_{43} & 1 & \\
0 & 0 & a_{53} & a_{54} & 1
\end{bmatrix}
\begin{bmatrix}
e_{1t} \\
e_{2t} \\
e_{3t} \\
e_{4t} \\
e_{5t}
\end{bmatrix}
=
\begin{bmatrix}
u_{1t} \\
u_{2t} \\
u_{3t} \\
u_{4t} \\
u_{5t}
\end{bmatrix}
\qquad (3-9)
$$

根据式 3 - 9 的约束，建立 SVAR 模型，并利用 Eviews 软件估计出同期关系矩阵：

$$
\begin{bmatrix}
1 & & & & \\
-0.687 & 1 & & & \\
0 & 0 & 1 & & \\
0.143 & 0 & -0.446 & 1 & \\
0 & 0 & -0.269 & -0.081 & 1
\end{bmatrix}
\begin{bmatrix}
e_{1t} \\
e_{2t} \\
e_{3t} \\
e_{4t} \\
e_{5t}
\end{bmatrix}
=
\begin{bmatrix}
u_{1t} \\
u_{2t} \\
u_{3t} \\
u_{4t} \\
u_{5t}
\end{bmatrix}
\qquad (3-10)
$$

⑤建立在 DAG 基础上的预测误差方差分解。DAG 分析主要是判断猪肉产业链各环节变量之间是否存在同期因果关系以及这种关系的指向性。为了更深入分析我国猪肉产业链各环节价格之间的动态影响机制及其影响程度,需要利用 DAG 结果对 SVAR 模型进行预测方差分解。

预测方差分解结果表明,豆粕价格的波动从第 1 期到第 10 期都是自身冲击所引起的,玉米价格对其价格的影响微乎其微(表 3-6)。同作为饲料的玉米则表现截然不同。在第 1 期可以看到玉米自身对波动解释性只有 31%,而豆粕对玉米的同期价格波动高达 69%,甚至超过自身对价格波动的冲击。随着时间的推移,到第 5 期豆粕价格对玉米价格波动的解释性仍然高达 55.8%,相比玉米自身的解释程度 43% 仍然高出 12.8%,这说明豆粕价格长期对玉米价格有极大影响。直至第 9 期,玉米价格自身的波动对解释性略超过豆粕价格的解释性。仔猪价格波动的主因由自身决定,但随着预测期延长,其价格波动会受到生猪价格的影响。在预测期第 10 期,生猪价格对仔猪价格波动的解释性接近于仔猪价格自身的影响性。同时可以看到,豆粕作为主要的饲料来源对仔猪价格的影响亦是甚微,从预测期第 1 期到第 10 期其对仔猪价格波动的影响性都在 2%~3% 变化。玉米对仔猪价格的变化无异。

表 3-6 基于 DAG 的预测方差分解

单位:%

预测期(周)	S.E.	lnbp	lncp	lnhg	lnpigp	lnpork
豆粕价格的预测方差分解						
1	0.041	100.000	0.000	0.000	0.000	0.000
2	0.061	99.078	0.795	0.072	0.024	0.031
3	0.076	99.253	0.528	0.090	0.054	0.075
4	0.087	99.235	0.404	0.123	0.081	0.156
5	0.097	99.140	0.348	0.164	0.115	0.233
6	0.104	99.018	0.310	0.213	0.147	0.312
7	0.110	98.884	0.278	0.267	0.181	0.391
8	0.115	98.740	0.254	0.327	0.213	0.466

（续）

预测期（周）	S. E.	lnbp	lncp	lnhg	ln$pigp$	ln$pork$
9	0.119	98.583	0.241	0.394	0.244	0.537
10	0.123	98.411	0.241	0.471	0.275	0.602
玉米价格的预测方差分解						
1	0.034	68.972	31.028	0.000	0.000	0.000
2	0.050	66.533	33.121	0.085	0.017	0.244
3	0.064	62.122	37.308	0.125	0.035	0.410
4	0.075	58.547	40.608	0.164	0.044	0.637
5	0.085	55.838	43.065	0.187	0.051	0.860
6	0.093	53.737	44.924	0.197	0.053	1.088
7	0.099	52.049	46.386	0.198	0.054	1.313
8	0.105	50.638	47.582	0.194	0.054	1.532
9	0.110	49.423	48.594	0.188	0.052	1.743
10	0.114	48.352	49.472	0.181	0.050	1.945
生猪价格的预测方差分解						
1	0.021	0.539	0.013	99.448	0.000	0.000
2	0.036	0.272	0.029	99.639	0.056	0.005
3	0.050	0.149	0.019	99.632	0.176	0.025
4	0.063	0.097	0.053	99.542	0.283	0.025
5	0.074	0.076	0.163	99.326	0.411	0.025
6	0.084	0.072	0.333	99.112	0.461	0.022
7	0.092	0.086	0.552	98.884	0.460	0.019
8	0.099	0.117	0.804	98.641	0.422	0.016
9	0.105	0.166	1.082	98.361	0.376	0.014
10	0.111	0.234	1.380	98.028	0.344	0.013
仔猪价格的预测方差分解						
1	0.034	3.673	0.275	11.370	84.681	0.000
2	0.053	3.287	0.566	23.200	72.918	0.030
3	0.072	2.695	0.399	29.339	67.536	0.031
4	0.088	2.466	0.333	34.841	62.297	0.062
5	0.102	2.397	0.315	38.690	58.514	0.084
6	0.114	2.480	0.342	41.664	55.406	0.107
7	0.125	2.665	0.399	43.794	53.017	0.125

（续）

预测期（周）	S. E.	lnbp	lncp	lnhg	ln$pigp$	ln$pork$
8	0.135	2.933	0.480	45.333	51.116	0.138
9	0.144	3.263	0.577	46.390	49.622	0.148
10	0.153	3.641	0.687	47.088	48.430	0.155
猪肉价格的预测方差分解						
1	0.016	1.697	0.033	22.243	1.563	74.464
2	0.025	0.798	0.069	54.525	1.354	43.253
3	0.035	0.499	0.036	71.387	0.849	27.229
4	0.044	0.315	0.069	79.647	0.527	19.442
5	0.053	0.220	0.155	84.385	0.405	14.836
6	0.061	0.166	0.312	87.250	0.371	11.901
7	0.068	0.135	0.524	89.071	0.360	9.911
8	0.075	0.118	0.778	90.274	0.342	8.488
9	0.081	0.115	1.064	91.077	0.313	7.432
10	0.087	0.123	1.376	91.598	0.280	6.624

预测方差分解结果表明，猪肉价格波动与仔猪价格波动类似。猪肉价格在预测期第 1 期主要是由它自身价格波动所解释，这与仔猪价格波动的解释性相似。在预测期第 1 期，生猪价格对自身价格波动的解释性也高达 22.2%。同样作为饲料的豆粕和玉米对生猪价格波动的解释性则占 1.7% 和 0.03%，从猪肉价格和仔猪价格两者价格波动的解释性可以得出，玉米价格波动幅度相对于猪肉和仔猪价格剧烈波动的影响微乎其微，可以忽略玉米的成本。这或许与玉米在我国的粮食储备方面的农业政策有关，玉米价格一直处于低位运行。但不同于仔猪价格的预测方差分解结果，在预测期第 2 期，生猪价格对猪肉价格波动的解释性超过了 50%，达到 54.5%，而猪肉自身对价格波动的解释性下降至 43%。随着预测期的推移，生猪价格对猪肉价格波动的解释性愈来愈强，而对其自身价格波动的解释性在不断下降，在第 10 期猪肉价格自身的解释性仅为 6.6%，生猪价格对猪肉价格的解释性则达到 91.5%。由此可以看出，猪肉作为下游产品在长期仍然受中游生猪价格的影响，而且其自身对价格波动的解释性相比生猪对其影响的贡献度甚小。

从上述的预测方差分解可以看到，作为上游养殖成本的饲料和仔猪对中游生猪价格和下游猪肉价格波动的解释性不强。但对于猪肉价格波动的解释性随着预测期的推移，生猪价格对猪肉价格波动的解释性愈来愈强。其结果正与刘清泉（2013）的研究结果——猪肉价格与生猪价格的变化相同。因此猪肉价格的大幅波动与生猪价格的大幅波动相关，而生猪价格的波动主要由生猪的供求关系决定。对于生猪价格的"过山车"式波动，需要从中游环节找解决方法，稳定猪肉价格的关键在于生猪市场的平稳性。生猪价格不仅对长期猪肉价格波动具有解释性，同时对仔猪价格波动的预测期波动随着时间的推移也具有增强趋势的解释性。在整个预测方差分解当中可以看到，中游的生猪价格对上游的仔猪价格和下游的猪肉价格波动的解释性都很强，生猪价格的稳定性不可忽略。

3.2.5 总结

（1）结论。本研究通过对我国猪肉产业链各环节间价格传导进行实证研究分析，重点对我国猪肉价格波动的基本规律、产业链各环节猪肉价格的传导进行详细阐述分析，可以得出以下结论。

按年份来看，我国猪肉价格的波动具有明显的长短规律。短期来看，猪肉价格的波动主要受消费性习惯影响，表现出"两头高、中间低"的价格走势分布；长期来看，我国近 17 年来的猪肉价格平均每 3~4 年大幅波动一次。

基于有向无环图和结构向量自回归模型分析，运用预测方差分解得出，仔猪价格短期内主要受其自身价格影响的波动，长期会受生猪价格影响。猪肉价格和仔猪价格预测方差结果表现类似，短期内同样受其自身价格波动影响，同时生猪价格对其价格波动的解释性高达 22.2%。但第 2 期生猪价格对其价格波动的解释性却一跃而升至 54.5%。生猪价格波动对猪肉价格波动的解释性随时间增加，最终高达 90%。生猪价格波动的解释性无论长期或短期都主要来源于其自身。从生猪、仔猪和猪肉价格波动的解释性可以看出，生猪价格在养猪产业至关重要，因此应当确保生猪价格稳定，有利于整个猪肉价格的平稳运行。

作为生猪生长饲料代表的玉米和豆粕，从预测方差分解分析中可以看出两者对仔猪、生猪、猪肉价格的影响甚微，其中豆粕价格的波动在一定程度上对于仔猪价格会产生影响，玉米价格由于受到宏观调控价格稳定，所以对整个养猪业的影响微乎其微。

（2）政策建议。猪肉在我国的重要地位决定了猪肉产业链各环节价格波动研究的重要性，猪肉消费是群众的刚性生活消费需求，猪肉产业链各环节价格传导的稳定至关重要。相关部门要抓紧行动起来，发挥在市场经济中的服务功能。制度的完善使猪肉行业良好运营，保护猪肉上游和中游的生产者以及下游的消费者，实现经济平稳健康持续发展。既要确保我国生猪养殖者的积极性，也要避免猪肉价格的过快上涨，价格上涨会增加消费者的生活支出，价格下跌会损害养殖户的利益。应当用长远眼光看问题，落实长期政策扶持和保障等措施，做到防止价格的大跌大涨及周期性波动。

根据分析的结论，为了维持整个猪肉产业链各环节的稳定，提出以下建议。

继续在政策和资金方面支持并积极鼓励生猪规模化生产，对于散养农户应当鼓励提高生猪行业的组织化程度，规范生猪散养户行为。在短期内看，我国处于生猪散养和规模化养殖并存的状态，小规模养殖仍将在一段时间内存在。规模化养殖是未来畜牧业的必然趋势，也是畜牧业实现"高产、优质、高效、生态"目标的必要方式。为了实现畜牧业的规模化经营，应当在财政政策、用地、税收以及金融方面提供扶持，尽快提高规模化程度。以经济学思维考虑，规模化养殖能够为猪肉产业链各环节提供充足、稳定的生猪供给，同时一定的补贴政策能够在不稳定的环境下让投资生猪饲养的资本得到一定的投资回报，同时增加风险抵御能力，以保证猪肉产业链各环节的价格波动处于合理区间。对于散养农户，应该通过一些组织来提高他们的抗风险能力，如建立行业协会，改变他们规模小、经营分散、管理粗放、获取信息难、缺乏市场话语权、难以掌握市场信息、难以抵御自然风险和市场风险的现状。通过一定的合作组织如合作社、地方行业协会来减少这些弊端。当然这种形式在我国的推广仍然是任重道远，需要一些地方先试点，试点成功后全面铺开。

相比现货市场，期货市场具有套期保值和价格发现的双重机制，生猪期货上市将有助于猪肉中上游产业链的生产者抵御现货市场风险。期货市场这一重要功能将有效引导现货市场的平稳运行和发展。各有关部门应当尽快推进生猪期货的进程。生猪期货具有以下几方面的优点：第一，生猪期货价格信息提供了此后一段时间的生猪价格信息，某种意义上对现货市场的价格具有预见性，有利于生猪养殖者把握今后一段时间的生猪市场走势，科学合理调整生猪的养殖规模。第二，猪肉加工贸易企业作为中游生猪的需求方，如果预期未来生猪价格会上涨，为减少成本，可以在期货市场买进期货合约待价格高位卖出。第三，众所周知，期货市场的合约是标准化合约，生猪方面的标准化具体表现为生猪在质量、规格、数量、时间等方面均有明确规定，同样保障对不同等级的商品明确规定了价格升贴水等标准，生猪肉质好、安全度高则可以加上一个升水价。期货市场的这种功能可以鼓励猪肉的中上游养殖生产者加快品种改良和合理养殖，同样保障广大消费者能够购买到安全放心的食品。在国家层面，生猪期货可以作为调节生猪市场的一个有效价格信号，增强政策预见性，更好地宏观调控猪肉市场，利于整个生猪市场形成统一价格。

猪肉生产者依照惯性思维往往根据前一期的生猪价格预计下一期生猪价格，加上生猪生理特性，其本身需要一定的生长周期，使得生猪生产不能灵敏地随行就市，相对于生猪市场出现滞后性。针对这一现象，需要提前做好生猪生产的宏观监测与预警，对减少生猪价格剧烈波动起到较好的预防作用。政府应当发挥服务功能，建立科学高效的预警监测系统，通过猪肉市场的大数据分析，搭建猪肉市场公共信息平台，定期公布生猪存栏量和出栏量、生猪价格、仔猪价格、猪肉价格，实现信息的公开化、透明化，发挥信息对猪肉产销的调控引导作用，借助公开信息生猪养殖户将调整养殖规模，确保相对均衡的生猪生产、有效供给的良性循环，切实保护猪肉产业链各环节的生产者效益。

3.3　多尺度视角下生猪产业链市场价格的传导效应

3.3.1　研究背景和研究动机

生猪产业作为畜牧业中最大的产业，在国民经济中占据重要地位。自 20 世纪 80 年代中期我国逐步放开猪肉购销价格管制以来，生猪产业快速发展。近年来，受生猪产业发展阶段、内外部环境变化等因素的影响，我国生猪价格波动较大，进而导致生猪养殖及相关环节经营困难，并反过来制约着生猪产业的平稳发展。对此，研究生猪市场关键环节在价格传导中的作用，明晰生猪产业链上游、中游、下游产品的价格传导效应，对于有效地规避生猪养殖风险、推动我国生猪产业的健康发展、促进国民经济平稳发展具有重要意义。

国内学者对生猪产业链各环节的价格传导效应进行了很多研究。何剑等（2016）和魏君英等（2014）分析了仔猪价格与生猪价格之间的传导效应，证实了我国仔猪价格与生猪价格互为格兰杰因果关系，且从长期来看，两者价格之间存在长期均衡关系。杨志波（2013）、董晓霞（2015）、杨朝英等（2011）研究了生猪价格与猪肉价格之间的传导机制，发现了我国生猪价格与猪肉价格传导存在非对称性。孙秀玲等（2016）通过建立误差修正模型分析了生猪产业链价格波动，认为从长期传导看，生猪产业链的价格传导基本上表现为从上游到下游的传导。生猪价格纵向传导的周期波动和非对称性体现为生猪产业不同主体在产业链上形成的上下游利益分配关系。宁攸凉等（2012）通过研究我国生猪产业链上游、中游、下游各种价格之间的传导机制，发现生猪产业链各环节价格间存在着长期均衡关系，并且产业链价格传导存在明显的滞后性。王静怡等（2015）运用协整检验与向量误差修正模型对猪肉产业链各环节的价格传导机制进行实证分析，认为猪肉产业链价格传导表现为逆产业链顺序的传导，另外猪肉产业链各环节间价格传导并不完全通畅，有些环节存在传导时滞。陈晨（2012）利用脉冲响应函数分析了 2000 年 1 月至 2011 年 8 月仔猪、生猪与猪肉价格关系，发现下游产品对上游产品价格的冲击更大。

综上所述，已有研究主要存在两方面不足：①局限于对原始生猪价格序列进行分析，仅从时域的角度考察生猪产业链各环节的价格传导。而仔猪、生猪及猪肉价格往往呈现出非线性、非平稳等复杂特性，基于传统计量方法的时域分析视角难以全面刻画三者之间的传导效应，多尺度分析是解决此类问题的有效途径。因此，从多尺度角度出发，研究在不同的时间尺度上，生猪产业链各环节的价格传导效应，可能会有新的发现。目前，一种新的数据处理方法——EEMD 方法为此提供了另一条可行途径。EEMD 是基于信号局部特征时间尺度，从原信号中提取内在 IMF 来揭示数据的内在波动特征。所以，将 EEMD 方法应用于生猪市场，可加深对生猪产业链各环节价格波动的认识，深入剖析波动规律的本质特征。②大多在传导效应研究中采用了向量自回归模型、格兰杰因果关系检验、预测方差分解方法等进行分析，然而这些研究方法存在很大的局限性。格兰杰因果关系检验不能检验同期因果关系，忽略了经济意义的显著性，基于检验结果进行分析会存在一定的不稳定性。同时，借助预测方差分解方法对各种传导途径的有效性进行比较，但是传统的方差分解方法同样存在着不足，原因是依据研究者的主观先验判断和相关经济理论对扰动项之间的同期因果关系施加限制，研究结果具有很强的主观色彩。鉴于此，本研究采用人工智能领域的有向无环图和结构向量自回归模型（卜林等，2015）及基于有向无环图的预测误差方差分解方法（蔡勋等，2017），系统地分析生猪产业链各环节价格的传导效应。

基于以上所述，本研究在借鉴国内相关研究的基础上，将 EEMD 方法引入生猪产业链各环节问题的研究中，首先对仔猪、生猪及猪肉价格分别进行 EEMD 分解，然后将各序列分解得到的 IMFs 进行重构，按照高低频率组合为原始序列的短期波动不规则所导致的高频波动分量、中期重大事件影响所导致的低频波动分量和经济大环境下的长期趋势分量，进一步采用有向无环图和结构向量自回归模型及基于有向无环图的预测方差分解方法，分别对 3 个高频分量与 3 个低频分量进行分析；利用变量间时差相关系数来分析 3 个趋势分量间同期相关程度及它们之间的领先和滞后关系，探讨不同时间尺度下我国猪肉产业链各环节价格的传导效应。本研究的主要贡献是：①首先借助 EEMD 的方法，从多尺度的视角深入剖析仔猪、生猪及猪肉价格的内在特征。②在①的基础上，采用人工智能领域的有向无环图方法，识别我国生猪产业链各环节价格间的同期因果关系，并且构建结构向量自回归模型及利用结构方差分解方法，研究生猪产业链各环节价格的传导效应。③本研究从多尺度的视角分析我国生猪产业链各环节价格的传导效应，发现我国生猪产业链各环节价格在不同尺度下呈现不同的传导效应。

3.3.2 实证研究

（1）数据来源。本研究选取 2006 年 9 月 15 日至 2016 年 3 月 31 日的仔猪、生猪及猪肉的全国平均周度零售价格，每种价格共 522 个观测值，数据来源于中国畜牧业信息网。选用周度价格跨度适中，比月度价格更能及时、准确地反应三者价格的波动情况。

（2）EEMD。运用 EEMD 进行时间序列分解，需设置白噪声幅值比值与总体平均次数等 2 个参数。本研究将幅值比值设定为 0.2，总体平均次数设定为 500。借助 MATLAB 平台的 EEMD 程序包，对仔猪价格进行多尺度分解，得到 8 个不同尺度的 IMF 和 1 个趋势项，如图 3-6 所示。从上到下依次为 IMF1～IMF8（IMF 按照高频至低频的顺序排列）和趋势项，它们展示了仔猪价格在不同尺度下变化的振幅与频率。IMF 的振幅由高频至低频逐渐减小，IMF1 捕捉了仔猪价格最高频率的波动特征，IMF8 反映了仔猪价格最低频率的波动特征。趋势项自 2006 年 9 月 15 日开始，呈现出缓慢上升趋势，之后上升的幅度逐渐变大。表 3-7 展示了仔猪价格分解的相关统计信息。IMF 的周期随着频率的降低而依次加长，其中 IMF1 周期最短，仅不到 3 周，而 IMF7 与 IMF8 的周期最长。趋势项对原始序列的整体走势的影响最大，方差贡献度达到了 48.83%，与原始仔猪价格序列的 Pearson 系数和 Kendall 系数分别达到了 0.609 和 0.357，均在 0.01 的水平下显著。IMF6 的方差贡献度也较高，达到了 19.13%。除趋势项外，方差贡献度随着频率的降低而增加，在 IMF6 达到最高，随后又逐渐减少。IMF1 与 IMF8 的贡献度分别只有 0.14% 与 0.51%。

同理，对生猪价格与猪肉价格进行 EEMD 分解，结果分别如图 3-7、图 3-8 所示。表 3-8 与表 3-9 分别展示了生猪价格与猪肉价格分解的相关统计信息。

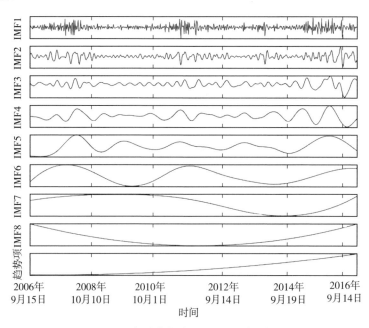

图 3-6　仔猪价格序列 EEMD 分解结果

表 3-7 仔猪价格时间序列与各 IMF、趋势项之间的相关性、方差来源

	平均周期（周）	Pearson 系数	Kendall 系数	方差	占原始序列方差比（%）
原始序列				119.816	
IMF1	2.85	0.052	0.030	0.172	0.14
IMF2	6.53	0.099**	0.086***	0.208	0.17
IMF3	16.31	0.219***	0.109***	2.065	1.72
IMF4	40.15	0.294***	0.226***	10.789	9.00
IMF5	104.40	0.693***	0.466***	13.597	11.35
IMF6	174.00	0.524***	0.373***	22.916	19.13
IMF7	522.00	−0.187***	−0.174***	3.832	3.20
IMF8	522.00	0.306***	0.040***	0.611	0.51
趋势项		0.609***	0.357***	58.511	48.83

注：***、**、* 分别表示在 1%、5%、10%的水平上显著。

由图 3-7 及表 3-8 可以看出，这些分解的 IMF 是从高频到低频的顺序排列，IMF 频率越来越低，平均周期越来越长。第一个 IMF 的频率最高，而周期最短，为 3.18 周。第 7 个 IMF 和第 8 个 IMF 的频率分别为次低和最低，周期都长达 522.00 周。其中，IMF1 的周期短、波动频繁导致其与生猪原始序列的 Pearson 系数和 Kendall 系数都是最小的，分别为 0.061 和 0.022，方差占原始序列方差的比例仅有 0.12%。IMF6 的方差贡献度在各 IMF 中是最高的，为 27.82%。趋势项对原始序列的整体走势的影响最高，方差贡献度达到了 48.83%，与原始生猪价格序列的 Pearson 系数和 Kendall 系数分别达到了 0.538 和 0.372，均在 0.01 的水平下显著。

由图 3-8 可以看出，从上到下依次为 IMF1～IMF8（IMF 按照高频至低频的顺序排列）和趋势项，它们展示了仔猪价格在不同尺度下变化的振幅与频率。IMF 的振幅由高频至低频逐渐减小，IMF1 捕捉了仔猪价格最高频率的波动特征，IMF8 反映了仔猪价格最低频率的波动特征。趋势项自 2006 年 9 月 15 日开始，呈现出缓慢上升趋势，之后上升的幅度逐渐变小。表 3-9 展示了仔猪价格分解的相关统计信息。IMF 的周期随着频率的降低而依次加长，其中 IMF1 周期最短，仅不到 3 周，而 IMF7 与 IMF8 的周期最长。趋势项对原始序列的整体走势的影响最高，方差贡献度达到了 45.94%，与原始仔猪价格序列的 Pearson 系数和 Kendall 系数分别达到了 0.562 和 0.379，均在 0.01 的水平下显著。IMF6 的方差贡献度也较高，达到了 21.75%。除趋势项外，方差贡献度随着频率的降低先增加，在 IMF6 达到最高，随后又逐渐减少。

IMF1 与 IMF8 的方差贡献度分别只有 0.21% 与 0.26%。

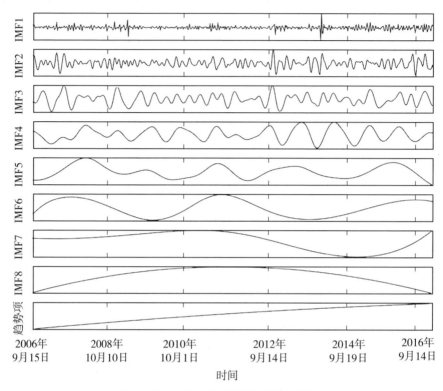

图 3-7　生猪价格序列 EEMD 分解结果

表 3-8　生猪价格时间序列与各 IMF、趋势项之间的相关性、方差来源

	平均周期（周）	Pearson 系数	Kendall 系数	方差	占原始序列方差比（%）
原始序列				8.372	
IMF1	3.18	0.061	0.022	0.010	0.12
IMF2	7.46	0.121***	0.074**	0.024	0.29
IMF3	16.84	0.331***	0.218***	0.251	3.00
IMF4	40.15	0.425***	0.281***	0.641	7.66
IMF5	104.40	0.550***	0.372***	1.120	13.37
IMF6	174.00	0.549***	0.382***	2.329	27.82
IMF7	522.00	−0.180***	−0.087***	0.054	0.65
IMF8	522.00	−0.050***	0.010***	0.014 8	0.18
趋势项		0.538***	0.372***	3.389	40.48

注：***、**、*分别表示在 1%、5%、10% 的水平上显著。

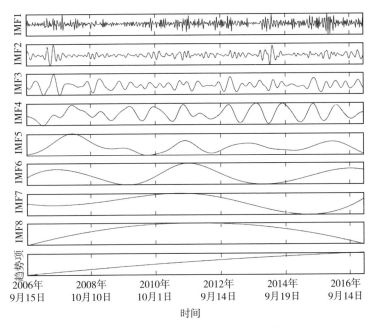

图 3-8 猪肉价格序列 EEMD 分解结果

表 3-9 猪肉价格时间序列与各 IMF、趋势项之间的相关性、方差来源

	平均周期（周）	Pearson 系数	Kendall 系数	方差	占原始序列方差比（%）
原始序列				16.058	
IMF1	2.82	0.062	0.039	0.034	0.21
IMF2	6.96	0.093**	0.062**	0.035	0.22
IMF3	17.40	0.285***	0.188***	0.291	1.81
IMF4	40.15	0.452***	0.292***	1.002	6.23
IMF5	104.40	0.502***	0.366***	3.142	19.57
IMF6	174.00	0.530***	0.370***	3.492	21.75
IMF7	522.00	−0.130***	−0.075***	0.094	0.59
IMF8	522.00	0.012***	0.026***	0.042	0.26
趋势项		0.562***	0.379***	7.377	45.94

注：***、**、*分别表示在1%、5%、10%的水平上显著。

（3）IMF 重组。为了进一步分析仔猪价格、生猪价格及猪肉价格之间的动态关系。本研究根据 FTC 算法将仔猪、生猪及猪肉价格序列分解后的模态重新组合成高频分量、低频分量和趋势分量。

仔猪、生猪及猪肉价格序列 IMF 均值和 t 检验值如表 3-10 所示（显著性水平为 0.05）。可以发现，对于仔猪价格序列，其 t 值在 IMF4 时首次显著。因此，为保持一致性，把 3 个序列分解后的 IMF1 至 IMF3 在各时点加总得到高频波动分量，把 IMF4 至 IMF7 在各时点加总得到低频波动分量。趋势项不变，作为趋势波动分量。经过重新组合后的仔猪价格、生猪价格及猪肉价格的3 个分量对比如图 3-9 所示。

表 3-10　IMF 均值和 t 检验值

仔猪	IMF1	IMF2	IMF3	IMF4	IMF5	IMF6	IMF7	IMF8
均值	9.7e−04	0.006	−0.060	−0.467	−0.643	−0.346	−0.541	−0.974
t 检验值	0.053	0.188	−0.801	−2.479*	−2.391*	−0.983	−1.432	−2.547*
生猪	IMF1	IMF2	IMF3	IMF4	IMF5	IMF6	IMF7	IMF8
均值	−9.5e−06	−9.5e−04	−0.005	−0.043	0.083	0.180	0.159	0.227
t 检验值	−0.002	−0.105	−0.195	−0.865	1.128	1.689	1.472	2.110*
猪肉	IMF1	IMF2	IMF3	IMF4	IMF5	IMF6	IMF7	IMF8
均值	−2.8e−04	−0.002	−0.006	−0.073	0.229	0.244	0.312	0.426
t 检验值	−0.034	−0.147	−0.190	−1.211	2.138*	1.668	2.118*	2.911**

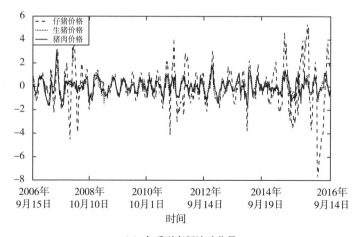

（a）各系列高频波动分量

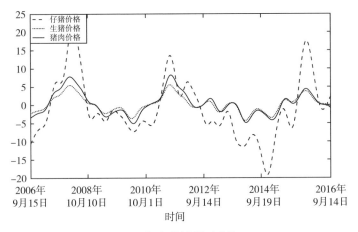

（b）各系列低频波动分量

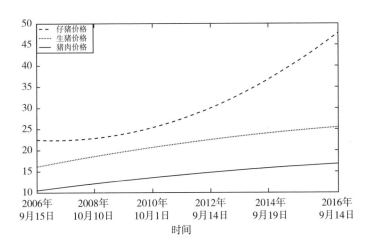

（c）各系列趋势波动分量

图 3 - 9　各系列重构 IMF 的对比

表 3 - 11　仔猪、生猪和猪肉价格序列与各自三个分量的相关性、方差来源

	平均周期（周）	Pearson 系数	Kendall 系数	方差	占原始序列方差比（%）
仔猪价格原始序列				119.816	
高频分量	3.98	0.221***	0.117***	2.973	2.48
低频分量	43.50	0.710***	0.505***	69.202	57.76
趋势分量		0.609***	0.357***	58.511	48.83

（续）

	平均周期（周）	Pearson 系数	Kendall 系数	方差	占原始序列 方差比（%）
生猪价格原始序列				8.372	
高频分量	6.96	0.323***	0.213***	0.348	4.16
低频分量	65.25	0.745***	0.565***	5.278	63.04
趋势分量		0.538***	0.372***	3.389	40.48
猪肉价格原始序列				16.058	
高频分量	3.73	0.275***	0.178***	0.441	2.75
低频分量	65.25	0.719***	0.551***	10.196	63.49
趋势分量		0.562**	0.379***	7.377	45.94

注：***、**、*分别表示在1%、5%、10%的水平上显著。

通过比较重构后的 IMF，可以更清楚地观察到仔猪、生猪及猪肉价格序列的周期性波动。一般而言，高频波动分量是由于短期内不规则波动所导致的，这种不规则波动所持续的时间短（平均周期都在 7 周以内），发生频繁。然而，这些波动对其原始价格影响不是很严重，仔猪的高频分量限制在±8 元/千克以内，生猪与猪肉的高频分量限制在±4 元/千克以内，并且长期而言三者的均值在附近波动。高频分量波动频率较高，基本上是随机游走序列，不存在记忆性。高频分量方差贡献度很小，说明它们对原始价格序列的长期趋势影响不大。虽然对原始价格序列的影响幅度较小，但是频率高，对于原始价格序列的短期影响十分巨大。低频分量主要是由重大事件导致的，对原始序列的影响大，持续时间长，幅度较大，但是频率较低。低频分量与原始价格序列的相关程度最高，仔猪价格、生猪价格及猪肉价格中 50% 以上的变化均由各自的低频分量的变化引起。一次波动持续的时间长，且和原始价格序列变化的大体趋势基本相同。而低频分量的均值相比于高频分量而言，与 0 偏差较大，从而表现出明显的长期记忆性。事实上，虽然趋势分量在长期对原始价格序列走势具有决定性的作用，但是趋势分量变化缓慢，中期重大事件才是影响原始价格序列走势的最重要的原因。趋势分量表示了原始价格序列长期走向，与原始价格序列具有较高的相关性，它是由经济大环境所决定的。

从图 3-9 及表 3-11 可以看出，仔猪的高频分量波动剧烈且振幅比其他高频分量大。生猪与猪肉的高频分量曲线契合度较高，但是仔猪和猪肉高频分量的平均周期相差不大，分别是 3.98 周和 3.73 周。仔猪的低频分量波动仍然很剧烈，振幅依然很大。生猪与猪肉的低频分量曲线契合度也较高，尤其是

2012 年 9 月 14 日之后，两者的曲线基本重合。而且生猪与猪肉的低频分量周期一致，都为 65.25 周（15 个月左右）。仔猪的趋势分量变化最大，先缓慢上升后快速上升。生猪与猪肉的趋势分量变化基本一致。

（1）波动传导效应。为了加深对生猪产业链各环节价格传导效应的研究，本研究将进一步分析仔猪、生猪及猪肉价格不同尺度下各分量间的关联行为。仔猪、生猪及猪肉价格的高频与低频分量分别用 $PigletH$、$PigletL$、$PigH$、$PigL$、$PorkH$ 和 $PorkL$ 表示。

①中期波动传导效应。本研究首先采用 ADF 检验法对 3 个序列的低频分量的平稳性进行判定。检验结果如表 3 - 12 所示，在 0.05 的显著性水平下，3 个变量均存在单位根，而各变量的一阶差分是平稳序列。因此，3 个时间序列均为一阶单整过程。

表 3 - 12　单位根检验

变量	ADF 统计量	5%临界值	P 值
$PigletL$	−2.349	−2.870	0.157
$PigL$	−2.563	−2.870	0.101
$PorkL$	−2.636	−2.870	0.086
$\Delta PigletL$	−5.526	−2.870	0.000
$\Delta PigL$	−4.727	−2.870	0.000
$\Delta PorkL$	−4.526	−2.870	0.000

在单位根检验的基础上，本研究由施瓦茨信息准则（SIC）选定向量自回归模型的滞后阶数，按照 SIC 统计值最小的要求，向量自回归模型的滞后阶数为 11。再次，利用约翰森协整检验模型判定 3 个变量是否存在协整关系。结果如表 3 - 13 所示，迹检验与最大特征根检验表明在 0.05 的显著性水平下，各变量存在 2 个协整关系，所以需要建立误差修正模型。

表 3 - 13　约翰森协整检验

协整秩	特征根	迹统计量	5%统计值	P 值	是否接受零假设
$r=0$	0.031	32.430	29.797	0.024	拒绝
$r \leqslant 1$	0.024	16.442	15.495	0.036	拒绝
$r \leqslant 2$	0.007	3.796	3.841	0.051	接受

通过对 VECM 参数的正确估计，得到了仔猪价格低频分量、生猪价格低频分量、猪肉价格低频分量的扰动相关系数矩阵：

$$\begin{array}{ccc} PigletL & PigL & PorkL \end{array}$$
$$corr = \begin{bmatrix} 1 & 0.084 & -0.047 \\ 0.084 & 1 & 0.353 \\ -0.047 & 0.353 & 1 \end{bmatrix} \qquad (3-11)$$

从扰动相关系数矩阵出发，对仔猪价格、生猪价格及猪肉价格的低频分量等 3 个变量进行有向无环图分析，即可得到它们之间的同期因果关系，然后以此为依据建立结构向量自回归模型并进行方差分解。

在有向无环图分析的过程中，首先画出无向无环图。如图 3-10（a）所示，各个变量与其他变量有着无方向的连线，以表示各变量之间可能存在的同期因果关系。接着运用 TETRAD IV 软件中已经设计好的 PC 算法，通过扰动相关系数矩阵对各变量之间的无条件相关系数及偏相关系数进行分析，以得出各变量之间的同期因果关系。在研究过程中，通过无条件相关系数及偏相关系数分析，逐步把不存在同期因果关系的变量间的连线移去，并依据相应的方向判别准则，能够有效地识别出各变量间的同期因果关系的指向性。研究表明，在 0.05 的显著性水平下，各变量之间的同期因果关系可以表示成图 3-10（b）。

从图 3-10（b）可以看出，猪肉价格的低频分量对生猪价格的低频分量有同期影响，而仔猪价格的低频分量比较独立，没有受到其他两个低频分量的影响。

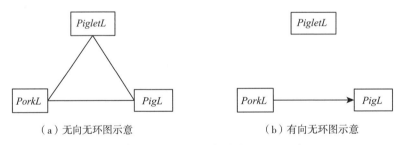

（a）无向无环图示意　　　　　　　　　（b）有向无环图示意

图 3-10　无向无环图与有向无环图示意

根据有向无环图的结果，在构建结构向量自回归模型的同时对同期系数矩阵 A 进行识别约束，对没有同期因果关系的边施加零约束：

$$\begin{bmatrix} 1 & 0 & 0 \\ 0 & 1 & a_{23} \\ 0 & 0 & 1 \end{bmatrix} \begin{bmatrix} e_{1t} \\ e_{2t} \\ e_{3t} \end{bmatrix} = \begin{bmatrix} u_{1t} \\ u_{2t} \\ u_{3t} \end{bmatrix} \qquad (3-12)$$

根据式 3-12 的约束，并利用 Stata 软件估计出同期关系矩阵：

$$\begin{bmatrix} 1 & 0 & 0 \\ 0 & 1 & -0.391 \\ 0 & 0 & 1 \end{bmatrix} \begin{bmatrix} e_{1t} \\ e_{2t} \\ e_{3t} \end{bmatrix} = \begin{bmatrix} u_{1t} \\ u_{2t} \\ u_{3t} \end{bmatrix} \qquad (3-13)$$

有向无环图分析主要是判断变量之间是否存在同期因果关系，以及这种关系的指向性。为了进一步分析我国仔猪价格、生猪价格及猪肉价格的低频分量动态关系和影响程度，还需要基于有向无环图的结果对结构向量自回归模型进行预测方差分解，分解结果如表3-14所示。

表3-14 基于有向无环图的预测方差分解

单位：%

预测期（周）	PigletL	PigL	PorkL
	仔猪价格低频分量的预测方差分解		
1	100.000	0.000	0.000
2	95.661	1.438	2.901
6	60.213	18.464	21.323
12	33.445	44.926	21.629
	生猪价格低频分量的预测方差分解		
1	0.000	86.749	13.251
2	0.000	87.337	12.662
6	0.018	86.188	13.794
12	0.035	83.919	16.047
	猪肉价格低频分量的预测方差分解		
1	0.000	0.000	100.000
2	0.000	2.321	97.679
6	0.021	23.665	76.313
12	0.042	45.591	54.367

表3-14的结果表明，在预测期第1期，仔猪价格低频分量与猪肉价格低频分量的波动不能由除自身以外的另外两个变量解释，而生猪价格低频分量可以由猪肉价格低频分量解释13.251%。这些结果与上文基于有向无环图对变量间同期因果关系的判断结论是一致的，并且进一步说明，在短期，仔猪价格低频分量对生猪价格低频分量和猪肉价格低频分量几乎没有影响。而生猪价格低频分量和猪肉价格低频分量对仔猪价格低频分量影响不大，分别为1.438%和2.901%。生猪价格低频分量对猪肉价格低频分量逐渐开始有影响，但影响也不大，仅为2.321%。随着预测期的延长，生猪价格低频分量对仔猪价格低

频分量的影响逐渐赶超猪肉价格低频分量对仔猪价格低频分量的影响，到第 6 期，两者相差 2.859%，而到第 12 期，前者是后者的 2 倍以上。但是，仔猪价格低频分量对生猪价格低频分量和猪肉价格低频分量仍然几乎没有影响。猪肉价格低频分量对生猪价格低频分量的解释力随着预测期的延长而缓慢增大，到第 12 期，影响力达 16.047%。而随着预测期的延长，生猪价格低频分量对猪肉价格低频分量的解释力从第 6 期的 23.665% 上升至第 12 期的 45.591%。另外，无论在短期还是在长期，除了仔猪价格低频分量以外，3 个变量波动情况的最大解释力都来源于变量本身，其中生猪价格低频分量最为明显，第 12 期后解释力仍然保持在 80% 以上。

②短期波动传导效应。同理，对仔猪、生猪及猪肉价格高频分量等 3 个分量先进行 ADF 检验判定模型中各变量的平稳性。检验结果表明，在 0.05 的显著性水平下，各个变量均拒绝了原假设，因此模型中的变量都是平稳序列。在 3 个变量平稳的基础上，根据 AIC 和 SC 最小化原则，确定建立一个滞后 7 阶向量自回归模型，进而得到扰动相关系数矩阵。从扰动相关系数矩阵出发，对仔猪、生猪及猪肉价格高频分量等 3 个变量进行有向无环图分析，即可得到它们之间的同期因果关系，然后以此为依据建立结构向量自回归模型并进行方差分解。

从图 3-11（b）可以看出，猪肉价格高频分量对仔猪价格高频分量与生猪价格高频分量有同期因果关系，生猪价格高频分量对仔猪价格高频分量有同期因果关系，而猪肉价格高频分量比较独立，没有受到其他两个低频分量的影响。根据有向无环图的结果，在构建结构向量自回归模型的同时对相应的同期系数矩阵进行识别约束，对没有同期因果关系的施加零约束。然后根据施加的约束，利用 Stata 软件估计出同期关系矩阵，最后基于有向无环图的结果对结构向量自回归模型进行预测方差分解，分解结果见表 3-15。

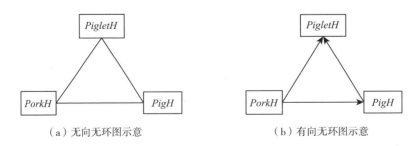

（a）无向无环图示意　　　　　　　　（b）有向无环图示意

图 3-11　无向无环图与有向无环图示意

表 3-15 的结果表明，在预测期第 1 期，猪肉价格高频分量不能由除自身以外的另外两个变量解释；仔猪价格高频分量波动则可以由生猪价格高频

分量解释 40.307%，由猪肉价格高频分量解释 13.074%；生猪价格高频分量波动可以由猪肉价格高频分量解释 6.626%。并且进一步说明，无论在短期还是在长期，仔猪价格高频分量对生猪价格高频分量与猪肉价格高频分量几乎没有影响，而生猪价格高频分量对仔猪价格高频分量的影响始终占据主导地位，对猪肉价格高频分量的解释力在第 6 期达到最高值。随着预测期的延长，猪肉价格高频分量对生猪价格高频分量与自身的解释力都是先降低后升高，其中前者在第 6 期降至 4.330%，在第 12 期升至 10.857%，而后者在第 6 期降至 32.266%，在第 12 期升至 35.908%。仔猪价格高频分量与对自身的解释力随着预测期的延长而逐渐降低，其中在第 12 期仅为 14.295%。生猪价格高频分量波动情况的最大解释力来源于变量本身，第 12 期后对波动的解释力高达 88.725%。

表 3-15　基于有向无环图的预测方差分解

单位：%

预测期（周）	$PigletH$	$PigH$	$PorkH$
	仔猪价格高频分量的预测方差分解		
1	46.619	40.307	13.074
2	25.329	59.589	15.081
6	14.899	75.521	9.580
12	14.295	71.937	13.768
	生猪价格高频分量的预测方差分解		
1	0.000	93.374	6.626
2	0.003	94.152	5.843
6	0.107	95.563	4.330
12	0.417	88.725	10.857
	猪肉价格高频分量的预测方差分解		
1	0.000	0.000	100.000
2	0.012	33.614	66.374
6	0.128	67.605	32.266
12	0.389	63.702	35.908

③长期波动传导效应。从图 3-9（c）可以看出，生猪价格趋势分量与猪肉价格趋势分量呈现出很强的共变性。为了深入了解仔猪、生猪及猪肉价格趋

势分量相互传导效应，利用变量间时差相关系数来检验变量间同期相关程度以及它们之间的领先与滞后关系。表 3-16 是 3 个趋势变量的时差相关系数，以 $Q1$、$Q2$ 与 $Q3$ 分别代表仔猪、生猪及猪肉的趋势分量。

表 3-16　仔猪、生猪、猪肉趋势分量的时差相关系数

i	0	1	2	3	4	5	6	7	8	9	10
$Q1$，$Q2$ $(-i)$	0.924	0.921	0.919	0.916	0.914	0.912	0.909	0.907	0.904	0.902	0.899
$Q1$，$Q2$ $(+i)$	0.924	0.916	0.908	0.900	0.892	0.884	0.876	0.868	0.860	0.852	0.844
$Q1$，$Q3$ $(-i)$	0.921	0.919	0.917	0.914	0.912	0.909	0.907	0.905	0.902	0.900	0.897
$Q1$，$Q3$ $(+i)$	0.921	0.913	0.905	0.897	0.889	0.881	0.873	0.865	0.857	0.850	0.842
$Q2$，$Q3$ $(-i)$	1.000	0.994	0.988	0.983	0.977	0.971	0.965	0.960	0.954	0.948	0.943
$Q2$，$Q3$ $(+i)$	1.000	0.994	0.988	0.982	0.977	0.971	0.965	0.959	0.953	0.947	0.942

从表 3-16 可以发现，仔猪、生猪及猪肉价格在长期均呈现出较强的正向相关关系，而由于 $Q1$ 与 $Q2$ $(-i)$、$Q2$ $(+i)$，$Q1$ 与 $Q3$ $(-i)$、$Q3$ $(+i)$ 及 $Q2$ 与 $Q3$ $(-i)$、$Q3$ $(+i)$ 的相关程度均高于同期相关性 0.924、0.921 和 1.000，从长期来看，三者之间的价格波动不具有明显的领先与滞后关系。另外，生猪价格趋势分量与猪肉价格趋势分量的同期相关性为 1.000，可以认为，在长期看来，生猪价格与猪肉价格同期波动基本一致。

3.3.3　总结

（1）结论。EEMD 在处理非线性、非平稳性数据时显示出很大的优越性。本研究首先运用 EEMD 方法，从多尺度的视角初步分析了我国仔猪价格、生猪价格及猪肉价格波动的关联性，发现了三者价格在不同时间尺度下呈现出不同的波动关系。接着，在 EEMD 方法的基础上，综合运用结构向量自回归模型和有向无环图技术及时差相关系数深入分析了生猪产业链各环节价格在不同尺度上的传导效应，克服了格兰杰因果检验和传统预测误差方差分解等研究方法的局限性。有向无环图分析结果表明：①在短期，存在生猪价格到仔猪价格、猪肉价格到仔猪价格和生猪价格的同期价格传导效应。②在中期，存在猪肉价格到生猪价格的同期价格传导效应，而仔猪价格的变化相对独立。基于有向无环图的预测误差方差分解结果则表明：①从短期来看，随着预测期的延长，生猪价格对仔猪价格的影响程度逐渐增大，并逐渐占据主导地位；生猪价格对猪肉价格的影响程度始终大于猪肉价格对生猪价格的影响程度。另外，生猪价格很大程度上受到自身波动惯性的作用。②从中期来看，生猪价格对仔猪价格与猪肉价格的作用具有一定的时滞。同理，猪肉价格对仔猪价格的作用也

具有一定的时滞。同时，生猪价格很大程度上也会受到自身波动惯性的作用，即重大事件的影响。时差相关系数分析可以说明：从长期来看，仔猪、生猪及猪肉价格波动不存在领先与滞后关系，而具有同期相关性，其中生猪与猪肉价格同期相关性最强。

（2）政策建议。基于本研究的分析，提出以下建议：

第一，由于在短中期，生猪产业链中的生猪价格为传导源，即生猪产业链价格为中游向上下游传导类型，因此应密切关注生猪价格，以生猪价格为信号，建立科学高效的预警监测系统，预测产业链各环节价格的走势，实现信息的公开化、透明化，发挥信息对生猪产销的引导作用。

第二，政府应加大力度促进生猪规模化养殖。在生猪产业链上，不同环节面临许多不确定性风险，使得各环节价格不仅自身波动剧烈，而且在传导过程中会使波动幅度加剧，而散养户、小规模养殖场承受风险的能力往往较弱，因此鼓励扶持生猪规模养殖，对于促进生猪产业持续健康发展具有重要的意义。

3.4　国际市场对我国猪肉市场价格的影响

3.4.1　研究背景和研究动机

我国是猪肉消费大国，猪肉消费量约占我国肉类消费总量的 65%。近年来，受生猪产业内部和外部事件频发的影响，我国猪肉价格波动剧烈，大致呈现短期波动幅度大、长期上涨趋势明显等特征。其中，2007 年初猪肉价格开始进入上升通道，从 2007 年 4 月的 14.39 元/千克涨至 2008 年 2 月的 26.08元/千克，随后在 2009 年初猪肉价格回落至 20 元/千克。而后在 2010 年下半年猪肉价格又再次高涨，在 2011 年 9 月达到 30.35 元/千克。紧接着从 2011年 10 月开始，猪肉价格快速下跌，在 2012 年 7 月跌至 22.61 元/千克，一直到 2014 年下半年猪肉价格才略有回升。猪肉价格暴涨暴跌不仅给我国生猪养殖户的收益带来了不确定性，也给居民生活带来了诸多不便，同时，必然会给物价总水平带来冲击，影响社会经济的平稳运行（吕东辉等，2012）。为防止猪肉价格过度上涨与下跌，国家相关部门颁布一系列扶持政策，这些政策对猪肉价格造成一定的影响，起到一定的平抑作用。但是，猪肉价格暴涨暴跌的现象仍然存在。我国正处于经济增长的转型时期，农产品市场越发受到来自宏观经济波动因素的不断冲击，同样随着经济全球化加速，农产品贸易迅速扩大，国内外市场的联系日益紧密，国际市场因素对我国农产品价格波动的影响日趋明显（顾国达等，2010）。猪肉进口量从 2007 年的 8.58 万吨上涨至 2016年的 127.85 万吨，出口量从 2007 年的 13.36 万吨下降至 2016 年的 3.95 万吨。那么作为农产品重要组成部分的猪肉是否也会受到国际市场的影响？本研究在考虑猪肉供求因素的情况下，重点探讨国际市场因素对国内猪肉价格的影响。

自 20 世纪 80 年代中期，国家逐渐放开猪肉购销价格管制以来，生猪产业快速发展。近年来，我国猪肉价格波动剧烈，并在一定程度上超出正常波动区间，引起全社会高度关注。按照现代经济学的理论，市场价格由市场需求与供给决定。鉴于此，国内学者从供需两个方面对猪肉价格进行了诸多深入的分析。我国猪肉消费整体呈现稳定增长趋势，并且猪肉在我国消费中长期处于主导地位，因此可以认为居民对猪肉的消费需求呈现一定的刚性特征，供给水平的增减波动会很快通过市场价格体现出来（赵瑾等，2014）。而生猪供给又会受到内外部驱动因素的影响，其中内部驱动因素包括生产投入要素、生猪饲养模式等，外部驱动因素包括疫病灾害、市场调控政策等。从内部驱动因素来说，一方面，玉米价格与仔猪价格都对生猪价格有影响，其中，在短期玉米价格对生猪价格有一定的影响，反馈份额为 22.3%（王烁等，2015），而从长期来看，仔猪价格每波动 1%，生猪价格将同向波动 0.25%，可见，长期内仔猪价格对生猪价格有显著影响（魏君英等，2014）；另一方面，由于目前我国以散养户、中小规模养殖户为主，形成了具有中国特色的小生产大市场、多种规模共存的结构，整体生产行为会受到行情与各种冲击的影响，造成供给不稳定，进而影响生猪价格（刘清泉等，2011）。从外部驱动因素来说，一方面，疫病的发生直接导致生猪死亡，也使得生猪散养户或小规模养殖户快速退出，从而加剧生猪供应减少的现象（黎东升等，2015）；另一方面，自 2007 年起，政府已安排专项资金构建生猪补贴体系，在一定程度上降低了生猪养殖户的养殖风险，保护了养殖户利益，调动了他们养殖的积极性，快速且有效地恢复了市场供给（张立中等，2013）。

近年来，农产品价格波动十分频繁，传统的微观经济学从市场供求的角度，如农业生产资料价格、农业生产率、投机需求等方面，来分析农产品价格波动的原因。但这种研究思路在农产品价格异常波动面前显得非常无力，许多学者渐渐地开始关注宏观经济变量对农产品价格的影响（罗光强，2014）。随着我国农产品在国际农产品市场上扮演着越来越重要的角色，农产品贸易额迅速攀升，这意味着国际农产品价格可能会对我国农产品价格产生不可忽视的影响作用（王孝松等，2012）。国际大宗商品价格波动对我国相应农产品的价格波动具有明显的溢出效应，例如我国大豆等农产品价格波动中有接近 30% 是由相应国际大宗商品的价格波动贡献的（黄守坤，2015）。陈爱雪（2016）通过分析得出国际农产品价格的波动一定程度上冲击了我国的国内产业，扰动了国内的市场秩序，不利于我国经济的持续稳定增长。另外，由于经济快速发展，我国原油的对外依存度不断提高，国际原油价格对我国农产价格的影响不断加深，李靓等（2017）认为国际原油价格对国内农产品价格的直接影响效应较小，间接影响效应较大。彭白桦（2016）也提出国际市场会影响我国农产品的价格波动特征，由于农产品作为期货的产品种类之一，国际资本和投资的发展与变化也对国内农产品价格产生影响。部分学者对国际市场与猪肉价格波动的关系也进行了深入研究，夏龙等（2015）构造出生猪价格指数考察生猪价格与国际猪肉价格的横向相依性，得到生猪价格与国际价格的相关系数在 0.3～0.7，认为两者中度相关。黄守坤（2015）则通过分析发现原油价格与我国猪肉价格的相关系数已达 0.861，显著正相关，说明两者具有很强的关联性。

纵观现有文献，关于猪肉价格波动的影响研究大多从猪肉供需及其他宏观经济变量出发，较少从国际市场角度出发进行分析，并且在国际市场与猪肉价格波动的关系研究中，主要侧重于从其中一个因素分析。此外，已有文献多采用双变量格兰杰因果检验，但是这一方法存在一定的局限性，无法判断变量间是否存在真正意义上的因果关系。因此，本研究在已有研究的基础上，做了如下工作：第一，在考虑到传统供需影响因素的条件下，将国际市场因素包括美国芝加哥商品交易所（CME）瘦肉猪期货价格和持仓量、人民币对美元汇率、西得克萨斯的中质原油（WTI）价格纳入分析模型，系统全面地研究国际市场因素、我国猪肉市场供需因素对国内猪肉价格的影响；第二，采用有向无环图方法得到同期因果关系，并在此基础上构建结构向量自回归模型，进而运用预测方差分解方法探讨上述几个因素对我国猪肉价格的影响程度。

3.4.2 实证研究

（1）变量说明及数据处理。考虑到 CME 具有全球最权威的期货品种与价格数据，本研究采用美国 CME 瘦肉猪期货价格作为国际猪肉市场价格，对瘦肉猪期货的每日收盘价取月度平均值获得月度数据。另外，由于选择的是期货价格，必然会伴随投机的出现，因此也采用 CME 瘦肉猪持仓量作为投机因素，对上述持仓量求和得到月度数据。原油是组成农产品生产资料的基础性原料，国际原油价格上涨，会直接导致农产品价格上涨，另外还会造成农业生产成本增加，农产品供给减少，也会推动农产品价格上涨。以原油为原料的生物质能源在影响欧洲谷物价格的同时，也会对畜牧业和养殖业发展有一定的影响（Tokgöz，2009）。因此，选取美国 WTI 价格代表国际原油价格。汇率变动能够导致一国内部商品价格发生相应变动，一方面，通过影响商品相对价格和国内外居民的相对收入水平来改变市场的供求关系，另一方面通过国内商品在国际市场上竞争力的改变来实现（王阿娜，2012）。因此，本研究把人民币汇率

（1 美元兑换人民币）也考虑在内，汇率来源于中国货币网。在猪肉供需方面，选取全国生猪月度存栏量表示猪肉供给因素，城镇居民人均可支配收入表示猪肉需求因素，由于城镇居民人均可支配收入为季度数据，本研究将季度数据进行平均后作为月度数据，相关数据来源于布瑞克数据库以及国家统计局。国内猪肉月度价格来源于中国畜牧业信息网。

2007 年以前，我国猪肉消费一直以自给自足为主，自 2007 年我国开始从国外进口猪肉，而且进口量逐年增加。鉴于此，本研究选取 2007 年 1 月至 2017 年 6 月共 126 组月度数据作为研究对象。本研究所选择的价格变量为绝对变量，因此需要进行定基处理，选取 2007 年 1 月为基期，分别用国内 CPI 与美国的 CPI 对相应的价格变量进行平减。其次，需要将国外价格单位统一为国内价格单位。再者，为了消除季节性因素，对具有季节性的变量采用 X-12 进行季节调整。最后，为减少或消除序列异方差，对各指标进行对数化处理。

经过上述处理后的 WTI 原油价格、CME 瘦肉猪期货价格、汇率、投机因素、全国生猪月度存栏量、城镇居民人均可支配收入、国内猪肉价格分别用 WTI、SSZ、ER、TJ、CL、IU、ZR 表示。

（2）平稳性检验。采用 ADF 检验法对各变量进行平稳性判定。根据 ADF 检验结果，各变量的原始序列在 5% 显著性水平下大于临界值，不能拒绝原假设，故它们都是非平稳时间序列，而各变量的一阶差分是平稳序列。可以说明样本期的 7 个变量均为一阶单整序列（表 3-17）。

表 3-17　单位根检验

变量	ADF 统计量	5% 临界值	P 值
WTI	−2.197	−2.884	0.208
SSZ	−2.360	−2.884	0.155
ER	−2.730	−2.885	0.071
TJ	−1.930	−2.885	0.318
CL	1.198	−2.884	0.998
IU	−0.796	−2.885	0.816
ZR	−0.314	−1.943	0.570
D (WTI)	−6.940**	−2.884	0.000
D (SSZ)	−9.573**	−2.884	0.000
D (ER)	−10.340**	−2.885	0.000
D (TJ)	−16.120**	−2.885	0.000

变量	ADF 统计量	5%临界值	P 值
D（CL）	−12.299**	−2.884	0.000
D（IU）	−6.847**	−2.885	0.000
D（ZR）	−5.925**	−1.943	0.000

注：D 表示对变量进行一阶差分。***、**、* 分别表示在 1%、5%、10%的水平上显著。

（3）协整检验。在单位根检验的基础上，本研究依据 AIC 和 SC 信息准则选定向量自回归的最优滞后阶数，并对 7 个变量进行协整检验。由表 3-18 可知，无论是特征根检验还是迹统计量检验，各变量在 5%的显著性水平下均至少存在 1 个协整关系。因此，用滞后 4 阶并含有 1 个协整关系的 VECM 模型来刻画各变量关系是合适的。

表 3-18　约翰森协整检验

协整秩	特征根	迹统计量	5%统计值	P 值
r＝0	0.354	147.496**	125.615	0.001
r≤1	0.199	93.259	95.754	0.073

注：***、**、* 分别表示在 1%、5%、10%的水平上显著。

（4）DAG 识别及 SVAR 模型的建立。通过对上述 VCEM 模型进行正确的估计，可以得到以下各变量间的残差相关系数矩阵：

$$corr=\begin{matrix} WTI & SSZ & ER & TJ & CL & IU & ZR \end{matrix}$$

$$corr=\begin{pmatrix} 1 & -0.010 & -0.324 & 0.221 & -0.060 & -0.031 & 0.051 \\ -0.010 & 1 & 0.181 & 0.163 & -0.087 & -0.008 & 0.060 \\ -0.324 & 0.181 & 1 & -0.089 & -0.044 & -0.003 & -0.085 \\ 0.221 & 0.163 & -0.089 & 1 & -0.037 & 0.116 & 0.100 \\ -0.060 & -0.087 & -0.044 & -0.037 & 1 & 0.013 & 0.068 \\ -0.031 & -0.008 & -0.003 & 0.116 & 0.013 & 1 & -0.098 \\ 0.051 & 0.060 & -0.085 & 0.100 & 0.068 & -0.098 & 1 \end{pmatrix}$$

$$(3-14)$$

从残差相关系数矩阵出发，利用有向无环图技术对变量间的同期因果关系进行分析，该过程可以通过 TETRAD Ⅲ 及其已经设计好的 PC 算法完成。对各变量间的无条件相关系数和偏相关系数进行分析，可以在图 3-12 所示的无向无环图基础上得出图 3-13 所示的有向无环图，图 3-13 显示了各变量间的同期因果关系。依据 Spirtes 等（2000）与杨子晖（2011）的研究，也考虑到本研究的样本数据为 126 组，因此将显著性水平设为 5% 来进行同期因果关系的推断。

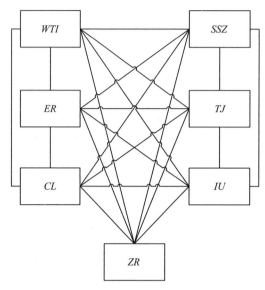

图 3-12　无向无环图示意

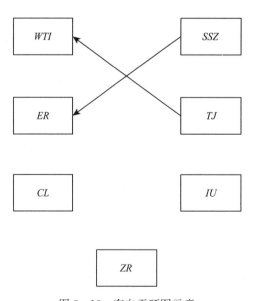

图 3-13　有向无环图示意

由有向无环图的结果可知，存在投机因素到 WTI 原油价格、CME 瘦肉猪期货价格到汇率的同期因果关系，不存在 WTI 原油价格、CME 瘦肉猪期货价格、汇率、投机因素、全国生猪月度存栏量及城镇居民人均可支配收入到国内猪肉价格的同期因果关系。根据有向无环图的结果，对同期系数矩阵 A 进行识别约束，对没有同期因果关系的施加零约束：

$$
\begin{pmatrix}
1 & 0 & 0 & a_{14} & 0 & 0 & 0 \\
0 & 1 & 0 & 0 & 0 & 0 & 0 \\
0 & a_{32} & 1 & 0 & 0 & 0 & 0 \\
0 & 0 & 0 & 1 & 0 & 0 & 0 \\
0 & 0 & 0 & 0 & 1 & 0 & 0 \\
0 & 0 & 0 & 0 & 0 & 1 & 0 \\
0 & 0 & 0 & 0 & 0 & 0 & 1
\end{pmatrix}
\begin{pmatrix}
e_{1t} \\ e_{2t} \\ e_{3t} \\ e_{4t} \\ e_{5t} \\ e_{6t} \\ e_{7t}
\end{pmatrix}
=
\begin{pmatrix}
b_{11} & & & & & & \\
& b_{22} & & & & & \\
& & b_{33} & & & & \\
& & & b_{44} & & & \\
& & & & b_{55} & & \\
& & & & & b_{66} & \\
& & & & & & b_{77}
\end{pmatrix}
\begin{pmatrix}
u_{1t} \\ u_{2t} \\ u_{3t} \\ u_{4t} \\ u_{5t} \\ u_{6t} \\ u_{7t}
\end{pmatrix}
$$

$$(3-15)$$

根据上述的约束，估计出同期相关系数矩阵：

$$
\begin{pmatrix}
1 & 0 & 0 & -0.114 & 0 & 0 & 0 \\
0 & 1 & 0 & 0 & 0 & 0 & 0 \\
0 & -0.010 & 1 & 0 & 0 & 0 & 0 \\
0 & 0 & 0 & 1 & 0 & 0 & 0 \\
0 & 0 & 0 & 0 & 1 & 0 & 0 \\
0 & 0 & 0 & 0 & 0 & 1 & 0 \\
0 & 0 & 0 & 0 & 0 & 0 & 1
\end{pmatrix}
\begin{pmatrix}
e_{1t} \\ e_{2t} \\ e_{3t} \\ e_{4t} \\ e_{5t} \\ e_{6t} \\ e_{7t}
\end{pmatrix}
$$

$$
=
\begin{pmatrix}
0.085 & & & & & & \\
& 0.059 & & & & & \\
& & 0.001 & & & & \\
& & & 0.134 & & & \\
& & & & 0.012 & & \\
& & & & & 0.001 & \\
& & & & & & 0.033
\end{pmatrix}
\begin{pmatrix}
u_{1t} \\ u_{2t} \\ u_{3t} \\ u_{4t} \\ u_{5t} \\ u_{6t} \\ u_{7t}
\end{pmatrix}
$$

$$(3-16)$$

为了检验同期因果关系约束的合理性和可靠性，本研究采用先验假设并结合 Sims 似然比检验来验证。检验的统计量为 20.24，对应的 P 值为 0.380。因此，可以说明在 0.05 的显著性水平下无法拒绝过度约束为真的原假设，即基于有向无环图识别的同期因果关系是可靠的、合理的。这样，便可以上述结构向量自回归模型为基础展开预测方差分解，进一步分析国际市场因素、全国生猪月度存栏量、城镇居民人均收入对我国猪肉价格的影响程度。

（5）预测方差分解。有向无环图主要是分析各变量间是否具有同期因果关系以及这种关系的指向性。而预测方差分解可以进一步研究各变量对被解释变量的影响程度，从而可得出对结构向量自回归模型产生影响的随机扰动项的相对重要性，方差分解结果如表 3-19 所示。

表 3-19　基于同期因果关系的结构向量自回归模型的预测方差分解

单位：%

	WTI	SSZ	ER	TJ	CL	IU	ZR
预测期	WTI 的预测方差分解						
1	96.917	0.000	0.000	3.082	0.000	0.000	0.000
2	93.725	1.320	0.082	4.416	0.120	0.121	0.212
10	78.318	3.270	0.567	10.433	3.445	0.516	3.447
24	75.056	3.375	1.027	10.506	5.369	1.474	3.190
预测期	SSZ 的预测方差分解						
1	0.000	100.000	0.000	0.000	0.000	0.000	0.000
2	1.163	91.538	1.444	2.948	0.029	0.604	2.270
10	31.659	51.438	2.534	7.567	2.475	0.421	3.903
24	38.623	42.542	2.300	7.470	5.088	0.508	3.464
预测期	ER 的预测方差分解						
1	0.000	1.574	98.425	0.000	0.000	0.000	0.000
2	0.287	0.651	98.822	0.036	0.097	0.088	0.016
10	15.981	8.749	65.303	1.452	4.353	0.034	4.125
24	34.848	9.350	37.896	4.359	8.616	0.271	4.656
预测期	TJ 的预测方差分解						
1	0.000	0.000	0.000	100.000	0.000	0.000	0.000
2	6.391	1.211	0.519	90.436	0.603	0.015	0.822
10	30.375	3.272	0.264	54.306	0.792	0.042	10.947
24	33.084	3.215	0.248	51.280	1.032	0.131	11.007
预测期	CL 的预测方差分解						
1	0.000	0.000	0.000	0.000	100.000	0.000	0.000
2	1.354	0.156	0.016	0.053	98.379	0.004	0.034
10	21.419	0.735	6.040	1.872	63.750	2.340	3.841
24	29.060	3.375	9.155	4.692	42.794	6.334	4.587

（续）

	WTI	SSZ	ER	TJ	CL	IU	ZR
预测期				IU 的预测方差分解			
1	0.000	0.000	0.000	0.000	0.000	100.000	0.000
2	0.067	0.048	0.013	0.313	0.025	99.465	0.064
10	0.127	0.058	2.020	1.428	0.879	86.255	9.231
24	0.718	0.488	7.005	0.613	1.703	66.450	23.020
预测期				ZR 的预测方差分解			
1	0.000	0.000	0.000	0.000	0.000	0.000	100.000
2	0.130	0.286	0.409	1.189	0.078	0.596	97.309
10	0.712	0.548	2.938	3.726	1.213	1.473	89.387
24	0.963	0.798	3.762	3.839	2.746	1.637	86.251

表中结果表明，在预测期的第一期，CME 瘦肉猪期货价格、投机因素、全国生猪月度存栏量、城镇居民人均可支配收入及国内猪肉价格不能由除自身以外的其他变量所解释，而汇率除由自身解释外，也由 CME 瘦肉猪期货价格解释 1.6%，WTI 原油价格除由自身解释以外，也由投机因素解释 3.1%。这些结果与前面基于有向无环图识别的同期因果关系相一致，并且进一步说明，在短期内，国际市场因素、全国生猪月度存栏量及城镇居民人均可支配收入对国内猪肉价格的解释程度几乎为零，其中最大的为国际市场因素中的投机因素，只占 1.2%，因此国内猪肉价格对自身的解释力主要来源于惯性。导致这一情况出现的原因，一方面是我国猪肉的自给率较高，贸易规模较小。从 2007 年开始，猪肉进口量占国内消费总量比例始终不到 4%，国际市场对国内猪肉价格影响不明显（文春玲等，2014）。另一方面是国内生猪固有的养殖周期及猪肉短期内超量调节（蔡勋等，2017），使得猪肉价格在短期内调整速度非常快（刘清泉，2012）。

随着预测期的延长，国际市场因素对国内猪肉价格的解释程度提升至 9.5%，其中 WTI 原油价格与 CME 瘦肉猪期货价格对国内猪肉价格解释程度都不超过 1%，而投机因素对国内猪肉价格解释能力始终比汇率高，但逐渐趋于一致。到第 10 期，两者相差不到 0.8%，而到第 24 期，两者仅相差 0.08%。因此，从长期来看汇率与投机因素对国内猪肉价格的解释程度几乎相等，一直维持在 3.8% 左右。可见，国际市场对国内猪肉价格的影响程度有限，主要是因为猪肉进出口受到政府宏观调控，与国际市场的联系程度不高。无论从短期还是从长期来看，城镇居民人均收入对国内猪肉价格的解释程度均不大，短期对国内猪肉价格的解释程度为 0.6%，长期对国内猪肉价格的解释程度为 1.5%左右。同时，在短期全国生猪月度存栏量比城镇居民收入的解释力弱，不到 0.1%，但从长期来看，全国生猪月度存栏量比城镇居民收入的解释力强，基本维持在 2.7%左右。所以从 2007 年开始，我国猪肉价格受到供给与需求因素的影响较小，其中，受到供给因素比需求因素的影响大，主要源于我国猪肉价格的供给弹性大于需求弹性。综上所述，我国猪肉价格波动情况的最大解释力来源于自身，无论是短期的 97.3%还是长期的 86.3%。这是因为自 2007 年以来，中央和地方政府相继出台多项调控政策以期稳定生猪与猪肉价格，其中短期内我国生猪价格调控政策效果显著，在一定程度上平抑生猪价格过快上涨，较好地维持生猪价格的稳定。而在长期内，由于农畜产品价格形成具有一定的滞后性，我国生猪扶持政策效果短期内并不显著（刘小乐等，2015）。这与上述结果相一致。

此外，从城镇居民收入的预测方差分解来看，在短期内，城镇居民收入对其自身的解释力达到 99.5%，而随着预测期的延长，国内猪肉价格对城镇居民收入的解释力从不到 0.1%上升至 23%，汇率对城镇居民收入的解释力也从不到 0.1%上升至 7%。但是从始至终，城镇居民收入对其自身的解释力仍然是最大，最后维持在 66.5%。可以得出，短期内国内猪肉价格与汇率对城镇居民收入几乎没有影响，而在长期两者对城镇居民收入的影响逐渐凸显，其中国内猪肉价格对城镇居民收入的影响较大。从全国生猪月度存栏量的预测方差分解来看，在短期内其对自身的解释也为最大，达到 98.4%。而从长期来看，WTI 原油价格对我国生猪月度存栏量的解释力为 29%，可知虽然 WTI 原油价格对我国生猪月度存栏量的影响时滞时间较长，但长期而言，其对我国生猪月度存栏量的作用不容忽视。造成这一现象的原因是原油作为生物质能源对生猪市场的饲料价格会有一定的影响，进而会推动生猪存栏量的变化。

3.4.3 总结

本研究通过运用有向无环图技术及构建基于有向无环图的结构向量自回归模型，实证分析了猪肉供需因素与国际市场因素对国内猪肉价格的影响程度。有向无环图分析结果表明，不存在国际市场因素、猪肉供求因素对国内猪肉价格的同期因果关系。基于有向无环图的预测方差分解结果表明：①在短期，国际市场因素对国内猪肉价格的影响程度共计不到 3%；在长期，国际市场因素对国内猪肉价格的影响程度也不大，共计约为 9.5%，其中汇率与投机因素对国内猪肉价格的影响程度几乎等同，相比于短期两者的影响程度，可知汇率与投机因素对国内猪肉价格的影响具有一定的时滞。②作为猪肉供给因素的全国生猪月度存栏量对国内猪肉价格的影响程度为 2.7%，作为猪肉需求因素的城镇居民收入对国内猪肉结果的影响程度为 1.6%。③国内猪肉价格的波动主要来源于其自身惯性的推动作用，对其自身的影响程度为86%。以上结果说明，虽然随着经济全球化的加速，国际市场对中国农产品市场波动具有显著影响，但对于猪肉这一农产品而言，国际市场对国内猪肉价格的影响有限。此外，仅仅从猪肉供给与需求这两个传统因素对国内猪肉价格进行解释，无法达到理想的效果。

在开放经济背景下，随着农产品贸易规模不断扩大，我国猪肉进口量逐渐增加，国际市场对国内猪肉价格的影响也慢慢凸显，更加加大国内猪肉价格波动的不确定性。因此，为了减缓国内猪肉价格剧烈波动，促进生猪市场健康平稳运行，本研究结合上述结论提出以下建议：首先，生猪养殖是高耗粮、高污染行业，当国内供需出现缺口需要弥补时，可以适度进口猪肉，不仅不会使国内市场受到国际市场太大的冲击，更有利于稳定国内市场供给，平稳国内猪肉价格。而汇率对国内猪肉价格具有滞后影响，在对猪肉进口时可充分考虑到这个影响。其次，相比于猪肉消费需求，更需要关注猪肉供给需求，由于WTI原油价格也会影响生猪供给，在兼顾国际原油价格的条件下，可通过继续颁布如对养殖户的生产激励政策、推行合适的经营养殖模式等生猪供给扶持政策，稳定猪肉供给，进而平抑猪肉价格剧烈波动。最后，为进一步完善生猪市场体系，需要加快推出生猪期货，这样有助于降低生猪养殖者的市场风险，减缓生猪生产和生猪价格的周期性大幅度波动，有利于稳定生猪生产者的盈利能力，合理引导生猪产业健康平稳发展。

3.5　我国货币政策直接抑或间接影响猪肉价格？——基于通径分析法的实证研究

3.5.1　研究背景和研究动机

猪肉是我国重要的畜牧产品之一，也在我国城乡居民肉类消费中占据极其重要的地位，其价格变化与居民生活和社会经济形势紧密相关。自2000年以来，猪肉价格波动频繁剧烈，并在一定程度上超出了正常波动的范围，这引起社会各界高度关注。猪肉作为商品，其价格波动也受到货币政策的影响。货币政策可通过调控货币供应量达到调节社会经济健康稳定运转的作用，货币主义认为如果实行扩张性的货币政策，货币供应量增加，会导致农产品价格上涨，引起通货膨胀，如果实行紧缩性的货币政策，货币供应量减少，会使得农产品相对价格朝着不利于农业的方向变化（于爱芝，2011）。

从我国猪肉价格与货币供应量的走势来看（图3-14），虽然猪肉价格频繁波动，但从2000年1月至2017年9月，猪肉价格总体呈现上扬趋势，同时货币供应量也一直稳步增长，即两者呈现出一定的相关性。另外，货币政策会导致猪肉价格短期内的超量调节（刘清泉，2012），长期而言是猪肉价格波动的主要原因（蔡勋等，2017），说明货币政策对猪肉价格的变动有着重要的影响，但货币政策是直接还是间接影响猪肉价格呢？若是间接影响，则是通过何种途径传导至猪肉价格？影响效应各有多大？本研究在现有文献的基础上，深入探讨货币政策对猪肉价格的影响大小和途径，对稳定国内猪肉价格与制定生猪产业相关政策具有重要的意义。

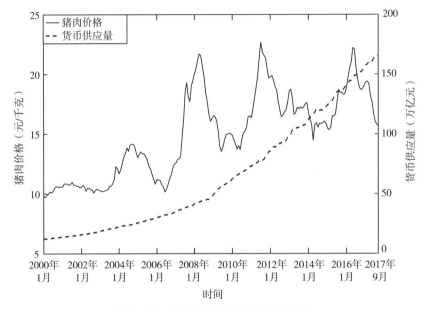

图 3 - 14 猪肉价格与货币供应量走势

　　按照西方经济学理论，市场价格是由市场需求与供给决定。为此，国内学者从供需两个方面对猪肉价格进行了诸多深入的研究。我国猪肉消费整体呈现稳定增长趋势，并且猪肉在我国消费中长期处于主导地位，因此可以认为居民对猪肉的消费需求呈现一定的刚性特征，供给水平的增减波动会很快通过市场价格体现出来（赵瑾等，2004）。而生猪供给又会受到内外部驱动因素的影响，其中内部驱动因素包括生产投入要素、生猪饲养模式等，外部驱动因素包括疫病灾害、市场调控政策等。从内部驱动因素来说：一方面，玉米价格与仔猪价格都对生猪价格有影响。其中，从短期看，玉米价格对生猪价格有一定的影响，反馈份额为 22.3%（王烁等，2015），而从长期来看，仔猪价格每波动 1%，生猪价格将同向波动 0.25%。可见，长期内仔猪价格对生猪价格有显著影响（魏君英等，2013）；另一方面，由于目前我国以散养户、中小规模养殖户为主，形成了具有中国特色的小生产大市场、多种规模共存的结构，整体生产行为会受到行情与各种冲击的影响，造成供给不稳定，进而影响生猪价格（刘清泉等，2011）。从外部驱动因素来说，伴随着疫病的发生，会直接导致生猪死亡，同时也会使得生猪散养户或小规模养殖户快速退出，从而加剧生猪供应减少（黎东升等，2015）。同时，自2007年起，政府已安排专项资金构建生猪补贴体系，这些制度在一定程度上降低了生猪养殖户的养殖风险，保护了养殖户利益，调动了他们养殖的积极性，快速且有效地恢复了市场供给（张立中等，2013）。

近年来，猪肉价格波动十分频繁，传统的微观经济学从市场供求的角度，如生猪生产成本、消费者需求、替代品价格等，来分析猪肉价格波动的原因。但这种研究思路在猪肉价格异常波动面前显得较为无力，近年来学者开始渐渐地关注货币政策对猪肉价格的影响（罗光强，2014）。在市场环境下，流动性过剩加剧投资炒作行为与降低生猪的相对价格，最终引起通货膨胀，使得生猪生产面临高成本、低价格的双重困境，给整个生猪产业造成负面影响（刘清泉，2012）。徐雪高（2008）通过建立ECM模型，发现宽松的货币政策所导致的通货膨胀会引起猪肉价格的上涨，其中当期的CPI波动1%会使得猪肉价格上涨2.12%。长期内，货币供应量对猪肉价格有显著影响，当货币供应量增加1%时，会导致猪肉价格上涨0.46%，而猪肉价格对货币供应量变化在短期的调整力度不大，说明货币供应量对猪肉价格的影响有限（杨军等，2011）。涂圣伟等（2013）通过对猪肉价格进行方差分解，发现滞后两期的货币供应量对猪肉价格的影响比较显著。

综上所述，聚焦于货币政策对猪肉价格影响的文献大多集中在分析其直接影响，较少研究其间接影响。也有学者关注到了这一点，如刘清泉（2012）认为货币超发通过通货膨胀增加生猪投入品成本来降低生猪的均衡产量，从而使得猪肉价格上涨，同时过多的货币会转向追逐其他消费品来降低猪肉的相对价格。但货币政策对猪肉价格产生的间接影响侧重于定性分析，缺乏系统全面的定量分析。另外，已有文献选取的指标过于单一，在生猪供给与需求层面，有多种因素引起猪肉价格的剧烈波动，但学者们侧重于从其中某一个因素来代表供给或需求影响，没有将多种影响因素都考虑在内。本节选取一种在遗传学等领域受到广泛重视的方法——通径分析法，它在多元线性回归的基础上，可以将某一自变量对因变量的直接作用和间接作用分别通过直接通径系数和间接通径系数表现，自变量对因变量的综合作用可以用总的通径系数来表示，从而量化自变量之间及自变量与因变量的复杂关系。鉴于此，本节从货币政策、供求关系等角度选取五个指标作为影响猪肉价格的代表性变量，全面系统地分析每个变量对猪肉价格的影响，进一步运用通径分析法深入探讨货币政策对猪肉价格的直接作用和通过其他变量对猪肉价格产生的间接作用。

3.5.2 理论解释与模型构建

（1）理论解释。猪肉市场的供求关系是猪肉市场波动的最基本、最直接也最敏感的重要影响因素。在供给层面，生猪产业的成本主要是指为生产或销售商品猪而支付的一切费用的总和，主要包括饲料成本与仔猪成本，其他费用所占的比例较小（何忠伟等，2013）。饲料价格的变动会影响能繁母猪的养殖成本，最终传递到猪肉价格。仔猪作为生猪产业链上游产品之一，其价格的变化会通过生猪收购价格—猪肉价格的传导机制发挥作用。在需求层面，一方面居民收入的高低会直接影响对猪肉的需求，那么需求的变化必定会使得猪肉价格发生变动。当居民收入较低时，对猪肉价格的变动比较敏感，生猪的需求弹性大于供给弹性，生猪市场呈现"收敛型蛛网"；当居民收入水平较高时，购买能力增强，生猪的需求弹性相应降低，生猪市场呈现"封闭型蛛网"（彭代彦等，2015）。另一方面，随着经济的增长，居民对猪肉的消费可能会不太"感冒"，从而转向其他替代品，如羊肉、鱼肉、鸡肉等。有数据显示，在肉类消费中，除猪肉外，鸡肉的消费比例较高，而其他肉类的消费比例相对偏低，说明鸡肉价格的变动会对猪肉价格产生影响。

除了供给与需求的因素外，由于价格是通过货币数量来表示的，因此货币政策也对猪肉价格有着重要的影响。若实行宽松的货币政策，则货币供应量增加造成的通货膨胀，不仅会直接导致猪肉价格上涨，也会造成生猪生产成本如饲料价格与仔猪价格上涨，成本的增加必将促使猪肉价格上涨。此外，货币超发会推动居民收入的增加，对猪肉的需求量增多，进而推动猪肉价格上涨。如果流通中的货币供应量增加，所引起的通货膨胀会使得作为猪肉重要替代品的鸡肉的价格上涨，减少对鸡肉的需求，致使居民对猪肉的需求量增多，也会推动猪肉价格上涨。

（2）模型构建。通径分析（Path coefficient）是数量遗传学家 Sewall Wright 于 1921 年提出的一种多元统计技术。通径分析可用于分析多个自变量与因变量之间的线性关系，是回归分析的拓展，通过对相关系数进行分解，分离出某一自变量对因变量的直接作用效果、通过其他自变量对因变量的间接作用效果和总的作用效果（付莲莲等，2014）。本研究采用通径分析法探讨货币政策对猪肉价格的直接影响效应、通过其他自变量的间接影响效应和总的影响效应。其正规方程组如下：

$$\begin{cases} P_{1y}+r_{12}P_{2y}+r_{13}P_{3y}+\cdots+r_{1n}P_{ny}=r_{1y} \\ r_{21}P_{1y}+P_{2y}+r_{23}P_{3y}+\cdots+r_{2n}P_{ny}=r_{2y} \\ r_{31}P_{1y}+r_{32}P_{2y}+P_{3y}+\cdots+r_{3n}P_{ny}=r_{3y} \\ \cdots \\ r_{n1}P_{1y}+r_{n2}P_{2y}+r_{n3}P_{3y}+\cdots+P_{ny}=r_{ny} \end{cases} \quad (3-17)$$

其中 r_{ij} 为自变量 X_i 和 X_j 的相关系数，r_{iy} 为自变量 X_i 和因变量 Y 的相关系数，P_{iy} 为自变量 X_i 对因变量 Y 产生的直接作用效果，即直接通径系数，

$r_{ij}P_{jy}$ 为自变量 X_i 通过 X_j 对因变量 Y 产生的间接作用效果，即间接通径系数，$\sum\limits_{i \neq j} r_{ij}P_{jy}$ 为自变量 X_i 对因变量 Y 产生的总间接作用效果。

决定系数表示引入的自变量 X_i 对猪肉价格的相对重要程度，自变量 X_i 对猪肉价格的决定系数为：

$$R_{(i)}^2 = P_{iy}^2 + 2\sum_{i \neq j} P_{iy}r_{ij}P_{jy} = 2r_{iy}P_{iy} - P_{iy}^2 \qquad (3-18)$$

由于实际工作中不可能把所有因变量的全部影响因素都包括在内，所以需要进一步计算未研究的自变量和误差对猪肉价格的通径效应系数 P_{ry}，即剩余效应（马恒运，1995）。剩余效应的计算公式为：

$$P_{ry} = \sqrt{1 - (P_{1y}r_{1y} + P_{2y}r_{2y} + P_{3y}r_{3y} + \cdots + P_{ny}r_{ny})} \qquad (3-19)$$

剩余效应表示模型中是否涵盖了影响猪肉价格的重要因素。如果剩余效应较小，说明模型已经包含了重要因素，通径分析模型有效。若剩余效应较大，则说明模型中遗漏了影响猪肉价格的重要因素，此时通径模型不适用。

根据通径系数计算结果进行分析时，利用通径系数的大小与正负，判断每个自变量对因变量的直接作用效果和间接作用效果。若 P_{iy} 接近于 r_{iy} 且符号相同，说明 r_{iy} 反映了 X_i 和 Y 的真实关系，通过改变 X_i 来改变 Y 是有效的。若 r_{iy} 大于 0，但 P_{iy} 小于 0，说明间接作用效果是相关的重要原因，直接通过 X_i 改变 Y 是无效的，必须通过改变其他自变量才有效果（马恒运，1995；李靓等，2017）。

3.5.3　实证研究

（1）指标选取与数据处理。被解释变量为去皮带骨猪肉价格，在解释变量中，选取广义货币供应量（M2）代表货币政策，用饲料价格和仔猪价格代表成本，用城镇居民可支配收入和猪肉替代品白条鸡肉的价格来代表需求。上述数据分别来源于中国畜牧业信息网、中经网数据库、国家统计局和万德数据库，时间跨度为 2000 年 1 月至 2017 年 9 月。

对于指标的选取，首先借助 Matlab 软件的三次样条插值法将居民收入的季度数据转为月度数据，接着利用定基 CPI 将价格变量与居民收入剔除通货膨胀的影响，最后运用 X-12 方法对具有季节性的变量进行季节调整。经过相应处理的猪肉价格、货币供应量、仔猪价格、饲料价格、城镇居民可支配收入和白条鸡价格分别用 P、$M2$、ZZ、SL、IU 和 BTJ 表示。

（2）猪肉价格波动影响因素的识别。在进行通径分析之前，需要对选取的被解释变量和解释变量进行回归分析，即识别出对被解释变量具有显著性影响的因素，只有被解释变量与解释变量之间存在显著性关系时通径分析才有意义。借助 SPSS 软件，采用逐步回归的方式，建立最优的回归方程，结果如表 3-20 所示。

表 3 - 20 逐步回归输出结果

模型	R	R^2	可调整 R^2	标准估计的误差
1	0.949^a	0.900	0.900	1.125
2	0.970^b	0.941	0.941	0.866
3	0.977^c	0.955	0.955	0.756
4	0.983^d	0.967	0.966	0.653
5	0.985^e	0.970	0.969	0.623

注：a. 预测变量：（常量）仔猪价格；b. 预测变量：（常量）仔猪价格、饲料价格；c. 预测变量：（常量）仔猪价格、饲料价格、货币供应量；d. 预测变量：（常量）仔猪价格、饲料价格、货币供应量、白条鸡价格；e. 预测变量：（常量）仔猪价格、饲料价格、货币供应量、白条鸡价格、城镇居民可支配收入。

表 3 - 20 表明了随着解释变量被逐步引入回归方程，回归方程的决定系数 R^2 和可调整的 R^2 都在逐渐增大，说明被引入的解释变量对猪肉价格的影响作用在增加。其中最大的 R^2 为 0.970，说明猪肉价格影响因素中 97% 可由线性回归部分解释。通过计算发现剩余效应为 0.173，剩余效应较小，即模型中所采用的解释变量基本涵盖了影响猪肉价格的主要因素，所以建立猪肉价格关于货币供应量、仔猪价格、饲料价格、城镇居民可支配收入和白条鸡价格的通径分析模型是有效的。

根据逐步回归分析的结果，建立线性回归方程：

$$P = -4.184 + \underset{[-7.079]}{(-5.05 \times 10^{-6})}{}^{***} M2 + \underset{[35.461]}{0.387}{}^{***} ZZ +$$
$$\underset{[3.717]}{1.473}{}^{***} SL + \underset{[4.661]}{0.0037}{}^{***} IU + \underset{[9.360]}{0.803}{}^{***} BTJ$$

其中，＊＊＊表示在 1% 水平下显著。

式中方括号内为 t 统计量，所有的变量都在 0.01 水平下显著，表示式中包含的所有解释变量都对猪肉价格有显著影响。除了货币政策外其他解释变量的符号都是正的，只有货币政策这个解释变量的符号为负，说明货币政策对猪肉价格具有间接作用效果（李靓等，2017），且间接作用效果可能较大，因此有必要引入通径分析，以分解出货币政策对猪肉价格的直接作用效果和间接作用效果。

（3）货币政策对猪肉价格影响的通径分析。货币政策与猪肉价格的相关系数为 0.704（表 3 - 21），相关系数较大，且显著正相关，说明货币政策对猪肉价格变动具有重要的影响。另外，货币政策与其他自变量的相关系数均在 0.7 以上，这表明货币政策一方面对猪肉价格有直接影响，另一方面可能通过其他变量来影响猪肉价格。

表 3 - 21　各变量间的相关系数

	猪肉价格	货币供应量	仔猪价格	饲料价格	城镇居民可支配收入	白条鸡价格
猪肉价格	1.000	0.704***	0.949***	0.797***	0.758***	0.877***
货币供应量		1.000	0.744***	0.753***	0.985***	0.820***
仔猪价格			1.000	0.685***	0.765***	0.801***
饲料价格				1.000	0.825***	0.880***
城镇居民可支配收入					1.000	0.855***
白条鸡价格						1.000

注：***、**、*分别表示在1%、5%、10%的水平上显著。

根据通径分析的正规方程式，求解得出货币政策对猪肉价格的直接通径系数，通过其他自变量的间接通径系数及总的间接影响效应，通径分析的结果如表 3 - 22 所示。

表 3 - 22　猪肉价格（P）影响因素的通径分析

自变量（X_i）	X_i 与 Y 的简单相关系数	X_i 的直接通径系数	间接通径系数					
			合计	通过货币供应量	通过仔猪价格	通过饲料价格	通过城镇居民可支配收入	通过白条鸡价格
货币供应量	0.704	−0.665	1.369	—	0.558	0.092	0.467	0.252
仔猪价格	0.949	0.750	0.199	−0.494	—	0.084	0.363	0.246
饲料价格	0.797	0.123	0.674	−0.500	0.513	—	0.391	0.270
城镇居民可支配收入	0.758	0.475	0.283	−0.655	0.574	0.102	—	0.262
白条鸡价格	0.877	0.307	0.570	−0.545	0.601	0.108	0.406	—

从表 3 - 22 可以看出，货币政策对猪肉价格影响的直接通径系数为−0.665，在所有影响因素中是唯一的负数，可能的原因是货币政策具有滞后效应（蔡勋等，2017），且农产品种类众多，货币政策不可能仅仅考虑猪肉这一种农产品。为避免其他农产品价格剧烈波动，确保其他农产品市场稳定，政府会进行相应的调整，使得货币政策对猪肉价格的直接影响为负值（李靓等，2017）。另外，由于货币供应量与猪肉价格的相关系数为正值，所以间接效应是货币政策和猪肉价格相关的主要原因。货币政策对猪肉价格的间接影响通过四种途径实现，如图 3 - 15 所示。

一方面是通过猪肉成本端对猪肉价格产生影响，其中货币政策以仔猪价格为中介变量来影响猪肉价格在四个途径中最为显著，为 0.558。而货币政策通

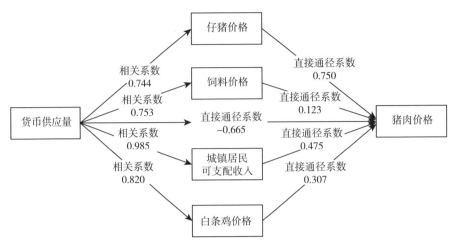

图 3-15　货币政策对猪肉价格影响的量化值

过饲料价格来间接影响猪肉价格的效应在四个途径中最小，为 0.092。货币供应造成通货膨胀会引起生猪产业链中游生猪与下游猪肉价格变化（刘清泉，2012），那么同样也会使得产业链上游仔猪价格与饲料价格发生变动。生猪生产成本主要包括物质与服务费用和人工成本两项，仔猪和饲料作为物质与服务费用中重要的组成部分，对猪肉价格波动产生不可忽视的影响。以上结果说明，货币政策主要通过影响生猪生产成本进而传导至猪肉价格。由于货币政策通过仔猪价格对猪肉价格的间接影响效应明显大于通过饲料价格对猪肉价格的间接影响效应，所以在货币政策对猪肉价格的间接影响途径中，仔猪价格是一个关键的中介因素。

　　另一方面是通过猪肉消费端对猪肉价格产生影响，一是货币政策通过城镇居民可支配收入间接影响猪肉价格，间接影响效应为 0.467。货币供应量增加会导致利率下降，引起投资需求增加与出口需求增加，最终使得居民收入增加（章和杰等，2011）。由于猪肉在我国肉类消费中长期处于主导地位，猪肉消费占我国肉类消费量的比例始终维持在 60% 以上，因而居民收入水平的提高会拉动猪肉需求呈现增长趋势（赵瑾等，2014），进而导致猪肉价格上涨。二是货币政策通过白条鸡价格间接影响猪肉价格，间接影响效应为 0.252。正因为货币供应量与鸡肉价格存在长期的协整关系，可知货币政策调整必然会影响鸡肉价格的变化（陈丹妮，2014）。虽然长期以来，猪肉一直是我国居民主要的肉食消费品，但是随着生活观念逐步改变与猪肉价格高位运行，人们开始倾向于对禽肉等的消费（周发明等，2012）。因此，白条鸡作为猪肉的替代品，其价格波动将会影响到猪肉价格变动。通过对猪肉消费端的间接通径系数比较，可以发现货币政策通过城镇居民可支配收入对猪肉价格的间接影响效应大于通过白条鸡价格对猪肉价格的间接影响效应，表明城镇居民可支配收入在货币政策对猪肉价格的影响中起着重要的中介作用。

此外，仔猪价格与猪肉价格相关系数和仔猪价格对猪肉价格的直接通径系数最为接近，且均为正值，说明仔猪价格对猪肉价格的直接影响占据主导作用。城镇居民可支配收入对猪肉价格的间接通径系数较小，可知城镇居民可支配收入对猪肉价格产生直接影响。除了货币供应量外，由于饲料价格与白条鸡价格对猪肉价格的直接通径系数不大，分别为 0.123 和 0.307，所以饲料价格与白条鸡价格直接传导至猪肉价格的影响不明显，主要是通过其他途径间接影响猪肉价格。纵观所有自变量的间接通径系数，发现除仔猪价格本身外，其他每个自变量通过仔猪价格对猪肉价格的间接影响效应都是最大的，说明仔猪价格不仅是货币政策对猪肉价格波动产生影响的一个重要间接因素，也在剩余 3 个自变量对猪肉价格的影响中起着重要的间接作用。

3.5.4 总结

（1）结论。结合猪肉价格波动理论，选取 2000 年 1 月至 2017 年 9 月的数据，在多元逐步回归的基础上，综合考查货币政策、供求因素对猪肉价格的影响，并运用通径分析方法着重分析货币政策对猪肉价格的直接作用和间接作用。主要结论如下：

第一，货币政策对猪肉价格的直接影响不明显，虽然两者的相关系数较大，呈显著正相关，但货币政策对猪肉价格的直接通径系数为－0.665，是所有自变量对猪肉价格的直接通径系数中唯一的负值，说明货币政策并不是立刻影响猪肉价格的波动，而是通过其他因素对猪肉价格产生影响，故存在一定的滞后效应，这也印证了蔡勖等（2017）提出的"货币流动性对猪肉价格波动具有显著的时滞性影响"。

第二，货币政策主要通过仔猪价格和城镇居民可支配收入对猪肉价格产生影响，其中通过仔猪价格产生的间接影响效应最大，而通过饲料价格和白条鸡价格传导至猪肉价格的影响有限。货币政策的调整会促使上游的仔猪价格发生变动，通过生猪产业链各环节价格传导机制，最终使得猪肉价格出现波动，同时货币政策的调整也会导致城镇居民可支配收入发生变化，改变对猪肉的需求，从而引起猪肉价格的变动。

第三，仔猪价格与猪肉价格的相关系数达到 0.949，是影响猪肉价格重要的直接因素，同时货币政策通过仔猪价格而影响猪肉价格的间接通径系数为 0.558，因此，仔猪价格也是货币政策影响猪肉价格的一个重要的间接因素。

（2）政策建议。基于以上结论，为促进生猪产业平稳发展、平抑猪肉价格超常波动，提出以下政策建议：首先，由于货币政策对猪肉价格的间接影响很大，可知货币政策的调整会在很大程度上引起猪肉价格的变动，并且这种影响存在时滞效应，因此国家在制定货币政策时，应防止货币超发造成猪肉价格剧烈波动，同时也需要将货币政策的滞后效应考虑在内。其次，在货币供给冲击下，相比于对猪肉消费需求的调控，更需要关注猪肉供给层面的调控，防止货币政策带来的生猪生产成本过度增加而推动猪肉价格过快上涨。

3.6 本章小结

本章针对生猪市场价格传导效应，首先从原始价格序列角度出发，综合运用有向无环图和结构向量自回归模型探究生猪产业链上游玉米、豆粕和仔猪价格以及中游生猪价格和下游猪肉价格之间的价格传导效应。其次，运用基于集合经验模态分解技术的多尺度分析方法对生猪产业链上游仔猪价格、中游生猪价格和下游猪肉价格之间的价格传导效应进行多尺度分析。最后，考虑到近年来国内外生猪（猪肉）贸易量增长迅猛，本章进一步探究国际生猪市场等对我国生猪价格的影响。

4 我国生猪市场价格预测研究

4.1 引言

生猪产业在我国畜牧业乃至整个农业经济中都占据重要地位，也是农民收入的重要来源之一。自 20 世纪 80 年代中期国家逐步放开猪肉购销价格管制以来，生猪产业快速发展。然而，2005 年以来，受各种经济风险和自然风险的叠加影响，我国生猪市场价格波动剧烈，并在一定程度上超出正常波动区间。生猪市场价格的超常波动产生了一系列连锁反应，给国民经济的健康发展带来不利影响，引起了党和国家的高度重视，并成为政策决策的重点之一。生猪产业扶持政策为稳定生猪价格起到积极作用，生猪价格波动幅度明显降低。但是，"过山车"式的价格波动现象依然存在。

为此，对生猪价格的未来运行态势进行准确预测，具有重要现实意义。本章首先将基于集合经验模态分解技术的多尺度分析方法引入生猪价格预测研究中，构建多尺度视角下的生猪价格短期预测模型，并通过预测误差指标和 DM 检验比较其与基准模型的预测能力。

4.2 基于多尺度分析法的我国生猪价格短期预测混合模型研究[①]

4.2.1 研究背景和研究动机

猪肉是我国城镇和农村居民肉类消费的主要来源。根据国家统计局数据，2020 年，我国生猪出栏 52 704 万头，猪肉产量 4 113 万吨，猪肉占总体猪牛羊禽肉总产量的比例为 53.8%。近年来，我国生猪价格波动剧烈，特别是 2018 年非洲猪瘟的暴发，导致生猪价格屡创新高。生猪价格的剧烈波动对人民生产生活及相关行业发展均产生不利影响。因此，探究我国生猪价格波动机制，进而建立有效的生猪价格预测模型，对生猪产业相关参与者、决策者都具有十分重要的现实意义。

猪肉作为我国最重要的畜牧业农产品，农产品价格预测理论与方法的研究

---

① 本章主要内容来源于：Tao Xiong, Chongguang Li, Yukun Bao. An Improved EEMD-based Hybrid Approach for Short-term Forecasting of Hog Price in China [J]. Agricultural Economics-Zemedelska Ekonomika，2016，63：136-148.

显然为我国生猪价格预测研究提供有价值的参考。梳理已有文献可以发现，现有农产品价格预测研究较少关注生猪价格，特别是我国生猪价格。已有农产品价格预测研究主要侧重于传统统计学方法，如移动平均、自回归移动平均模型和多元线性回归模型等计量经济学模型（Hahn，2004；Li et al.，2014；Saengwong et al.，2012；Antoniadou et al.，2015；Felipe et al.，2012；Jumah et al.，2008；Paul et al.，2015；Ramírez et al.，2003；Yercan et al.，2012；Martín - Rodríguez，2012）。但是，传统统计学方法只有当价格序列呈现出线性和平稳特征时，才能达到良好的预测建模效果。而农产品价格，尤其是我国生猪价格明显表现出非线性和非平稳的波动态势。近年来，计算智能方法已被成功地应用于农产品价格预测建模场景（Jha et al.，2014；Ribeiro et al.，2011；Shih et al.，2009；Su et al.，2014；Zhang et al.，2005；Li et al.，2013）。然而，智能计算方法往往存在容易陷入局部极值点，训练耗时过长和过度拟合等问题，降低其应用价值。可见，针对生猪等农产品价格预测问题，传统的统计学方法和计算智能方法均存在一定的局限性，因此亟须一种适用于处理生猪价格等呈现出明显非线性和非平稳的农产品价格序列的预测建模技术。

基于"各个击破"的思想，Yu 等（2008）提出基于经验模态分解技术的混合建模框架，该建模框架有望解决上述复杂的预测建模问题。Yu 等（2008）首先运用经验模态分解技术对 WTI 原油价格序列进行分解，得到若干个波动特征单一的本征模函数和一个剩余分量，进而分别对神经网络对本征模函数和剩余分量构建预测模型，最后再次构建神经网络，对获得的预测值进行重组以得到最终的 WTI 原油价格预测值。自 Yu 等（2008）的创新性工作之后，基于经验模态分解技术的混合建模框架在时间序列预测领域得到广泛关注，并迅速成功地应用于能源经济和金融市场等多个领域（Yu et al.，2008；Napolitano et al.，2011；Chen，et al.，2012；Zhou et al.，2015；Kisi et al.，2014），这些研究对基于经验模态分解技术的混合建模框架有一定程度改进，但也存在明显的局限，主要集中在如下两个方面。一方面，大部分研究仅聚焦单步预测问题。例如，Kisi 等（2014）提出基于经验模态分解的非参数技术，对土耳其克兹勒尔马克河下个月的水流量进行预测。Zhou 等（2015）提出基于经验模态分解的神经网络模型，并用于中国西安 PM2.5 浓度单步预测。Chen 等（2012）提出一种基于 EMD 和神经网络的新型预测模型，对从日本、中国香港和中国澳门到中国台湾的每月游客人数进行预测。但是，以上研究倾向于对各本征模函数和剩余分量分别构建预测模型，这将显著提高模型训练耗时，增加模型训练复杂度，更重要的是，所获得的本征模函数预测值的经济意义匮乏，降低了此类研究的实际应用价值。因此，本研究提出一种改进的基于集合经验模态分解技术的混合建模框架，以对我国生猪价格进行短期预测。显然，对我国生猪价格未来走势进行短期预测（多步预测）对生猪产业相关决策者具有重要价值。例如，生猪养殖场可以充分利用生猪价格短期预测值优化其屠宰计划，即当未来价格上行时，当前就减少屠宰量，当未来价格下行时，当前就增加屠宰量。具体地，本研究运用重组算法对生猪价格的本征模函数进行有效重组，在提升其经济意义的同时简化模型训练过程。此外，本研究运用主流的迭代策略实现生猪价格短期预测。

本章开展我国生猪价格预测建模研究。具体地，首先运用集合经验模态分解技术对我国生猪价格序列进行分解，得到若干个特征相对单一的本征模函数和1个剩余分量；然后运用重组算法将得到的本征模函数和剩余分量进行重组，以形成生猪价格的高频波动成分、低频波动成分和趋势项（其中剩余分量即为趋势项）；此后，根据以上3个重组成分的波动特点，选用不同的预测技术进行建模。极限学习机（ELM）是一种全新的具有快速学习速度和高泛化性能的前馈神经网络的学习算法，本研究将其用于解决非线性模式突出的低频波动成分的预测建模任务，而自回归移动平均模型（ARIMA）是一种常用的随机模型，本研究将其用于高频波动成分建模，最后，趋势项的建模工作由多项式回归模型完成。为实现生猪价格短期预测的目的（多步预测），本研究引入主流的迭代预测策略。此外，本研究使用2000年1月至2015年5月我国生猪月度价格序列对提出的预测方法和基准方法的预测表现进行评估和验证。

综上所述，本研究的主要贡献如下。第一，提出的基于集合经验模态分解技术的混合建模框架能够有效地捕获生猪价格复杂的非线性和非平稳性波动特征，进而提升其短期预测准确度。第二，通过引入迭代预测策略，提升了基于集合经验模态分解技术的混合建模框架的应用能力，以适应短期预测（多步预测）场景。第三，实证研究结果证实了重组算法能显著提升基于集合经验模态分解技术的混合建模框架的预测表现。第四，本研究直接提供了我国生猪价格短期预测的实证证据。

4.2.2 研究方法

（1）极限学习机。Huang 等（2006）提出的极限学习机是一种新颖而强大的数据分类和回归方法。关于极限学习机，详细参见 Huang 等（2006）和 Zhu 等（2005）的讨论，此处简要描述用于生猪价格预测的极限学习机的基本原理。

极限学习机是对传统的前馈神经网络（Feed‐forward neural networks，FNN）架构的改进。不同于传统的神经网络，极限学习机的所有的输入权重、偏差和隐藏节点都是预先随机设定的，输出权重使用广义逆（MP）来进行分析。理论上，含有随机选择的输入权重、隐层偏差和非零激活函数的 SLFNs 在输入上与所有连续函数近似（Huang，2006）。极限学习机不仅在学习速度上优于传统基于梯度下降的学习算法，而且避免了终止标准和陷入局部最小值等传统的基于梯度下降的学习算法存在的问题（Huang et al.，1998；Huang，2003；Huang et al.，2006；Shrivastava et al.，2014）。

给定样本量为 N 的随机分布样本（x_i，t_i），其中 $x_i = [x_{i1}, x_{i2}, \cdots, x_{in}]^T \in R^n$，$t_i = [t_{i1}, t_{i2}, \cdots, t_{im}]^T \in R^m$，具有 $\tilde{N}$ 个隐藏神经元和激活函数 $g(\cdot)$ 的标准 SLFNs 可表示为：

$$\sum_{i=1}^{\tilde{N}} \beta_i g_i(w_i \cdot x_i + b_i) = y_i, \quad j = 1,2,\cdots,N \qquad (4-1)$$

其中，$w_i = [w_{i1}, w_{i2}, \cdots, w_{in}]^T$ 表示从输入神经元到第 i 个隐藏神经元连接的权重，$\beta_i = [\beta_{i1}, \beta_{i2}, \cdots, \beta_{im}]^T$ 表示将输出节点与第 i 个隐藏节点连接的权重，b_i 是第 i 个隐藏节点的阈值。由 w_i 和 x_i 产生 $w_i \cdot x_i$。上述等式可简化为：

$$H\beta = T \qquad (4-2)$$

H 是隐藏层输出矩阵：

$$H = \begin{bmatrix} g(w_1 \cdot x_1 + b_1) & \cdots & g(w_{\tilde{N}} \cdot x_1 + b_{\tilde{N}}) \\ \vdots & \cdots & \vdots \\ g(w_1 \cdot x_N + b_1) & \cdots & g(w_{\tilde{N}} \cdot x_N + b_{\tilde{N}}) \end{bmatrix} \qquad (4-3)$$

$$\beta = \begin{bmatrix} \beta_1^T \\ \vdots \\ \beta_{\tilde{N}}^T \end{bmatrix}, \quad T = \begin{bmatrix} t_1^T \\ \vdots \\ t_N^T \end{bmatrix} \qquad (4-4)$$

在极限学习机理论下，输入权重 $w_i = [w_{i1}, w_{i2}, \cdots, w_{in}]^T$ 和隐藏层的偏移 b_i 是随机生成的且不需要进行任何调整。为了使成本函数 $\| Y - T \|$ 最小化，输出权重 $\beta_i = [\beta_{i1}, \beta_{i2}, \cdots, \beta_{im}]^T$ 的评估等价于寻找给定线性系统 $H\beta = T$ 的最小二乘（the least-square，LS）解。最小二乘解为：

$$\hat{\beta} = H^\dagger T \qquad (4-5)$$

此处，$H^\dagger$ 为 MP 的矩阵 H。

（2）自回归移动平均模型。Box 等（1976）提出的自回归移动平均模型是一种最常用的单变量时间序列模型。在自回归移动平均模型中，未来值被定义为过去观察值和随机误差的线性函数，其模型公式如下：

$$x_t = \theta_0 + \phi_1 x_{t-1} + \phi_2 x_{t-2} + \cdots + \phi_p x_{t-p} + \varepsilon_t - \theta_1 \varepsilon_{t-1} - \theta_2 \varepsilon_{t-2} - \cdots - \theta_q \varepsilon_{t-q}$$

$$(4-6)$$

其中，x_t 表示 t 时刻的实际观察值，ε_t 为 t 时刻的随机误差，$\phi_i(i=1, 2, \cdots, p)$ 和 $\theta_j(j=1, 2, \cdots, q)$ 分别为系数，p 和 q 分别为自回归和移动平均的阶数。

（3）迭代策略。迭代策略通过最小化单步预测误差而得到预测模型，然后迭代运用该模型进行多步预测，在这个过程中，前期的预测值作为输入参与后期的预测（Sorjamaa et al.，2007），具体步骤如下。

首先构建单步预测模型：

$$\varphi_{i+1} = f(\varphi_i, \cdots, \varphi_{i-d+1}) + \varepsilon \qquad (4-7)$$

其中，d 是嵌入维度，ε 是零均值的噪声项。

模型训练之后，提前 H 步的预测值由式 4-7 得出：

$$\hat{\varphi}_{i+h} = \begin{cases} \hat{f}(\varphi_i, \varphi_{i-1}, \cdots, \varphi_{i-d+1}) & \text{if } h=1 \\ \hat{f}(\hat{\varphi}_{i+h-1}, \cdots, \hat{\varphi}_{i+1}, \varphi_i, \cdots, \varphi_{i-d+h}) & \text{if } h \in [2, \cdots, d] \\ \hat{f}(\hat{\varphi}_{i+h-1}, \cdots, \hat{\varphi}_{i+h-d}) & \text{if } h \in [d+1, \cdots, H] \end{cases}$$

$$(4-8)$$

由式 4-8 可知，如果 $h-1 < d$，提前 h_{th} 步预测的模型输入由 $d-(h-1)$ 个观测值和 $h-1$ 个预测值组成；否则，提前 h_{th} 步预测的模型输入均为预测值。由于预测值作为输入参与接下来的预测过程，迭代策略易产生误差累积的问题，即随着预测步长的增加，积累的预测误差会越来越大，从而明显降低模型的多步预测能力。但由于仅需构建一个预测模型，建模过程简单，迭代策略仍然被广泛地应用于时间序列多步预测。

（4）改进的基于集合经验模态分解技术的混合建模框架。本节详细介绍改进的基于集合经验模态分解技术的混合建模框架的具体步骤。给定生猪价格序列 $x(t)$，$t=1, \cdots, n$，本研究进行 H 步提前预测，即获得 $x(t+H)$。用于预测建模的方法主要包括重组算法、自回归移动平均模型、多项式回归模型和极限学习机，如图 4-1 所示。

改进的基于集合经验模态分解技术的混合建模框架由以下四个步骤组成：

第一步：运用集合经验模态分解技术对原始生猪价格进行分解，得到若干本征模函数和一个剩余分量。

第二步：运用重组算法对第一步得到的本征模函数和剩余分量进行重组，得到高频波动成分、低频波动成分和趋势项。

第三步：运用极限学习机对低频波动成分建模，分别运用自回归移动平均模型和多项式回归模型对高频波动成分和趋势项建模。如此，将得到高频波动成分、低频波动成分和趋势项的预测值。

第四步：另构建极限学习机对高频波动成分、低频波动成分和趋势项的预测值进行建模，以得到最终的生猪价格预测值。

为了比较模型的预测表现，本研究将常用的生猪价格预测模型作为基准方法。根据已有文献，主要方法有传统统计学方法和计算智能方法两大类。具体地，本研究将自回归移动平均模型作为传统统计学方法的基准方法，前馈神经

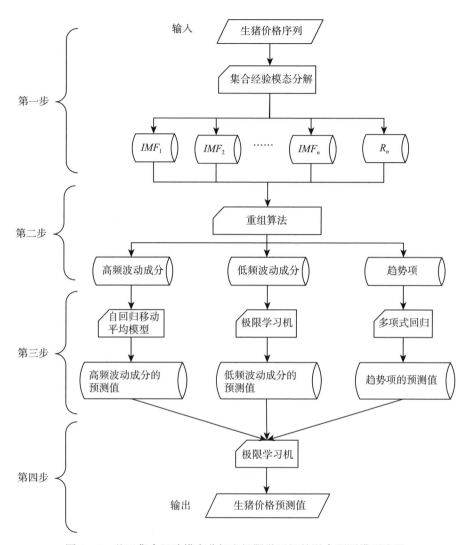

图 4-1 基于集合经验模态分解和极限学习机的混合预测模型流程

网络、支持向量回归（Support vector regressive，SVR）和极限学习机作为计算智能的基准方法。此外，本研究构建不进行重组的基于集合经验模态分解技术的混合建模框架，即 EEMD-ARIMA、EEMD-FNN、EEMD-SVR 和 EEMD-ELM 作为混合建模框架的基准方法。为了验证所提出的基于 EEMD 的混合方法的有效性，使用我国生猪价格序列作为检验样本，具体实证分析见下一节。

4.2.3 实证研究

（1）数据来源和实验设计。本研究选定我国生猪月度价格作为数据对象，数据来源于农业部^①。研究目的是提出一种改进的基于集合经验模态分解技术的混合建模框架，以对我国生猪价格进行短期预测。数据区间为 2000 年 1 月至 2015 年 5 月，共 185 个样本。生猪价格序列被分为训练集和测试集，其中 2000 年 1 月至 2010 年 3 月的数据作为训练集（共 123 个样本），2010 年 4 月至 2015 年 5 月的共 62 个样本作为测试集。生猪价格序列如图 4-2 所示，训练集用于在各预测步长下训练预测模型，测试集用于检验预测模型的预测效果。

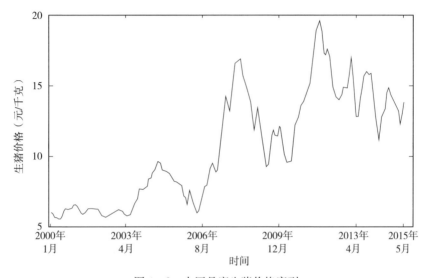

图 4-2　中国月度生猪价格序列

　　表 4-1 为生猪价格序列的描述性统计量。由表 4-1 可知，偏度值很小，表明生猪价格存在显著的非对称分布。而峰值较大，为 1.806，表明与标准正态分布相比，生猪价格呈现出厚尾的数据分布。较大的 Jarque-Bera 统计量进一步表明，在 0.05 的显著性水平下拒绝生猪价格服从正态分布的原假设。

　　首先运用归一化方法将生猪价格调整至 [0，1] 元/千克，见公式 4-9。归一化可以避免输入变量变化范围过大引起的建模难度增加的问题。

$$y(t) = \frac{x(t) - \min x(t)}{\max x(t) - \min x(t)} \tag{4-9}$$

　　其中，$x(t)$ 为原始生猪价格序列，$y(t)$ 为归一化后的生猪价格序列，$\max x(t)$ 和 $\min x(t)$ 分别是生猪价格序列的最大值和最小值。在进行预处理之后，将预测模型应用于该时间序列，一旦获得预测值，再进行反归一化以得

---

①　数据来源于 http：//www.moa.gov.cn/。

到最终预测值。

表 4 - 1　生猪价格的描述性统计量

统计量	值	统计量	值
样本量	182	中位数	9.630
均值	10.610	偏度	0.310
标准差	3.944	峰度	1.806
最小值	5.560	Jarque - Bera 统计量	13.726
最大值	19.680		

此外，本研究对所提出的方法和基准方法的短期预测（$H = \{1，3，6\}$）表现进行比较。值得注意的是，由于迭代策略具有简便性（Guo et al.，2012；Taieb et al.，2012；Xiong et al.，2014；Xiong et al.，2015），本研究使用该策略进行短期预测。

研究不同模型的预测表现时，没有哪一种误差指标能捕获所有的误差分布特征。因此，本研究考虑两种预测误差指标：均方根误差（$RMSE$）和对称平均绝对百分比误差（$SMAPE$）。$RMSE$ 和 $SMAPE$ 分别是实际值和预测值的绝对和相对误差指标。$RMSE$ 和 $SMAPE$ 定义如下：

$$RMSE = \sqrt{\frac{\sum_{t=1}^{N}(x(t) - \hat{x}(t))^2}{N}} \qquad (4-10)$$

$$SMAPE = \frac{1}{N}\sum_{t=1}^{N}\left|\frac{x(t) - \hat{x}(t)}{\frac{(|x(t)| + |\hat{x}(t)|)}{2}}\right| \qquad (4-11)$$

其中 $x(t)$ 表示 t 期的生猪价格，$\hat{x}(t)$ 表示 $x(t)$ 的预测值，N 为样本量。注意，这些误差指标是在进行反归一化后计算得到的。

为有效筛选出最优输入变量，本研究采用过滤法进行输入选择。该方法基于预先设定的指标来衡量每个输入变量和输出变量之间的关系（Xiong et al.，2015），以便选择最佳输入变量。具体地，本研究采用偏互信息（PMI）（Sharma，2000）作为输入选择指标，最大嵌入维度设置为15。

生猪价格序列预测建模过程见图 4 - 3。首先，将生猪价格序列划分为训练集和测试集。然后运用过滤法进行输入选择，此后运用五折交叉验证方法进行模型选择，进而运用迭代策略进行多步预测。对于各预测步长（$H = 1$，3，6），在测试集上计算预测误差指标 $RMSE$ 和 $SMAPE$。以上预测建模过程执行30次。根据 $RMSE$ 和 $SMAPE$ 在30次运行下计算出的平均值，来评估所提出的方法和各基准方法的预测表现。更进一步，在 0.05 的显著性水平下，运用 Diebold‐Mariano 检验法分析各预测模型的预测表现是否有显著差异。

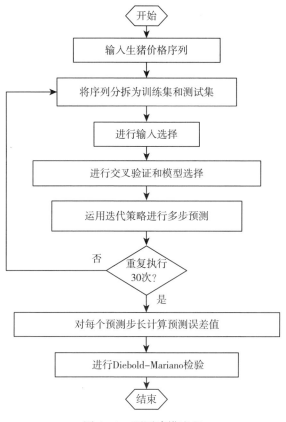

图 4‐3 预测建模流程

（2）检验结果。本节重在比较与评估所提出的预测模型与基准模型的预测表现。在基于集合经验模态分解技术的混合预测框架下，首先运用集合经验模态分解技术对我国生猪价格进行分解，得到若干特征相对单一的本征模函数和一个剩余分量。将所得到的本征模函数按频率从最高到最低的顺序依次排列，如图 4‐4 所示，最后一项为剩余分量。由图 4‐4 可见，我国生猪价格序列被分解为 6 个本征模函数和一个剩余分量。本征模函数和剩余分量的描述性统计量如表 4‐2 所示。

如表 4‐2 所示，剩余分量可以度量原始生猪价格中大多数变异。事实上，剩余分量占生猪价格变动量的 66.496%，这表明生猪价格波动主要取决于其长期趋势（剩余分量）。此外，原始生猪价格和剩余分量之间的 Pearson 相关系数和 Kendal 相关系数最高。观察本征模函数可以发现，与生猪价格相关系数第二高的是 IMF6，其平均周期为 91.00 个月（7.58 年）。

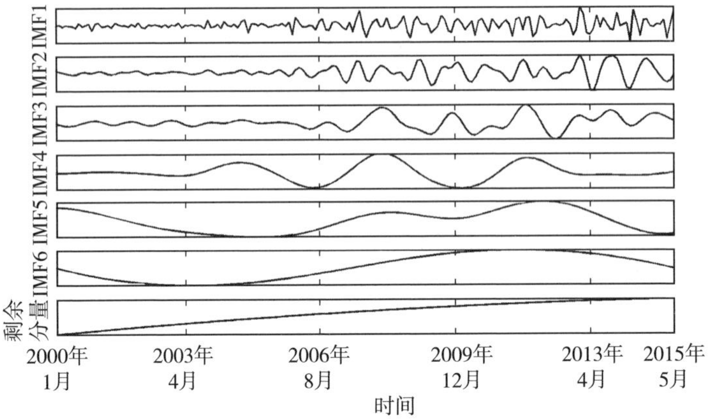

图 4-4 通过集合经验模态分解技术处理的生猪价格的本征模函数和剩余分量

表 4-2 生猪价格本征模函数和剩余分量的描述性统计量

	平均周期（月）	Pearson 相关系数	Kendall 相关系数	方差	占原始序列方差比（%）	占重组后序列方差比（%）
原始序列				15.553		
IMF1	3.64	0.141*	0.067	0.085	0.545	0.561
IMF2	8.66	0.202***	0.118**	0.290	1.867	1.922
IMF3	22.75	0.392***	0.268***	0.981	6.306	6.492
IMF4	27.36	0.329***	0.193***	2.515	16.173	16.650
IMF5	60.66	0.436***	0.234***	0.864	5.553	5.716
IMF6	91.00	0.513***	0.478***	0.031	0.197	0.203
剩余分量		0.848***	0.645***	10.342	66.496	68.455
总和					97.139	100.000

注：***、**、*分别表示在 1%、5%、10%的水平上显著。

在上一步的分析中，原始生猪价格序列被分解为 6 个 IMF 和 1 个剩余分量。现在，进一步运用重组算法将本征模函数重组为高频波动成分和低频波动成分，重组算法结果如图 4-5 所示。由图 4-5 可知，第 1 个本征模函数至第 4 个本征模函数相加的序列，其均值在 0.05 的显著性水平下显著不为 0。因此，本研究将 IMF1、IMF2 和 IMF3 等 3 个本征模函数相加以得到生猪价格的高频波动成分，将 IMF4、IMF5 和 IMF6 等 3 个本征模函数相加以得到生猪价格的低频波动成分，剩余分量为趋势项。以上 3 个重组成分的波动趋势如

图 4-6 所示，其描述性统计量如表 4-3 所示。从表 4-3 可知，无论相关系数还是方差百分比，趋势项均占主导。值得注意的是，高频波动成分和低频波动成分的平均周期分别为 5.20 个月和 45.50 个月。

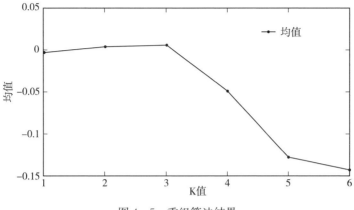

图 4-5　重组算法结果

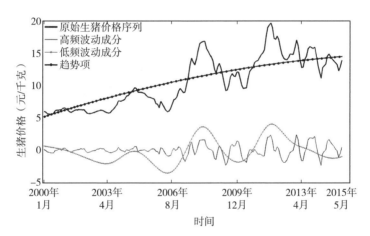

图 4-6　2000 年 1 月至 2015 年 5 月猪肉价格高频、低频和残差

　　预测建模的第三步和第四步为个体预测和集合预测（图 4-1）。在本研究中，极限学习机由 MATLAB 程序包①实现。极限学习机的输入权重和隐藏层偏移均预先随机生成，隐藏节点数量以试错方式进行调整。通过这种方式，本研究构建隐藏节点为 5~14 的 10 个极限学习机。每个极限学习机模型重复 20 次，并计算每个极限学习机的平均 MSE，选择 MSE 最小的极限学习机的隐藏节点为最优隐藏节点。

———————————

① ELM 安装包下载地址为 http：//www.ntu.edu.sg/home/egbhuang/elm_codes.html。

表4-3　生猪价格3个波动成分的描述性统计量

	平均周期（月）	Pearson相关系数	Kendall相关系数	方差	占原始序列方差比（%）	占重组序列方差比（%）
原始序列				15.553		
高频波动成分	5.20	0.281***	0.181***	0.957	6.156	6.268
低频波动成分	45.50	0.633***	0.466***	3.975	25.560	26.026
趋势项		0.848***	0.645***	10.342	66.495	67.706
总和					98.211	100.000

注：***、**、*分别表示在1%、5%、10%的水平上显著。

对于自回归移动平均模型估计，本研究使用 Hyndman 等（2008）提出的 R "forecast" 安装包[①]。神经网络模型使用 MATLAB（R2006b）神经网络工具箱实现。神经网络模型架构如下：分别构建隐藏层节点为3～12的神经网络，以预测误差最小的神经网络的隐藏层节点数为最优节点数。此时，输出节点数量设置为1。对于训练集，采用动量算法进行梯度下降，更新权重和偏差值。学习效率设定为0.9，动量常数设定为0.1。隐藏层节点的激活函数为 S 型函数，输出节点采用线性传递函数。本研究采用 LibSVM（2.86 版）（Chang et al.，2011）进行支持向量回归算法建模，并选用径向基函数（RBF）作为核函数。此外，本研究采用主流的网格搜索算法优化超参数 C，ε，γ。多项式回归模型由 MATLAB 函数 "polyfit" 和 "polyval" 完成。图4-7、图4-8为本研究提出的模型和基准模型在3种预测步长下的2个预测误差值。

根据上述结果，可得出如下结论。总体而言，排名前三的预测模型在2种误差指标和3个预测步长的选择下不相上下，即本研究提出的基于集合经验模态分解技术的混合建模框架、EEMD-ELM 和 EEMD-SVR 的预测表现相当。但是，本研究提出的基于集合经验模态分解技术的混合建模框架的预测表现优于所有基准方法。

很明显，本研究提出的基于集合经验模态分解技术的混合建模框架的预测表现优于不进行重组的 EEMD-ARIMA、EEMD-FNN、EEMD-SVR 和 EEMD-ELM 预测模型。由此，可以得出对本征模函数和剩余分量进行重组有利于提升预测表现。单独预测模型（ARIMA、FNN、SVR 和 ELM），EEMD-ELM 和 EEMD-SVR 相差不大。此外，EEMD-ELM、EEMD-SVR 和 EEMD-FNN 表现优于 EEMD-ARIMA。

---

① R "forecast" 安装包下载地址为 http：//ftp.ctex.org/mirrors/CRAN/。

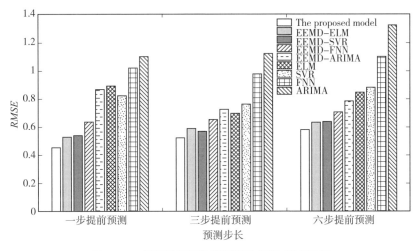

图 4-7 各预测模型的预测误差指标 *RMSE* 值

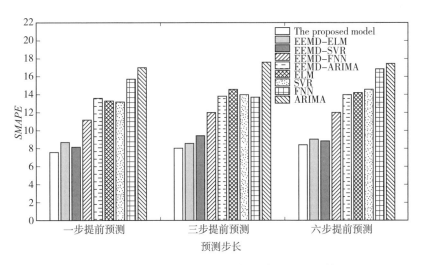

图 4-8 各预测模型的预测误差指标 *SMAPE* 值

比较混合模型（本研究构建的模型，EEMD-ELM、EEMD-SVR、EE-MD-FNN 和 EEMD-ARIMA）和相对应的独立模型（ELM、SVR、FNN 和 ARIMA），无一例外，混合模型的预测表现比独立模型更好。主要原因可能在于分解技术有效提高了预测性能。

对 4 种独立技术进行比较，可以发现，极限学习机似乎比支持向量回归模型的预测更为准确。另外，极限学习机和支持向量回归模型的预测表现优于神经网络和自回归移动平均模型。其中，自回归移动平均模型的预测表现最差。

　　根据前文描述的实证过程，本研究进一步使用 Diebold‐Mariano 检验来分析各预测模型的预测表现是否存在显著差异。表 4‐4 列出了各预测步长下的 Diebold‐Mariano 检验结果，S 统计量也列入其中。* 表示测试模型和参考模型的预测表现在 0.05 的显著性水平下存在显著差异（双尾）。

表 4‐4　各预测模型在测试集上的 Diebold‐Mariano 检验结果

被测试模型	参照模型							
	ARIMA	FNN	SVR	ELM	EEMD‐ARIMA	EEMD‐FNN	EEMD‐SVR	EEMD‐ELM
预测步长 $H=1$								
FNN	−0.32							
SVR	−2.14*	−1.55						
ELM	−1.97*	−1.38	1.97					
EEMD‐ARIMA	−1.82*	−1.43	0.24	0.21				
EEMD‐FNN	−3.05*	−2.64*	−0.56	−0.62	−1.08			
EEMD‐SVR	−3.65*	−2.87*	−3.15*	−3.22*	−3.64*	−2.41*		
EEMD‐ELM	−3.80*	−3.17*	−2.84*	−3.01*	−3.57*	−2.28*	1.02	
本研究提出的模型	−4.21*	−4.02*	−3.42*	−3.63*	−3.89*	−3.07*	−0.57	−0.85
预测步长 $H=3$								
FNN	−2.54*							
SVR	−2.17*	2.14						
ELM	−1.96*	1.85	1.57					
EEMD‐ARIMA	−2.08*	2.08	−0.08	−0.21				
EEMD‐FNN	−3.34*	−2.08*	−2.21*	−2.42*	−2.51*			
EEMD‐SVR	−3.51*	−2.97*	−3.12	−3.24*	−3.29*	−2.58*		
EEMD‐ELM	−3.82*	−3.54*	−3.29*	−3.51*	−3.37*	−2.71*	−0.55	
本研究提出的模型	−4.37*	−3.93*	−4.12*	−3.97*	−3.86*	−2.84*	−0.86	−0.39
预测步长 $H=6$								
FNN	−0.27							
SVR	−2.58*	−1.85*						
ELM	−2.61*	−1.96*	−0.25					
EEMD‐ARIMA	−2.75*	−2.01*	−0.37	−0.19				
EEMD‐FNN	−3.21*	−3.26*	−1.83*	−1.81*	−1.68*			

（续）

被测试模型	参照模型							
	ARIMA	FNN	SVR	ELM	EEMD-ARIMA	EEMD-FNN	EEMD-SVR	EEMD-ELM
	预测步长 $H=6$							
EEMD-SVR	-3.96*	-3.85*	-2.42*	-2.28*	-2.12*	-1.89*		
EEMD-ELM	-3.82*	-3.92*	-2.28*	-2.10*	-2.03*	-1.81*	1.86	
本研究提出的模型	-4.31*	-4.19*	-2.67*	-2.72*	-2.64*	-2.38*	-0.41	-0.58

由表 4-4 可知，当本研究提出的预测模型作为测试模型时，Diebold-Mariano 统计数据均为负数且标有 *，表明在 95% 置信水平下，所提出的改进的基于 EEMD 混合模型在所有情况下均优于其他模型。但当以 EEMD-SVR 和 EEMD-ELM 作为参照时，出现一些异常，即所提出的模型的表现相对于 EEMD-SVR 和 EEMD-ELM 优势不明显。

对于 4 种基于集合经验模态分解技术的预测模型，在 95% 显著性水平下，EEMD-SVR 和 EEMD-ELM 的预测表现比 EEMD-FNN 和 EEMD-ARIMA 更好。EEMD-SVR 和 EEMD-ELM 在 95% 显著性水平下的预测表现不存在显著差异。在 95% 置信水平下，混合建模框架（EEMD-ELM、EEMD-SVR、EEMD-FNN 和 EEMD-ARIMA）在所有预测步长和预测建模技术下的预测表现均优于相应的独立模型，这意味着"各个击破"的思想在时间序列预测建模领域是有效的。

比较 4 个独立模型，可以看到，在 95% 置信水平下，极限学习机和支持向量回归模型在所有预测步长上的预测表现均优于神经网络和自回归移动平均模型，表明神经网络和自回归移动平均模型在短期预测场景下，预测表现较差。在 95% 置信水平下，支持向量回归模型和极限学习机的预测表现在大多数情况下均无显著差异，但存在少数例外情况。

最后，使用本研究所提出的基于集合经验模态分解技术的混合建模框架对我国生猪价格进行短期预测。2015 年 6 月至 2015 年 11 月的预测结果如图 4-9 所示，其中 2000 年 1 月至 2015 年 5 月的数据为真实值。由图 4-9 可见，2015 年 6 月以后，我国生猪价格延续了之前上涨的态势。

4.2.4 总结

本研究提出了一种改进的基于集合经验模态分解技术的混合建模框架，以进行我国生猪价格短期预测，该方法首先运用集合经验模态分解技术对原始生猪价格序列进行分解，得到本征模函数和剩余分量，然后使用重组算法将本征

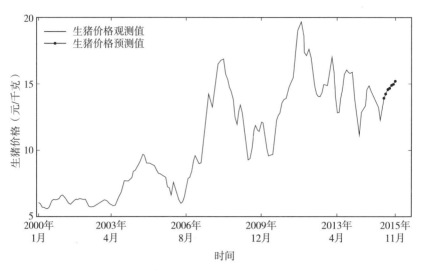

图 4-9　生猪价格短期预测值（六步提前预测）

模函数和剩余分量重组为高频波动成分、低频波动成分和趋势项。其后，运用极限学习机对低频波动成分建模，分别运用自回归移动平均模型和多项式回归模型对高频波动成分和趋势项建模，以得到上述 3 个重组成分的预测值。最后，构建另一个极限学习机模型对以上 3 个预测值建模，以得到最终生猪价格预测值。我国生猪价格短期预测实证结果表明，本研究提出的改进的基于集合经验模态分解技术的混合建模框架的预测表现优于其他基准模型，是生猪价格短期预测的有效工具。

4.3　本章小结

在近年生猪价格剧烈波动的现实背景下，不管是生猪产业链各环节的从业者还是政策制定者，及时准确地掌握生猪价格未来运行态势，将有效提升相关决策的科学性、有效性和前瞻性。为此，本章首先将基于集合经验模态分解技术的多尺度分析方法引入生猪价格预测研究中，构建多尺度视角下的生猪价格短期预测模型。实证结果表明，基于集合经验模态分解技术的多尺度分析预测方法的预测表现明显优于基准模型。由此可见，基于多尺度分析方法的生猪价格预测模型均可作为生猪价格预测建模的有效工具。

5 我国生猪市场补贴政策与价格波动

5.1 引言

我国是生猪生产和消费大国，自 20 世纪 80 年代以来，我国生猪生产规模不断扩大。根据国家统计局数据，2020 年我国生猪出栏 52 704 万头，猪肉产量 4 113 万吨。猪肉占总体猪牛羊禽肉总产量的比例为 53.8%。可见，生猪产业在畜牧业中占据着重要地位，对繁荣我国农村经济作出了较大贡献。但与此同时，生猪养殖成本上涨、疫病频发、自然灾害等多重因素加剧了生猪供需不平衡的问题，"价高伤民，价贱伤农"的猪周期现象成为生猪养殖户乃至政府关注的焦点。对此，财政部、农业部、商务部等部门和地方政府于 2007 年相继出台了系列生猪生产支持政策，包括生猪调出大县奖励、畜牧标准化养殖补贴、能繁母猪补贴、生猪良种补贴以及生猪养殖场改扩建补贴等，以求平抑生猪价格的剧烈波动，促使生猪养殖产业健康稳定发展。2007—2015 年我国生猪生产补贴金额概况见表 5-1。

表 5-1 2007—2015 年我国生猪生产补贴金额

单位：亿元

年份	生猪调出大县奖励	畜牧标准化养殖补贴	能繁母猪补贴	生猪良种补贴	生猪养殖场改扩建补贴
2007	15	25	23.46	1.8	3
2008	21	28	19.57	3.6	—
2009	21	25	—	6.5	—
2010	—	30	—	—	5
2011	33.2	25	26.23	6.5	1.55
2012	35	25	28.92	6.56	2.7
2013	35	25	—	6.61	2.03
2014	35	25	—	6.61	9
2015	25	10.85	—	6.61	—

注：畜牧标准化养殖补贴和生猪良种补贴数据为猪、牛、羊、鸡等畜禽合计补贴数据，"—"表示数据为 0 或不详。

由此可见，我国生猪养殖补贴政策已经实施多年，那么其运行效率如何呢？为此，本章分别从生猪养殖效率和生猪价格波动两个视角探讨我国生猪市场补贴政策的有效性。

5.2 基于养殖规模效率的我国生猪补贴政策有效性研究[①]

5.2.1 研究背景和研究动机

生猪补贴政策目的在于提高生猪的综合生产能力，生猪养殖效率越高，越容易调整生猪的供需关系。那么，以生猪补贴政策频发的 2007 年为分界点，2007 年前后，我国生猪养殖效率是否存在显著性差异？生猪补贴政策是否提高了生猪养殖效率？更进一步，基于生猪养殖效率视角，生猪补贴政策是否有效？本研究力图回答以上问题。

尽管已有学者对我国生猪产业政策进行了有益的研究，但大多都局限于全要素生产率分析，较少涉及规模效率，而规模化是我国未来生猪产业发展的方向，规模效率也是生猪现代化养殖的重要指标之一。此外，生猪支持政策是一个综合性概念，其中包含生猪调出大县奖励、生猪良种补贴、能繁母猪补贴、畜牧标准化养殖补贴等，政策实施前后生猪养殖效率的差异性不能笼统地归结为能繁母猪补贴政策的实施。在研究方法方面，综合利用曼奎斯特指数（Malmquist）和双重差分模型（DID）方法分析我国生猪补贴政策的文章还不多见，DEA 分析生猪生产效率可规避价格影响，而 DID 分析政策可克服研究对象的个体差异性等影响，两者结合起来可以更加准确地分析政策对效率的影响。

因此，本研究从生猪养殖规模效率的视角，探究我国生猪补贴政策的有效性。具体地，基于生猪调出大县奖励和畜牧标准化养殖补贴两项政策实施标准的特殊性，本研究首先运用 Malmquist - DEA 模型测算出我国 19 个生猪养殖省份的生猪生产效率变化指数，对比分析一系列生猪补贴政策对生猪生产效率的影响。然后，运用双重差分模型对生猪调出大县奖励和生猪良种补贴政策的净效益进行了回归分析，进一步探讨以上两项政策的实施效果及有效性。需要说明的是，因为我国生猪补贴政策大多只针对大、中规模养殖户，故本研究聚焦大、中规模的生猪养殖效率的变化情况。

5.2.2 我国生猪规模化饲养效率分析

（1）Malmquist - DEA 介绍。研究生产前沿面一般情况下有参数和非参数两种方法，参数方法主要有随机前沿分析（SFA），非参数方法则主要有数据包络分析。在实际应用中，由于不需要提供价格信息，也不需要成本最小化和

① 本章内容来源于：李小刚，熊涛. 中国规模生猪养殖效率测度及其补贴政策效益评价研究[J]. 浙江农业学报，2019（7）：1184 - 1192.

利润最大化等条件，学者们普遍认为 DEA 方法测算的结果比参数方法更为客观准确，因此 DEA 由 Charnes 等（1978）首次提出 CCR 模型，再到 Banker 等（1984）提出 BCC 模型并快速发展。Malmquist 指数是 DEA 模型的一种，该指数由瑞典经济学和统计数家 Malmquist Sten（1953）最早提出。后期 Caves 等（1982）运用基于 DEA 方法的 Malmquist 生产率方法测算了生产率，Fare 等（1994）将其同 Shephard 距离函数相结合，将生产率分解为技术进步、纯技术效率和规模效率变化。此后，Malmquist-DEA 广泛应用于生产率的测算与分解。

Malmquist-DEA 指数的具体分解过程如下，设定生产活动投入为 m 维向量 X，产出为 n 维向量 Y，$0(X)$ 表示产出集合，它是凸的有界闭集，则在 $0(X)$ 上定义的产出距离函数 $D_0(X, Y)$ 为：

$$D_0(X, Y) = \min\{\varphi: (Y/\varphi) \in 0(X)\} \tag{5-1}$$

(X_0^t, Y_0^t) 和 (X_0^{t+1}, Y_0^{t+1})，分别表示 t、$t+1$ 时期的投入产出向量，$D_0^t(X_0^t, Y_0^t)$ 表示以 t 时期技术为参照的 t 时期投入产出向量的产出距离函数，$D_0^{t+1}(X_0^{t+1}, Y_0^{t+1})$ 表示以 t 时期技术为参照的 $t+i$ 时期投入产出向量的产出距离函数。当 t 时期到 $t+i$ 时期发生技术进步时，则 t 时期和 $t+i$ 时期产出角度的 Malmquist 生产率指数分别为：

$$M_0^t(X_0^t, Y_0^t, X_0^{t+1}, Y_0^{t+1}) = D_0^t(X_0^{t+1}, Y_0^{t+1}) / D_0^t(X_0^t, Y_0^t) \tag{5-2}$$

$$M_0^{t+1}(X_0^t, Y_0^t, X_0^{t+1}, Y_0^{t+1}) = D_0^{t+1}(X_0^{t+1}, Y_0^{t+1}) / D_0^{t+1}(X_0^t, Y_0^t) \tag{5-3}$$

为了克服选择时期不同而带来结果上的差异，将两个时期的数据进行几何平均处理，然后进行分解：

$$
\begin{aligned}
M_0(X_0^t, Y_0^t, X_0^{t+1}, Y_0^{t+1}) &= \left[\frac{D_0^t(X_0^{t+1}, Y_0^{t+1})}{D_0^t(X_0^t, Y_0^t)} \times \frac{D_0^{t+1}(X_0^{t+1}, Y_0^{t+1})}{D_0^{t+1}(X_0^t, Y_0^t)} \right]^{\frac{1}{2}} \\
&= \frac{D_0^{t+1}(X_0^{t+1}, Y_0^{t+1})}{D_0^t(X_0^t, Y_0^t)} \times \left[\frac{D_0^t(X_0^{t+1}, Y_0^{t+1})}{D_0^{t+1}(X_0^{t+1}, Y_0^{t+1})} \times \frac{D_0^t(X_0^t, Y_0^t)}{D_0^{t+1}(X_0^t, Y_0^t)} \right]^{\frac{1}{2}} \\
&= EFch_0 \times TEch_0
\end{aligned}
\tag{5-4}
$$

式中，$EFch_0$、$TEch_0$ 分别代表技术效率变化值和技术进步变化值。当规模报酬发生变化时，技术效率变化指数可进一步分解为规模效率变化指数（$SEch_0$）和纯技术效率变化指数（$PEch_0$）。

$$
\begin{aligned}
EFch_0 &= \frac{D_0^{t+1}(X_0^{t+1}, Y_0^{t+1}/c, s) / D_0^{t+1}(X_0^{t+1}, Y_0^{t+1}/v, s)}{D_0^t(X_0^t, Y_0^t/c, s) / D_0^t(X_0^t, Y_0^t/v, s)} \times \frac{D_0^{t+1}(X_0^{t+1}, Y_0^{t+1}/v, s)}{D_0^t(X_0^t, Y_0^t/v, s)} \\
&= SEch_0 \times PEch_0
\end{aligned}
\tag{5-5}
$$

$D_0^t(X_0^t, Y_0^t/c, s)$、$D_0^t(X_0^t, Y_0^t/v, s)$ 分别代表不变规模报酬技术和可变规模报酬技术以 t 时期技术为参照的 t 时期投入产出向量的产出距离函数。因此，最终的 Malmquist 指数可分解为：

$$TFPch_0 = EFch_0 \times TEch_0 = SEch_0 \times PEch_0 \times TEch_0 \tag{5-6}$$

对于数据所表示的意义，以 $SEch$ 为例，当 $SEch>1$，则表明生产的规模效率是提升的；当 $SEch=1$，则表明生产的规模效率是不变的；当 $SEch<1$，则表明生产的规模效率是下降的。其他指数同理。

（2）数据说明。本研究采用的数据来源于 2002—2012 年《全国农产品成本收益资料汇编》，基于生猪养殖投入和产出的特征，考虑生产要素的重要性和规避价格因素的干扰，选取了以下 4 个指标：产出指标为生猪主产品净产量（主产品产量和仔猪重量之差，千克）；投入指标为每核算单位用工数量（天），仔猪价格（元），精饲料价格（元），医疗防疫费（元），其中价格数据进行平减处理，以 2002 年为基期，剔除价格因素。综合数据的可得性和完整性，本研究仅选取河北、山西、内蒙古等 19 个省份。其中 2007 年海南大、中、小规模数据和 2003 年四川大规模数据缺失，取前后 2 年的均值代替。本研究运用 DEAP（Data Envelopment Analysis Program）2.1 软件对相关数据进行测算分析。

（3）结果分析。2002—2012 年我国大规模和中规模生猪养殖生产效率测度结果见表 5-2。就大规模生猪养殖情况而言，在这 11 年中，全国规模养殖效率变化均值（SECH）为 1.011，大于 1，表明这些年全国规模养殖效率在提升，在 19 个省份当中，只有吉林、黑龙江和青海规模养殖效率下降，其他各省份都呈现上升趋势。全要素生产率变化均值（TFPCH）为 0.948，小于 1，全国生猪全要素生产率下降了 5.2%，主要原因在于技术的明显退步。在技术变动（TECHCH）方面，11 年里全国技术变动指数下降了 5.6%，表明这段时间我国生猪生产技术进步情况并不是很乐观。同时，技术效率变化指数（EFFCH）为 1.004，大于 1，19 个样本省份中有 13 个省份的技术效率是呈正向增长的，剩下 6 个省份中，辽宁下降幅度最大，为 1.3%。对于纯技术效率指数（PECH），该段时间内全国层面呈现下降趋势，其中有河北、辽宁和黑龙江等 10 个省份的 PECH 小于 1，另外 9 个省份均表现为纯技术效率指数不变的状态，由此说明 11 年里我国生猪养殖过程中纯技术效率变化不大。

表 5-2　2002—2012 年我国大规模和中规模生猪养殖生产效率测度结果

省份	大规模					中规模				
	$effch$	$techch$	$pech$	$sech$	$tfpch$	$effch$	$techch$	$pech$	$sech$	$tfpch$
河北	1.001	0.943	0.998	1.003	0.944	1.017	0.937	1	1.017	0.953
山西	1.013	0.955	1	1.013	0.968	1.014	0.924	1	1.014	0.937
内蒙古	1.002	0.969	1	1.002	0.970	1	0.965	1	1	0.965
辽宁	0.987	0.947	0.984	1.003	0.934	0.996	0.943	0.995	1	0.939
吉林	0.997	0.954	1	0.998	0.951	1	0.930	1	1	0.930

（续）

省份	大规模					中规模				
	effch	*techch*	*pech*	*sech*	*tfpch*	*effch*	*techch*	*pech*	*sech*	*tfpch*
黑龙江	0.992	0.927	0.993	0.999	0.920	0.992	0.925	0.99	1.002	0.917
江苏	1.007	0.930	1	1.007	0.937	1.028	0.945	1	1.028	0.972
浙江	1.010	0.949	0.996	1.013	0.958	1.002	0.979	1	1.002	0.981
安徽	1.020	0.932	1	1.020	0.95	1.007	0.953	0.987	1.021	0.960
山东	1.006	0.953	0.995	1.011	0.958	0.999	0.956	1	0.999	0.955
河南	0.996	0.931	0.983	1.013	0.927	1.010	0.926	1	1.01	0.935
湖北	1.015	0.940	0.998	1.017	0.954	1.013	0.936	1	1.013	0.948
广东	1.019	0.948	1	1.019	0.966	1.021	0.983	1	1.021	1.003
广西	1.019	0.940	1	1.019	0.957	1.028	0.941	1	1.028	0.967
海南	1.001	0.988	1	1.001	0.989	1.082	0.954	1	1.082	1.032
四川	0.998	0.921	0.996	1.002	0.919	0.972	0.973	0.976	0.996	0.946
云南	1.005	0.955	1	1.005	0.960	1	0.930	1	1	0.930
甘肃	1.005	0.932	0.938	1.071	0.937	1.004	0.967	0.966	1.039	0.971
青海	0.988	0.936	0.990	0.998	0.925	1.011	0.940	1	1.011	0.951
均值	1.004	0.944	0.993	1.011	0.948	1.010	0.948	0.995	1.015	0.957

就中规模生猪养殖情况而言，在这 11 年的时间里，全国生猪饲养的全要素生产率变化均值为 0.957，说明全要素生产效率有所下降。与此趋势相近的技术变动指数为 0.995，下降了 0.5%。技术效率变动指数为 1.01，在该段时间内上升了 1.0%。规模化养殖效率变化指数为 1.015，说明这 11 年中全国生猪养殖规模化有所提高，年均提升 0.14%。同样，在纯技术效率指数方面，中规模里大部分省份效率不变，剩下的和大规模养殖一样呈现出略微的下降趋势。从各个省份的情况来看，*EFFCH*<1 的有辽宁、黑龙江和山东等 4 个省份，*EFFCH*>1 的有河北、山西和江苏等 12 个省份，说明全国大部分省份的技术效率呈上升趋势。对于规模养殖效率，该段时间总共提升了 1.5%，*SECH*<1 的只有山东和四川两个省份，其他大部分省份呈现出规模养殖效率提升或不变的趋势。

对比我国生猪大规模和中规模养殖情况，两者全要素生产率都下降明显。在技术效率方面，两者都呈现出略微上升走势，说明该 10 年间我国生猪的养殖技术有一定提升。另外，两者的规模效率都表现为提升趋势，而纯技术效率呈现相反的趋势，说明这些年我国生猪养殖侧重了生产规模但有所忽视技术的更新和扩散。技术进步方面，由于纯技术效率得不到提高，生猪养殖技术也没有很明显的进步。总的来说该段时间，大规模和中规模的生猪养殖的技术效率和规模效率有略微增长，但全要素生产率、技术进步和纯技术效率下降明显。规模效率增长的结果和《中国畜牧兽医年鉴》中生猪养殖规模化程度逐年增高的结果一致。技术进步下降并不是实质上的技术退步，而是全要素生产率增长不及技术效率增长快，这也说明了生猪的产出增长率不及生猪养殖的投入增长率高。

2002—2012 年我国大规模和中规模生猪养殖 Malmquist 指数变化及其分解见图 5 - 1 和图 5 - 2。在大规模生猪养殖中，2002—2006 年，生猪生产的技术效率和纯技术效率变化指数逐渐增大，整体表现为先效率下降后效率提升的趋势；生猪养殖的技术进步变化指数先减小后增大，表现为前一年技术进步后三年技术退步的趋势；规模效率变化指数波动不大，且一直 SECH＞1，表现为规模效率的持续提升；全要素生产率变化指数同样先减小后增大，表现为前三年效率下降后一年有所提升。2006—2007 年，Malmquist 指数都呈现出减小趋势，其中只有规模效率有 0.1％的提升，其他 4 种效率都表现为下降趋势，而且全要素生产率减小最多，为 26.3％。因为该年生猪突发蓝耳病，造成大量生猪病死减产，以致投入冗余，指数大多指数变小。2007—2009 年，政府出台大量生猪生产支持政策，使生猪生产全要素生产率指数急剧增大，分别由 0.737 增长到 1.166，表现为效率先降低后提升的趋势；同样地，技术进步变化指数也由 0.742 增长到 1.172，表现为先技术退步后技术进步的趋势；其他 3 个变化指数波动并不大。在 2009—2012 年，生猪生产技术效率、纯技术效率和规模效率变化指数在 2009—2010 年这个时段出现拐点，都呈现效率减小的趋势；全要素生产率和技术进步变化指数先减小后增大，整体表现为效率先提升后下降、技术先进步后退步的趋势。

在中规模生猪养殖中，2002—2006 年，Malmquist 所有变化指数呈现增大和减小交替变化的趋势，其中全要素生产率和技术进步变化指数波动尤为剧烈。2003—2004 年出现最小值，所有变化指数都小于 1，表现为效率下降的趋势；2004—2005 年所有指数都有所增长，除规模效率变化指数以外的其他 4 个指数都大于 1，表现为效率提升的趋势。2006—2007 年，与大规模养殖相同，全要素生产率和技术进步变化指数都出现最小值，表现为效率值严重下降的趋势；相反的是，技术效率、纯技术效率和规模效率变化指数有所增大，都呈现效率提升的趋势。2007—2009 年，全要素生产率和技术进步变化指数都有较大幅度的增长，分别从效率下降和技术退步扭转为效率提升和技术进步；纯技术效率一直表现为增长趋势，而技术效率和规模效率都呈现下降的趋势。2009—2012 年，前三年技术先退步明显，由正向增长 16.7％变为负向下降

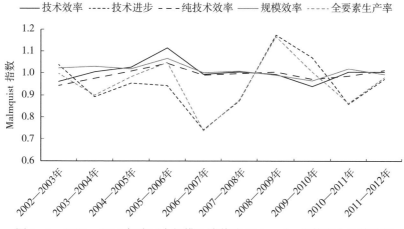

图 5-1 2002—2012 年我国大规模生猪养殖 Malmquist 指数变化及其分解

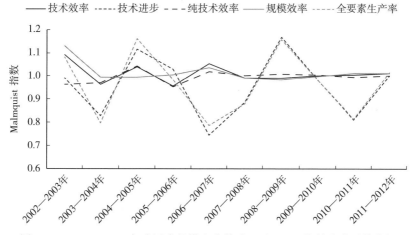

图 5-2 2002—2012 年我国中规模生猪养殖 Malmquist 指数变化及其分解

18.8%；全要素生产率也随之显著下降，幅度为 33.2%；两者最后 1 年又重新有所提升；技术效率变化幅度很小，维持在 1% 左右，对应的纯技术效率和规模效率也并没有显著性的波动。

结合图 5-1 和图 5-2，不难看出一个明显的趋势，即 2002—2012 年，我国大规模和中规模生猪生产的技术效率变化幅度并不大，2007 年后的 5 年基本保持稳定。而全要素生产率和技术进步变化指数呈现同步变化趋势，且变化幅度较技术效率大。这说明生猪产量和生猪投入量之比一直处于一种非平衡的状态，其主要原因在于仔猪价格波动幅度很大，每头价高可达几百元，价低只有几十元；精饲料价格虽然也有波动，但波动幅度较仔猪小。另外，防疫费用也是影响因素之一，每年疫病情况不同，其费用也会有较大的差异。

　　基于倍差法思维，可以针对不同时间和各个省份两个维度就我国生猪补贴政策实施与否进行对比分析。观察表 5 - 3 数据可知，生猪补贴政策实施前后，大规模和中规模生猪养殖的技术效率、规模效率变化指数之差（后减前）都为负值，分别为 -2.99％、-1.93％和 -3.27％、-3.16％。这说明补贴奖励政策对生猪生产的技术效率和规模化养殖起着负效益；反之，其对纯技术效率的提高起着正效益，大规模和中规模生猪养殖分别提升了 0.23％和 1.24％。技术进步方面，尽管大规模和中规模的生猪生产都是技术退步，但大规模抑制技术退步的效果要好于中规模。同样地，大规模和中规模生猪生产的全要素生产率均下降，但大规模抑制效率下降的效果要好于中规模。

表 5 - 3　2002—2011 年我国生猪养殖 Malmquist 指数变化对比情况

年份/处理	大规模					中规模				
	effch	techch	pech	sech	tfpch	effch	techch	pech	sech	tfpch
GEOMEAN（2002—2006 年）	1.019	0.908	0.992	1.028	0.925	1.020	0.932	0.989	1.031	0.951
GEOMEAN（2007—2011 年）	0.989	0.982	0.994	0.995	0.972	1.000	0.963	1.002	0.999	0.963
差额（series）	-0.030	0.075	0.002	-0.033	0.047	-0.019	0.031	0.012	-0.032	0.012
观察组平均	1.007	0.939	0.994	1.012	0.945	1.003	0.955	0.995	1.008	0.957
对照组平均	1.002	0.956	0.986	1.017	0.958	1.022	0.950	0.993	1.029	0.971
差额（panel）	0.005	-0.017	0.009	-0.005	-0.013	-0.019	0.005	0.002	-0.021	-0.014

　　注：观察组取山东、河南、湖北、广东和四川 5 个省份，对照组取山西、内蒙古、海南、甘肃和青海 5 个省份。净效益为生猪调出大县奖励和畜牧标准化养殖补贴政策对观察组的影响。

　　面板数据的差额值可直观体现针对生猪调出大县奖励和畜牧标准化养殖补贴政策的影响。获取较多生猪调出大县奖励金额和畜牧标准化养殖补贴金额的省份（即观察组）相比获取较少或没有获取生猪调出大县奖励金额和畜牧标准化养殖补贴金额的省份（即对照组）而言，不管大规模还是中规模生猪养殖，其全要素生产率和规模效率变化指数的差值都为负数，说明政策对观察组并没有起到正向作用。在技术进步和技术效率方面，政策对大规模和中规模生猪养殖的影响具有差异性。在大规模中，技术效率变化指数的变化为正，技术进步则为负；在中规模中，技术效率变化指数的变化为负，技术进步为正。另外，纯技术效率方面，大规模和中规模生猪生产的该差值都为正数，说明政策对观察组的纯技术效率下降有一定抑制作用。

　　结合两个差值来看，生猪调出大县奖励和畜牧标准化养殖补贴政策整体上促进了生猪养殖纯技术效率的提升，但降低了生猪养殖的规模化效率。纯技术效率的提高说明畜牧标准化养殖补贴可能提高了生猪养殖的管理水平、产仔率或是生猪存活率。规模效率下降则说明可能是生猪调出大县奖励等政策激励了生猪规模的盲目扩张，但并没有提高其效率。

5.2.3 标准化养殖补贴和调出大县奖励政策的效益分析

（1）倍差法介绍。双重差分模型是定量分析公共政策效益或项目实施效果的有效方法。该方法的基本原理是以某项政策实施的时间为界点，分别对实施过该政策的观察组和未实施该政策的对照组进行前后作差对比，然后对观察组和对照组进行作差对比，从而分析该政策对观察组的净效益。

在生猪补贴奖励政策中，生猪调出大县奖励政策的实施标准就是以生猪调出量、出栏量和存栏量作为测算因素，以奖励生猪调出贡献率高的县域。畜牧标准化养殖补贴则是补贴年出栏量大于 500 头的养殖场，以期鼓励标准化、规模化的生猪养殖。因该两项补贴奖励政策具有一定门槛，各省份自 2007 年来所获取的该两项政策扶持力度有较大差异。山东、河南、湖北、广东和四川为生猪养殖大省，有较为优厚的生猪生产支持政策，而山西、内蒙古、海南、甘肃和青海的生猪产能低。本研究以上述山东等 5 个生猪养殖大省作为观察组，以山西、内蒙古、海南、甘肃和青海 5 个省份作为对照组，然后对两者进行双重差分比较，以此探究这两项生猪生产支持政策对我国生猪养殖的影响。具体回归模型如下：

$$Y_{it} = \alpha_0 + \alpha_1 period_{it} + \alpha_2 treat_{it} + \alpha_3 period_{it} \times treat_{it} + \varepsilon_{it} \quad (5-7)$$

Y_{it} 代表 i 省份在 t 时期生猪生产的规模效率变化指数（$SECH$），取自上文测算的对应值。$period$ 和 $treat$ 为虚拟变量，$period$ 在 2002—2006 年取 0，在 2007—2010 年取 1；$treat$ 在对照组中取 0，在观察组中取 1。did 为 $period$ 和 $treat$ 的乘积，ε_{it} 为随机扰动项。在观察组中，$treat_{it}=1$。政策实施前：$Y_{it}=\alpha_0+\alpha_2$；政策实施后：$Y_{it}=\alpha_0+\alpha_1+\alpha_2+\alpha_3$；可知 $\Delta Y_1=\alpha_1+\alpha_3$。在对照组中，$treat_{it}=0$。政策实施前：$Y_{it}=\alpha_0$；政策实施后：$Y_{it}=\alpha_0+\alpha_1$；可知 $\Delta Y_2=\alpha_1$。故 $DID=\Delta Y_1-\Delta Y_2=\alpha_3$，即测度 α_3 就可判断出政策的独立效果了。如果该两项支持政策提高了生猪养殖规模效率，则 α_3 显著为正；如果该两项政策降低了生猪养殖规模效率，则 α_3 显著为负；政策效果不明显，则 α_3 不显著。为了进一步考察生猪调出大县奖励和畜牧标准化养殖补贴政策对其生产效率的影响，在此采用线性回归模型分析该两项政策对 Malmquist 指数中 $SECH$ 的影响程度，故构建模型如下：

$$Y_{it} = \alpha_0 + \alpha_1 period_{it} + \alpha_2 treat_{it} + \alpha_3 did + \beta_1 pig_{it} + \beta_2 feed_{it} +$$
$$\beta_3 labor_{it} + \beta_4 gdp_{it} + \beta_5 medicine_{it} + \beta_6 time_{it} + \varepsilon_{it} \quad (5-8)$$

其中变量 pig、$feed$、$labor$、gdp 和 $medicine$ 分别代表仔猪费用

（元/头）、精饲料费用（元/头）、劳动时间（天/头）、该省 GDP 指数（取自国家统计年鉴）和防疫费用（元/头），涉及价格费用的数据一律进行价格平减以去除价格因素，然后将较大的数据列取对数以减少异方差影响。*time* 表示时间趋势，2002—2011 年依次赋值 0 至 9。在回归分析中，文章数据取自 2002—2011 年的《全国农产品成本收益资料汇编》。对面板数据进行回归分析，为了追求结果的准确性和真实性，需要进行以下几步处理。首先，为了避免伪回归，要对数据的平稳性进行检验。检验数据平稳性的方法主要是单位根检验，常见有 LLC、IPS、Breintung、ADF - Fisher 和 PP - Fisher 等方法。结果存在单位根的话，需要对该序列进行差分再检验，直至序列平稳为止。其次，如果单位根检验的结果发现变量间是同阶单整的，那么就要进行协整检验，主要采用的是 Pedroni、Kao、Johansen 的方法。如果是非同阶单整的，可合理修正模型。最后，选择合适的面板模型。一般先采用 F 检验选定用混合模型还是固定效应模型，然后用 Hausman 检验确定应该用随机效应模型还是固定效应模型。

（2）结果分析。数据存在截面异方差和同期相关性，回归采用似不相关回归（Cross Section SUR）估计方法，在 DID 模型基础上验证该两项政策对生猪养殖规模效率的影响。通过分析表 5 - 4 的检验结果可发现，大规模生猪养殖中，除 *DID* 以外的所用变量在 $\alpha = 0.01$ 的水平下都对规模效率变化指数 *SECH* 有显著影响，分别表现为 *PIG*、*FEED*、*LABOR*、*GDP* 和 *MEDICINE* 越高，生猪生产的规模效率变化指数越大；生猪调出大县奖励和畜牧标准化养殖补贴对生猪养殖的规模效率呈现负向影响；*TIME* 则说明大规模生猪养殖的规模效率在下降。在中规模生猪养殖中，*PIG*、*LABOR*、*GDP* 和 *TIME* 在 $\alpha = 0.01$ 的水平下通过了显著性检验，分别说明仔猪费用越高，中规模生猪养殖的规模效率越低；劳动时间越长，规模效率越高；*GDP* 的增长有利于生猪生产的规模效率的提高；中规模生猪养殖效率整体呈现下降趋势。另外，*TREAT* 在 $\alpha = 0.1$ 的水平下通过了显著性水平检验，但是 *PERIOD* 影响并不显著，说明生猪调出大县奖励和畜牧标准化养殖补贴对中规模生猪养殖的规模效率影响并不显著。

表 5 - 4　政策实施效果检验（DID 法）

变量	大规模				中规模			
	参数	标准误	*T* 值	*P* 值	参数	标准误	*T* 值	*P* 值
PIG	0.094	0.002	41.782	0.000	−0.150	0.012	−12.417	0.000
FEED	0.030	0.005	6.539	0.000	−0.014	0.020	−0.740	0.461
LABOR	0.020	0.000	65.979	0.000	0.012	0.002	5.747	0.000

（续）

变量	大规模				中规模			
	参数	标准误	T值	P值	参数	标准误	T值	P值
GDP	0.290	0.005	56.755	0.000	0.675	0.031	21.729	0.000
MEDICINE	0.085	0.002	42.285	0.000	−0.010	0.025	−0.395	0.694
TREAT	−0.017	0.000	−53.090	0.000	0.032	0.017	1.822	0.072
PERIOD	−0.010	0.003	−3.094	0.003	0.019	0.013	1.497	0.138
DID	−0.001	0.001	−1.546	0.126	−0.002	0.002	−0.819	0.415
TIME	−0.014	0.000	−43.488	0.000	−0.025	0.009	−2.651	0.010
R^2	0.983				0.839			

注：规模效率指数为变化值，不等于规模效率，此处正负影响只是变化指数的增大与减小，不是规模效率直接的提升与降低。

综合分析可知，仔猪费用、精饲料费用和防疫费用投入的多少对不同规模生猪养殖的规模效率影响是有显著性差异的，投入越多，大规模生猪养殖规模效率越大，中规模则反之。这说明大规模生猪养殖正处于规模报酬递增的状态，而中规模生猪养殖正处于规模报酬递减的状态。大规模和中规模生猪养殖的劳动力投入欠缺，均未达到最优的水平。生猪补贴政策降低了大规模生猪养殖的规模效率，对中规模生猪养殖的规模效率影响不显著。另外，大规模和中规模生猪养猪的规模效率变化指数有逐年下降趋势。

5.2.4 总结

2002—2012 年，大、中规模的生猪养殖的技术效率和规模效率总体而言略微增长，但全要素生产率、技术进步和纯技术效率下降明显。其次，在时间序列上，大规模和中规模生猪生产的技术效率变化指数波动幅度并不大，但是全要素生产率和技术进步变化指数波动幅度大，且两者呈现出同步变化趋势。再者，生猪调出大县奖励和畜牧标准化养殖补贴政策降低了生猪养殖的规模化效率。进一步研究发现，仔猪费用、精饲料费用和防疫费用投入的多少对不同规模生猪养殖的规模效率影响是有显著性差异的。大规模和中规模生猪养殖的劳动力投入欠缺，均未达到最优的水平。生猪补贴政策降低了大规模生猪养殖的规模效率，对中规模生猪养殖的规模效率影响不显著。另外，大规模和中规模生猪养殖的规模效率变化指数有逐年下降趋势。

进一步，研究表明尽管 2002—2012 年我国大规模和中规模生猪养殖的规模效率整体有所提高，但是生猪补贴政策对生猪养殖规模效率并没有明显的促进作用，而呈现出负向影响。原因可能在于以下几个方面：其一，接受生猪补贴奖励政策的对象一般为具有一定规模的养殖户，虽然补贴奖励资金在一定程度上能激励他们扩建生产，但是这些资金相比庞大的生猪生产成本而言无疑是杯水车薪，无法从根本上改变规模养殖户的生产技术。其二，生猪补贴奖励政策也存在局部实施不到位的情况，对生猪支持政策不够重视。其三，补贴政策在一定程度增加了生猪供给而未能得到及时的调控，反而加剧了生猪市场的波动，从而影响规模养殖效率。其四，生猪市场波动频繁，补贴申请过程复杂、资金发放不及时致使调控效果紊乱。故笔者认为，生猪补贴政策不足以提高生猪养殖的规模效率，也难以保障生猪良好供给以及平抑生猪价格剧烈波动的猪周期现象。未来我国应着眼于提高生猪养殖的生产技术，优化生产条件，改善管理措施，从根本上提升生猪的产仔率、成活率和出肉率。

5.3 价格波动、补贴政策与农户福利——基于生猪主产区省际面板数据的实证研究[①]

5.3.1 研究背景和研究动机

价格波动是生猪市场常见的经济现象，"价高伤民，价贱伤农"的猪周期现象显著地影响着生猪养殖户和猪肉消费者的生活福利。2014—2017年生猪价格持续上升后，2018年初生猪价格开始逐渐走低。2018年爆发的非洲猪瘟更使得生猪价格屡创新高，而后迅速下跌。2016年5月，生猪出栏价格高至21元/千克，过高的猪肉价格对消费者造成了较大的冲击；2018年5月，生猪价格低至10元/千克，猪粮比价为4.6∶1，远低于6∶1的盈亏平衡点，过低的生猪价格明显损害了养殖户利益。那么，充当生产者和消费者双重身份的生猪养殖农户，其福利水平会受到生猪价格波动怎样的影响？是如何影响的？鉴于此，本节引入福利经济学理论，就生猪价格波动和生猪补贴政策对农户福利的影响展开研究。

生猪价格波动受多重因素影响，如生猪供求、金融环境、国际市场、社会演进、政策制度、社会行为等。已有研究侧重于生猪供求关系，而供求因素中仔猪和饲料等生产成本是生猪价格波动最主要的因素。当前，在农产品价格波动对农户福利影响的研究中，学者们主要集中在粮食价格波动的影响，也有少数对小麦、蔬菜、玉米和鸡蛋的研究。研究表明，粮食和蔬菜生产价格的提升有利于农户生产福利的提升，但消费价格的提升不利于消费福利的提升。进一步发现，粮食价格波动对居民福利的影响存在省级差异，主产区和主销区的总福利反向变化，而且粮食价格波动对居民福利的影响在城乡居民间和不同收入群体间也是非均衡的。另外，鸡蛋价格的上升不利于居民消费福利的提高，大

---

① 本节内容主要来源于：李小刚. 中国生猪补贴政策及其评价研究 [D]. 武汉：华中农业大学，2019，导师：熊涛。

豆价格波动甚至会导致农户整体福利的恶化。在农业生产支持政策对农户福利的影响方面,学者们也展开了相关研究,结果发现粮食价格稳定政策能促进农户福利的增加。

虽然,已有学者就生猪价格波动和储备肉政策对农户福利的影响进行了有益的探讨,但是,基于省际面板数据,就生猪价格波动和生猪补贴政策对农户福利的影响研究还不多见。在省际层面,生猪价格波动对农户福利的影响具有怎样的差异性?表现出怎样的区域特征?生猪补贴政策自 2007 年实施以来,该政策对农户福利是否产生了明显的影响?区域间是否存在明显的差异性?以上这些问题的解决有利于科学地评估生猪补贴政策和正确地把握生猪价格波动的影响。因此,本节基于 2000—2016 年的 12 个主产区省份的面板数据,分析生猪生产价格、消费价格波动和生猪补贴政策对农户长短期生产福利和消费福利的影响,并揭示各省份农户福利影响的结构性差异,进而根据分析结果提供切实可行的政策建议。

5.3.2 方法与数据

支付意愿、补偿变量和等价收入等方法是研究价格波动对福利影响的常见思路,本节对生猪价格波动与农户福利关系的研究遵循 Minot 和 Goletti 的补偿变量法展开。因为农户充当着生产者和消费者双重身份,故需要同时研究他们的生产福利和消费福利水平,综合评估价格波动对其总福利的影响。

(1)消费福利的测定。补偿变量遵循福利经济学中的补偿原则,是指农户为了保持价格变化前的效益水平而在价格变动后所需要额外支付的费用,可将变量表示为:

$$CV_{it} = e(p_{it}, u_{i0}) - e(p_{i0}, u_{i0}) \qquad (5-9)$$

其中 CV_{it} 为 i 省份在 t 时期消费者支出的变化值,$e(x)$ 为消费支出函数,p_{it} 指 i 省份 t 时期猪肉的零售价格,p_{i0} 指 i 省份价格波动前猪肉的零售价格,u_{i0} 为 i 省份基期效益水平。将以上二级泰勒级数展开,再运用 Shephard 引理,得到猪肉价格变化的消费福利效益:

$$\frac{CV_{it}}{x_{i0}} = CR_{it} \frac{\Delta p_{it}^c}{p_{i0}^c} + \frac{1}{2} \varepsilon_{it}^h CR_{it} \left(\frac{\Delta p_{it}^c}{p_{i0}^c} \right)^2 \qquad (5-10)$$

CR_{it} 表示 i 省份 t 时期猪肉的消费支出与总支出之间的比值,x_{i0} 表示 i 省份农户基期收入水平,p_{i0}^c 表示 i 省份价格波动前猪肉出售价格,Δp_{it}^c 表示 i 省份猪肉出售价格的波动差值,ε_{it}^h 表示 i 省份生猪的希克斯需求弹性。

(2)生产福利的测定。同理,令投入价格 ω_{i0} 和固定因子 z_{i0} 不变,价格变动对生产者利润的影响则为:

$$\Delta x_{it} = \pi(p_{it}, \omega_{i0}, z_{i0}) - \pi(p_{i0}, \omega_{i0}, z_{i0}) \qquad (5-11)$$

其中 Δx_{it} 为基期到 t 时期的农户收入变化,$\pi(p_{it}, \omega_{i0}, z_{i0})$ 表示生产价格变动到 p_{it} 时的利润方程。经过类似消费福利的推演,得到生猪价格变化的生产福利效益：

$$\frac{\Delta x_{it}}{x_{i0}} = PR_{it} \frac{\Delta p_{it}^s}{p_{i0}^s} + \frac{1}{2} \varepsilon_{it}^s PR_{it} \left(\frac{\Delta p_{it}^s}{p_{i0}^s} \right)^2 \qquad (5-12)$$

对应地，PR_{it} 表示 i 省份 t 时期生猪的生产价值与总收入之间的比值，p_{i0}^s 表示 i 省份价格波动前生猪生产价格，Δp_{it}^s 表示 i 省份生产价格波动差值，ε_{it}^s 表示生猪的供给价格弹性。

（3）长短期总福利的测定。总福利效益函数即为消费者福利与生产者福利之和，表示为：

$$\frac{\Delta \omega_{it}^2}{x_{i0}} = \frac{\Delta x_{it}}{x_{i0}} + \frac{CV_{it}}{x_{i0}} = PR_{it} \frac{\Delta p_{it}^s}{p_{i0}^s} + \frac{1}{2} \varepsilon_{it}^2 PR_{it} \left(\frac{\Delta p_{it}^s}{p_{i0}^s} \right)^2$$
$$- CR_{it} \frac{\Delta p_{it}^c}{p_{i0}^c} - \frac{1}{2} \varepsilon_{it}^h CR_{it} \left(\frac{\Delta p_{it}^c}{p_{i0}^c} \right)^2 \qquad (5-13)$$

式中 $\Delta \omega_{it}^2 = \Delta x_{it} - CV_{it}$ 为 i 省份 t 时期生猪净利润效益的二阶近似取值，即为长期总福利效益。而当 $\varepsilon_{it}^s = \varepsilon_{it}^h = 0$ 时，可以得到生猪价格波动的农户短期总福利，即为：

$$\frac{\Delta \omega_{it}^1}{x_{i0}} = PR_{it} \frac{\Delta p_{it}^s}{p_{i0}^s} - CR_{it} \frac{\Delta p_{it}^c}{p_{i0}^c} \qquad (5-14)$$

式中 $\Delta \omega_{it}^1 = \Delta x_{it} - CV_{it}$ 为 i 省份 t 时期生猪净利润效益的一阶近似取值。生猪的希克斯需求价格弹性 ε_{it}^h 难以估计，可通过生猪的需求价格弹性 E_{it} 和收入弹性 η_{it} 之间的关系计算得出，其计算公式为：

$$\varepsilon_{it}^h = E_{it} + CR_{it} \eta_{it} \qquad (5-15)$$

（4）数据处理。数据主要来源于 2001—2017 年《中国统计年鉴》《全国农产品成本收益资料汇编》《中国畜牧业年鉴》及各省份《统计年鉴》和相应的部分《调查年鉴》，以及中华人民共和国统计局等。其中，农村居民人均纯收入和消费支出、生猪销售价格和猪肉消费价格等分别用各省份各年的农村 CPI 进行平减，测算生猪供给价格弹性的仔猪费和饲料费等数据分别用各省份各年的农业生产资料价格指数进行平减，以此剔除价格因素的影响。在主产省份的定位方面，选取近些年生猪年出栏量超过 2 500 万头的省份，这些省份的农户福利效益更加显著和具有代表性。综合数据的可得性，故选取河北、辽宁、江苏、安徽、山东、河南、湖北、湖南、广东、广西、四川和云南等 12 个省份，实证过程使用 Eviews8.0 进行计量分析。涉及的相关指标计算过程如下：

$$\frac{\Delta p_{it}^s}{p_{i0}^s} = \frac{\text{该年生猪生产价格} - \text{上一年生猪生产价格}}{\text{上一年生猪生产价格}} \times 100\% \quad (5-16)$$

$$\frac{\Delta p_{it}^c}{p_{i0}^c} = \frac{\text{该年猪肉消费价格} - \text{上一年猪肉消费价格}}{\text{上一年猪肉消费价格}} \times 100\% \quad (5-17)$$

$$CR_{it} = \frac{\text{农村居民家庭人均猪肉消费量} \times \text{猪肉销售价格}}{\text{农村居民家庭人均消费支出}} \times 100\% \quad (5-18)$$

$$PR_{it} = \frac{\text{农村居民家庭人均生猪出售量} \times \text{生猪生产价格}}{\text{农村居民家庭人均纯收入消费支出}} \times 100\% \quad (5-19)$$

由于无法直接获取农村居民家庭人均生猪出售量的数据,所以此数据通过以下方式换算得出。其中生猪产肉率精确计算至各省份各年,生猪平均重量取的是散养户数据,以更加契合农户情况,使分析结果更加准确。

$$\frac{\text{农村居民家庭人均猪肉出售量}}{\text{农村居民家庭人均生猪出售量}} = \text{生猪产肉率}$$

$$= \frac{\text{猪肉产量}}{\text{生猪出栏量} \times \text{生猪平均重量}} \quad (5-20)$$

5.3.3　参数估计

测算生猪养殖农户的福利效益之前,需要先估计出生猪供给的价格弹性 ε_{it}^s、需求价格弹性 E_{it} 和收入弹性 η_{it}。本研究主要采用 2001—2016 年主产区 12 个生猪养殖省份的面板数据进行实证分析。

(1) 面板数据检验。对面板数据进行分析,为了避免伪回归,首先要对数据的平稳性进行检验。本研究采用同根 LLC(Levin-Lin-Chu)和异根 ADF-Fisher 等单位根检验方法。如果两种检验均拒绝原假设则说明该序列平稳,反之则不平稳。结果存在单位根的话,需要对该序列进行差分再检验,直至序列平稳为止。其次,如果单位根检验的结果发现变量间是同阶单整的,那么就要进行协整检验,主要采用的是 Pedroni、Kao、Johansen 的方法,协整检验通过则可进行回归。如果是非同阶单整的,可将高阶单整序列进行差分或取对数,合理修正模型至序列都平稳后再回归分析。最后检验结果表明,供给函数中所有变量为零阶单整,表现为平稳。需求函数中,$\ln PorkP_{it}$ 为非平稳,一阶差分后平稳,其他序列平稳,且各变量通过了协整检验。

(2) 供给弹性估计。本研究采用柯布-道格拉斯生产函数的双对数模型进行生猪价格供给弹性的测算。在生猪产业中,能繁母猪存栏量、仔猪和饲料的费用等因素直接影响生猪的产量。故设定生猪供给函数如下:

$$\begin{aligned}\ln Q_{it} = {} & \beta_0 + \beta_1 \ln SowS_{it} + \beta_2 \ln HogP_{it} + \beta_3 \ln PigletP_{it} \\ & + \beta_4 \ln FeedP_{it} + \varepsilon_{it}\end{aligned} \quad (5-21)$$

其中,Q_{it} 表示 i 省份 t 时期生猪出栏量(万头),$SowS_{it}$ 表示能繁母猪存栏量(万头),$HogP_{it}$ 表示生猪生产价格(元/千克),由于生猪生产周期较长以及农户决策信息的滞后性,能繁母猪存栏量和生猪生产价格在回归时都取上一年数据。$PigletP_{it}$ 表示仔猪费用(元/头),$FeedP_{it}$ 表示精饲料费用(元/头),以上两个变量的数据取自散养户。β_0 为常数项,β_1、β_2、β_3、β_4 为变量系数,ε_{it} 为残差项。在估计供给弹性之前,需要选择合适的面板模型。一般先采用 F 检验选定用混合模型还是固定效应模型,然后用 Hausman 检验确定应该用随机效应模型还是固定效应模型。检验结果如下:

F 检验：$F_2 = 62.833$，$F_{0.05}(55, 132) = 1.42$，$F_2 > F_{0.05}(55, 132)$，拒绝 H_2，不能选混合模型；$F_1 = 2.887$，$F_{0.05}(44, 132) = 1.47$，$F_1 > F_{0.05}(55, 132)$，拒绝 H_1，选择变系数模型。

Hansman 检验：P 值为 0.037，Chi - sq. 统计量为 10.204，在 0.05 的水平下拒绝 H_0，选择固定效应。所以，为了更好地测算生猪供给价格弹性，选取截面变系数固定效应模型较为合适。

$$\ln Q_{it} = 5.188\ 9 + 0.419\ 8\ln SowS_{it} + \beta_2\ln HogP_{it} - 0.037\ 2\ln PigletP_{it} + 0.113\ 7\ln FeedP_{it}$$
$$\quad (18.830)^{***} \qquad (7.638)^{***} \qquad (-2.178)^{**} \qquad (3.651)^{***}$$

$$(5 - 22)$$

其中，$R^2 = 0.968$，$\overline{R^2} = 0.977$，$F = 265.488$，$DW = 1.259$。

回归方程拟合度较好，加权后的 $\overline{R^2}$ 为 0.977。式中 ∗∗、∗∗∗ 分别代表为 0.05 和 0.01 的显著性水平。回归系数方面，母猪存栏、仔猪价格和饲料价格都通过了显著性检验，母猪存栏量和饲料投入增加 10% 时，生猪供给量分别会增加 4.20% 和 1.14%，说明母猪存栏量和饲料投入对生猪供给都有着正向作用。另外，仔猪价格增加 10% 时，生猪供给量则会减少 0.38%，说明仔猪价格过高会抑制农户扩大生猪的养殖规模。各省份生猪供给弹性系数见表 5-5。

表 5-5　主产区农村居民生猪供给弹性

省份	系数	标准误	T 统计量	P 值	结果
河北	0.028	0.095	0.297	0.767	不显著
辽宁	0.186	0.097	1.927	0.056	0.1 水平显著
江苏	−0.025	0.053	−0.458	0.648	不显著
安徽	0.260	0.051	5.130	0.000	0.01 水平显著
山东	0.226	0.073	3.093	0.002	0.01 水平显著
河南	0.152	0.070	2.162	0.032	0.05 水平显著
湖北	0.139	0.083	1.676	0.096	0.1 水平显著
湖南	−0.208	0.079	−2.618	0.010	0.01 水平显著
广东	−0.217	0.096	−2.259	0.025	0.05 水平显著
广西	0.351	0.059	5.975	0.000	0.01 水平显著
四川	0.100	0.048	2.065	0.041	0.05 水平显著
云南	0.235	0.071	3.332	0.001	0.01 水平显著

（3）需求弹性和收入弹性估计。构建农村居民人均猪肉需求函数如下：

$$\ln D_{it} = \gamma_0 + \gamma_1\ln PorkP_{it} + \gamma_2\ln PerI_{it} + \mu_{it} \qquad (5 - 23)$$

其中，D_{it} 表示 i 省份 t 时期农村居民家庭的人均猪肉消费量（千克），$PorkP_{it}$ 表示猪肉的销售价格（元），$PerI_{it}$ 表示农村居民家庭的人均收入（元），Pou-

M_{it} 表示农村居民人均禽肉消费量（千克），$RurP_{it}$ 表示农村人口数（口），γ_0 为常数项，γ_1、γ_2、γ_3、γ_4 为变量系数，μ_{it} 为残差项。同理检验，结果表明：

F 检验：$F_2 = 35.132$，$F_{0.05}(55, 132) = 1.42$，$F_2 > F_{0.05}(55, 132)$，拒绝 H_2，不能选混合模型；$F_1 = 0.185$，$F_{0.05}(44, 132) = 1.47$，$F_1 > F_{0.05}(44, 132)$，接收 H_1，选择变截距模型。

Hansman 检验：P 值为 0.085，Chi-sq. 统计量为 6.198，在 0.1 的水平下拒绝 H_0，选择固定效应。所以，为了更好地测算生猪供给价格弹性，选取截面变截距固定效应模型较为合适。

$$\ln D_{it} = 0.545\ 5 - 0.153\ 1\ln PorkP_{it} + 0.256\ 4\ln PerI_{it} \quad (5-24)$$
$$(2.699)^{***} \qquad (-2.566)^{**} \qquad (10.652)^{***}$$

其中，$R^2 = 0.933$，$\overline{R^2} = 0.955$，$F = 205.691$，$DW = 0.758$。

回归方程拟合度较好，加权后的 $\overline{R^2}$ 为 0.955。式中 $***$ 分别代表为 0.01 的显著性水平。从系数来看，主产区农村居民的猪肉需求价格弹性为 -0.153，收入弹性为 0.256。具体地，各系数分别表示为：猪肉价格每上涨 10%，猪肉消费量会下降 1.53%，说明农村居民对猪肉价格还是比较敏感；农村居民人均收入上升 10%，猪肉消费量会增加 2.56%，说明农村居民的低收入影响了他们对猪肉的消费量。

5.3.4　实证分析

（1）净收益率 NBR 的测算分析。根据前文相关公式，先计算出生猪主产区各省份农户猪肉消费支出占总支出之比（CR）和生猪主产区各省份农户生猪生产总值占总收入之比（PR），然后由 $NBR = PR - CR$ 计算出净收益率（NBR）。计算结果如图 5-3、图 5-4、图 5-5 所示。

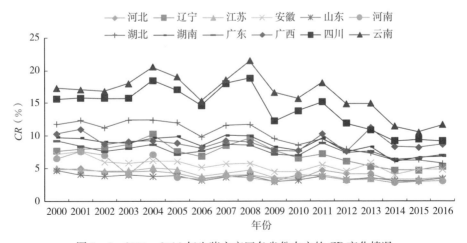

图 5-3　2000—2016 年生猪主产区各省份农户的 CR 变化情况

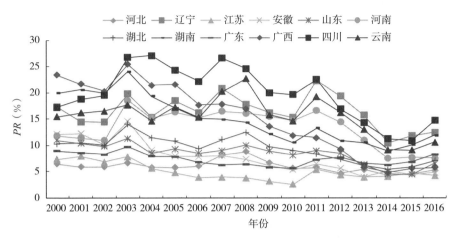

图 5-4 2000—2016 年生猪主产区各省份农户的 PR 变化情况

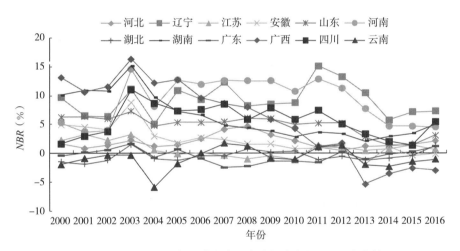

图 5-5 2000—2016 年生猪主产区各省份农户的 NBR 变化情况

生猪主产区各省份农户的 CR 总体呈现出略微下降的趋势，其中 2016 年较 2000 年平均下降了 30% 以上。除了云南、四川和湖北 CR 较高外，其他各省份 CR 大体维持在 3%～10%。这说明在农户猪肉消费量变化不大的情况下，各省份农户总消费支出增长速率高于猪肉价格的增长速率。原因在于农户居民的物质生活水平不断提升，在基础生理消费外的领域消费比例有所增加。横向对比来看，四川和云南等省份 CR 高于 10%，主要原因是西部地区的经济水平较低，生活消费不足。纵向对比来看，CR 在 2003 年、2006 年和 2009 年出现低谷，直接原因可能是 2003 年"非典"、2006 年大规模的生猪蓝耳病和 2009年生猪口蹄病等显著影响了生猪的供给量，进而影响了农户对猪肉的消费。

生猪主产区各省份农户的 PR 总体同样呈现出下降趋势，2016 年较 2000 年平均下降了 35% 以上，其中安徽和广西下降最大，分别为 60.85% 和 75.48%。另外，各省份 PR 大多维持在 5%～20%，省际差异较大。各省份农户人均生猪出售量并没有显著减少，而且生猪价格甚至还有上升的趋势，原因主要在于农户收入随着经济快速发展日益增加，且总收入增加的速率高于生猪养殖收益的增加速率。横向对比来看，四川和云南等西南部省份 PR 较高，维持在 18% 上下；河北、广东和江苏等经济水平较高的省份 PR 较低，维持在 6% 上下。纵向对比来看，各省份 PR 在 2003—2004 年、2007—2008 年和 2010—2011 年有所增加，直接原因在于农户生猪供给量和猪周期引起的生猪价格波动，间接来看是由于 2003 年的防疫和 2007 年系列生猪生产支持政策的实施。

NBR 方面，总体上并没有明显的规律，而且省际差异性较大。大部分省份的 NBR 大于 0，表现为生猪的净输出；少部分省份的 NBR 小于 0，表现为生猪的净消耗。生猪养殖省份出现农户净消耗猪肉的现象，可能原因在于农户散养较少，中大型规模化养殖程度较高。横向对比来看，NBR 较高的省份有辽宁、河南和湖南等，NBR 较低的省份有云南和广东等。另外，广西 NBR 变化较大，从 2000 年的净收益 13.14% 变为 2016 年的净消耗 2.43%，说明广西农户生猪养殖效益在逐渐下降。纵向对比来看，在 2000—2003 年，所有省份 NBR 出现同步上升的趋势；2003 年非典疫情致使各省份在 2004 年 NBR 同步下降；2005—2010 年，各省份农户 NBR 并没有规律性的变化，差异较大；2011—2014 年各省份 NBR 又出现同步下降的趋势，主要原因在于各省份农户生猪养殖效益的提升。

（2）农户福利的测算分析。基于 CR、PR 和弹性估计的测算结果，分别将各省份 PR 和生猪供给价格弹性 ε_{it}^s 代入生产福利模型，计算出长期和短期的农户生产福利；再通过需求价格弹性 E_{it} 和收入弹性 η_{it} 求出希克斯需求价格弹性，同各省份 CR 代入消费福利模型，计算出长期和短期的农户消费福利；最后综合生产福利效益和消费福利效益，算出各省份每年的总福利效益。需要说明的是，测算生猪供给价格弹性时河北和江苏结果不显著，故最后只针对剩下的 10 个生猪养殖省份进行分析。根据福利效益的测算结果，可以得出以下结论。

各省份的福利变化走势趋同，但生产福利和消费福利呈现出反向交错变化，且也有个别省份在变化走势上存在差异性。主产区 10 个省份每年变化走势总体一致，而且都是农户生产福利上升时消费福利下降，生产福利下降时消费福利上升。具体表现为：2001 年、2003—2004 年、2007—2008 年、2011 年、2015—2016 年等农户生产福利都上升，而 2002 年、2005—2006 年、2009—2010 年、2012—2014 年等农户生产福利都下降，其中 2007 年生产福利上升最多。反之，这些年份消费福利变化都相反，其中 2007 年下降最为突出。以辽宁和安徽为例，福利变化方向趋同，只是水平具有一定的差异性。2007 年，辽宁农户长短期生产福利水平分别上升了 13.64％和 13.03％，消费福利水平分别下降了 7.09％和 4.58％；安徽长短期生产福利水平分别上升了 4.53％和 4.34％，消费福利水平分别下降了 3.24％和 2.51％（图 5-6、图 5-7）。这说明主产区各省份生猪产业交错紧密，有较好的货源调出和调进渠道，以致农户的福利水平变化没有很明显的省际差异。在短期农户生猪供给量和猪肉消费

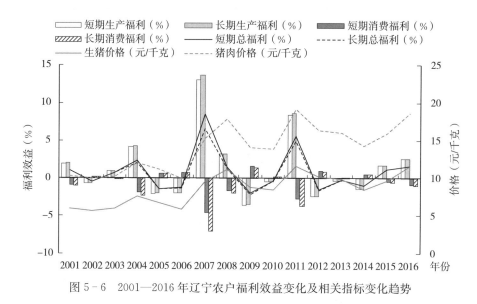

图 5-6　2001—2016 年辽宁农户福利效益变化及相关指标变化趋势

图 5-7　2001—2016 年安徽农户福利效益变化和相关指标变化趋势

量没有较大变化的情况下，生猪和猪肉价格的波动对农户福利的影响占主导地位，生猪价格越高，生产福利就会有所提高，对应的猪肉价格也会提高，消费福利就会损耗，所以会呈现出反向交错变化。不过，2001—2002 年个别省份也存在较小的差异性。2001 年，广东、广西和云南表现为生产福利效益下降，消费福利上升；2002 年，广西、四川和云南表现为生产福利效益上升，消费福利下降，这些同大多数省份有一定差异性。原因在于 2001—2002 年这些省份生猪供给量波动较大，生猪和猪肉价格的波动方向和其他省份不同。

生猪价格正向影响生产福利，而猪肉价格负向影响消费福利，价格的波动不利于农户福利的稳定，而且大部分省份农户生产福利主导着总福利的变化。综合对比各省份福利效益变化趋势，不难发现，生猪生产价格上升时，农户所获得的生产福利就增加，生猪生产价格下降时，农户所获得的生产福利就减少。以山东为例，2014—2016 年山东生猪价格持续上升，从 8.80 元/千克到 12.10 元/千克，对应的短期生产福利水平也提高了 1.95%（图 5-8）。其次，当猪肉价格上升时，各省份农户的消费福利损失越大，当猪肉价格下降时，农户的消费福利损失越小。以河南为例，2006—2008 年，生猪蓝耳病严重影响到了生猪的供给量，所以猪肉价格从 10.43 元/千克上升到 18.49 元/千克，对应的农户短期消费福利下降了 2.57%（图 5-9）。在总福利方面，虽说总福利受生产福利和消费福利双重作用影响，但是绝大多数省份的农户更多的是承担着生猪净产出的任务，消费福利变化不及生产福利变化快，从而使得生产福利变化主导着总福利变化，辽宁、安徽和山东等可以很好地说明其协同变化的规律。但是，2007—2011 年存在相反的情况，如广东和云南等，2007 年，广东长期消费福利变化率是长期生产福利变化率的 1.20 倍，云南为 1.48 倍，2008 年，广东为 2.51 倍，云南为 1.58 倍，表现为长期消费福利效益变化主导着总福利效益变化。

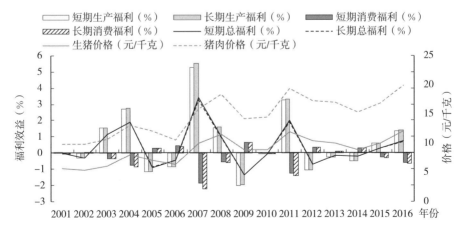

图 5-8 2001—2016 年山东农户福利效益变化和相关指标变化趋势

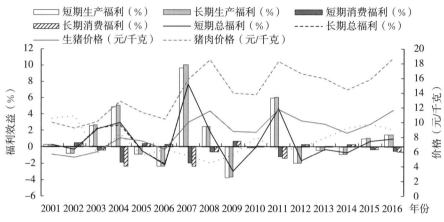

图 5 - 9　2001—2016 年河南农户福利效益变化和相关指标变化趋势

生产和消费的长期福利效益变化率都大于短期福利效益变化率，且消费福利长期和短期效益变化率的差值要大于生产福利，但总福利的长期效益变化率却小于短期效益变化率。长期福利效益表示的是生猪相关价格变化对农户福利的长期影响，短期福利效益则是生猪相关价格变化对农户福利当期的影响。对比各省份长短期生产福利、消费福利和总福利的变化值，可发现，所有省份农户的长期福利效益变化都大于短期福利效益变化。以湖北、湖南和广东为例，生产福利效益的长期变化值分别平均比短期变化值高出 0.04％、0.05％和 0.02％。其中 2007 年长短期差异最为显著，湖北高出 0.29％，湖南高出 0.36％，广东高出 0.13％。在消费福利变化值方面，湖北、湖南和广东消费福利效益长期变化值分别平均比短期变化值高出 0.45％、0.36％和 0.19％。其中同样以 2007 年变化差异最为显著，湖北长期福利损耗比短期福利损耗高出 3.80％，湖南高出 2.91％，广东高出 1.02％。由以上数据可看出，长期消费福利损耗变化与短期消费福利损耗变化之间的差值要大于长期生产福利效益变化与短期生产福利效益变化之间的差值。此外也有相反的规律，即湖北、湖南和广东总福利效益的短期变化值分别平均比长期变化值高出 0.42％、0.31％和 0.17％，表现为总福利的短期效益变化大于长期效益变化（图 5 - 10 至图 5 - 12）。

猪肉价格明显影响着农户猪肉消费量，尽管猪肉消费量呈现增长的趋势，但其对农户消费福利变化的直接影响并不大。对于各省份收入水平相对低下的农户，其消费水平并不是很高，以至于各省份农户对猪肉的消费量明显受控于猪肉价格的波动。以广西为例，受到 2003 年非典疫情和 2007 年生猪疫病的影响，2004 年和 2008 年猪肉价格出现了两个峰值，分别为 13.49 元/千克和 19.45 元/千克，相应的农户猪肉消费量出现两个低谷，分别为 12.57 千克和

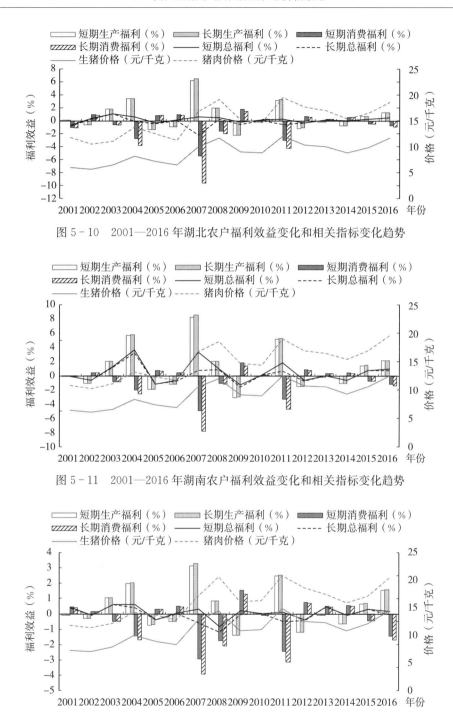

图 5-10 2001—2016 年湖北农户福利效益变化和相关指标变化趋势

图 5-11 2001—2016 年湖南农户福利效益变化和相关指标变化趋势

图 5-12 2001—2016 年广东农户福利效益变化和相关指标变化趋势

11.06 千克，其他时间段也可看出两者反向的变化趋势（图 5 - 13）。另外，从农户人均猪肉消费量的变化趋势也可看出，各省份农户人均猪肉消费量整体上呈现增加的趋势。以四川和云南为例，2016 年较 2001 年分别增长 9.28% 和15.07%，其他各省份也有不同程度的增加，但是这种消费量增加并没有明显影响各省份农户的消费福利效益变化。2001—2005 年，四川农户猪肉消费量在不断增加，但是消费福利却在 2004 年效益变化最大；2006—2007 年云南农户猪肉消费量呈现减少趋势，但是相应的猪肉消费福利损失更大（图 5 - 14、图 5 - 15）。主要原因是猪肉价格波动对消费福利效益的影响大于 CR 的变化率，由此看出，稳定猪肉价格可以有效稳定农户猪肉消费福利变化。

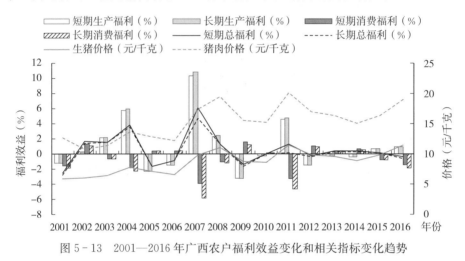

图 5 - 13   2001—2016 年广西农户福利效益变化和相关指标变化趋势

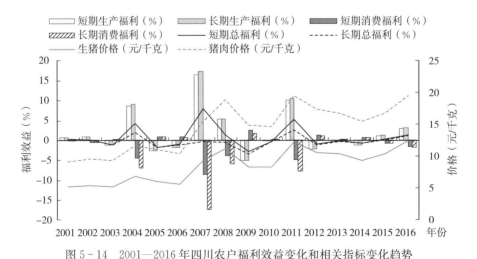

图 5 - 14   2001—2016 年四川农户福利效益变化和相关指标变化趋势

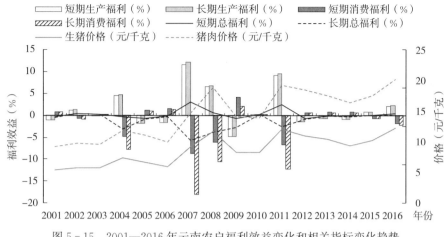

图 5 - 15 2001—2016 年云南农户福利效益变化和相关指标变化趋势

（3）生猪补贴政策的影响分析。生猪和猪肉价格的超常波动将会显著影响居民福利，为了提高居民生活福祉，中央财政部、农业部、商务部等和地方政府于 2007 年相继出台了一系列生猪生产支持政策，以平抑生猪价格的剧烈波动，促使生猪养殖产业健康稳定发展。因此，本研究以 2007 年为界点，分别测算了 2001—2006 年和 2007—2016 年主产区各省份农户生产、消费和总福利效益的平均变化率。从两个时间段的平均变化率对比情况可以看出：生产福利方面，政策实施之前，各省份长短期福利平均变化率分别为 0.48% 和 0.46%，政策实施之后，各省份分别为 1.47% 和 1.40%，分别增加了 0.99 个百分点和 0.94 个百分点，表现为生猪补贴政策提高了农户的生产福利（图 5 - 16）。消费福利变化方面，长短期效益平均变化率由政策实施前的 -0.41% 和 -0.22% 下降到政策实施后的 -1.40% 和 -0.78%，福利分别损耗 0.99 个百分点和 0.55 个百分点（图 5 - 17）。总福利方面，长短期效益平均变化率分别增加了 0.01 个百分点和 0.39 个百分点，表现为生猪补贴政策加剧了农户消费福利的损耗，减少了农户的消费福利（图 5 - 18），因为主产区农户以生猪生产福利占主导。所以综合来看，生猪补贴政策加剧了农户福利的波动，并且提高了农户福利。另外，生猪补贴政策对各省份农户福利效益的影响具有差异性。其中辽宁、四川和云南等省份补贴政策实施前后福利变化差异较大，就生产福利而言，补贴政策实施后，3 个省份短期效益平均变化率分别为政策实施前的 5.41 倍、3.33 倍、13.83 倍，而其他省份的平均变化率差异相对较小。

5.3.5 总结

生猪主产区各省份农户的猪肉消费占总消费的比值和生猪生产收益占总收入的比值总体呈现出略微下降的趋势，净收益率总体上并没有明显的规律，但

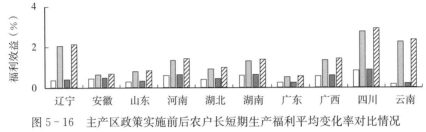

图 5-16　主产区政策实施前后农户长短期生产福利平均变化率对比情况

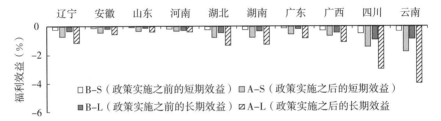

图 5-17　主产区政策实施前后农户长短期消费福利平均变化率对比情况

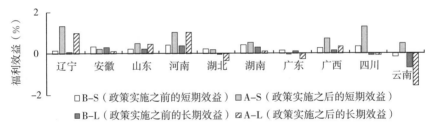

图 5-18　主产区政策实施前后农户长短期总福利平均变化率对比情况

是省际差异性较大。在农户福利方面，各省份农户福利效应的变化走势基本趋同，其中生猪价格正向影响生产福利，而猪肉价格负向影响消费福利，价格的波动不利于农户福利的稳定，而且大部分省份农户生产福利变化主导着总福利变化。对于长期和短期福利，生产和消费的长期福利效益变化率都大于短期福利效益变化率，但总福利的长期效益却小于短期效益。另外，猪肉价格明显影响农户猪肉的消费量，尽管猪肉消费量呈现增加的趋势，但其对农户消费福利变化的直接影响并不大。在生猪补贴政策方面，可发现政策提升了农户的生产福利，损耗了农户的消费福利，总体上表现为政策有利于农户福利的提高，不过加剧了农户福利效益的波动。另外，农户总福利效益的影响具有省际差异性。

　　农户的猪肉消费占总消费的比值和生猪生产收益占总收入的比值都逐渐减

小，说明各省份农户收入和支出随着经济增长而趋于多元化。现代农户不再像以往过于依靠粮食和生猪生产的收入，猪肉的消费比重也逐渐降低，农户生活水平总体有所提高。但是这种减少也是相对的，近年来经济水平欠发达的云南和四川的农户的猪肉消费占总消费的比值和生猪生产收益占总收入的比值仍然占比10%以上，这些省份农户的生活福利水平受生猪产业影响较大，在政策发布与执行方面更应该侧重这些省份，以提高其整体的农户福利水平。农户福利水平在主产区各省份间变化大体趋同，说明省际存在健全的生猪跨区供给消费体系和有效的价格发现功能。但是，部分省份仍然存在有较大差异，例如在2007年，大部分省份农户总福利表现为上升趋势，而湖北、广东和云南等省份总福利水平下降趋势明显。这说明生猪调出省份的市场调节能力还是有待提高的，农户生猪供给量越大，虽然生产福利会增加，但是福利受损风险越大。

生猪补贴政策加剧农户福利波动的现象也是有理可循的。2007年，我国实施生猪生产支持政策以来，生猪病情的防疫、能繁母猪年提供断奶仔猪数（PSY）水平、生猪保险、标准化养殖等条件都有所改善，生猪产量也不断提升。但是基于农户角度而言，国家生猪支持政策更多倾向于标准化养殖的大户或企业，他们生猪改栏的决策行为相较于农户更为频繁，以致生猪价格不断受供给量影响而波动，从而使得农户福利波动更加明显。因此，为了稳定小农户的生猪生产消费福利水平，可以对此类对象实施针对性的帮扶政策。例如，为其搭建更畅通的购销渠道，降低其因信息不对称所带来的福利损失；扩大生猪补贴范围，优化针对散养农户的生猪保险方案；加强市场监管和预测，稳定生猪价格；促进散养户的合作化建设，增加有效的互动平台以降低生猪养殖成本；加强对农户生猪养殖的技术培训，提高母猪的产仔率和降低生猪的死亡率。

5.4 本章小结

我国生猪补贴政策从2002年至2012年持续实施了11年，这些政策对生猪的养殖效率到底有没有起到作用或是起到多大作用，亟待学者们进行探究分析。为此，本章第一部分以2002—2012年全国19个省份的生猪养殖年度数据为研究样本，采用Malmquist‐DEA和DID模型就我国生猪补贴奖励政策（尤其是生猪调出大县奖励和畜牧标准化养殖补贴）对我国生猪生产效率的影响进行了分析。更进一步，本章基于2000—2016年农村居民生活消费数据和生猪产业相关数据，运用Minot福利效应模型，探究我国生猪主产区生猪价格波动的农户福利效益变化，并分析生猪补贴政策对各省份农户福利的影响情况。

6 总 结

近年来，受生猪产业内部和外部事件频发的影响，我国生猪市场价格波动剧烈，并在一定程度上超出正常波动区间，引起了全社会的高度关注。生猪市场价格的超常波动产生一系列连锁反应，给国民经济的健康发展带来不利影响，引起党和国家的高度重视，并成为政策决策的重点之一。在剧烈波动的背景下，我国生猪市场价格还表现出明显的非线性、非平稳波动态势，如此复杂化的波动特征势必增加生猪市场价格分析与建模的难度。在现在众多的时间序列分析方法中，基于集合经验模态分解技术的多尺度分析方法由于其在处理非线性、非平稳数据中表现出的强大能力而进入公众的视野，并取得令人瞩目的成绩。本书聚焦于我国生猪市场价格波动、传导和预测问题，将基于集合经验模态分解技术的多尺度分析方法更加深层次地应用到我国生猪市场价格建模和分析研究中，从而更好地认识、掌握和利用我国生猪市场运行规律，这无疑对生猪产业链各环节从业者和政策制定者制定科学的决策具有特别重要的意义。总之，本书的研究具有明显的理论意义和重大的实际意义。综观全书，主要研究工作如下：

（1）基于多尺度分析思路，本研究运用集合经验模态分解技术对原始猪肉价格序列进行多尺度分解，进而利用重构算法将分解后的本征模函数及剩余分量重组为猪肉市场短期供需不均衡所决定的高频波动分量、猪肉市场重大事件所决定的低频波动分量及我国经济环境所决定的趋势分量，旨在更清楚地捕捉猪肉价格的波动特征与规律。

（2）综合利用集合经验模态分解技术和 BP 多断点检验法，构建多尺度视角下生猪价格波动特征及调控政策的混合分析模型，并以 2006 年 7 月 14 日至 2016 年 12 月 9 日的我国生猪周度平均零售价格作为研究对象，围绕生猪价格的内在波动特征及调控政策对生猪价格的影响进行实证分析。

（3）面向原始生猪产业链各环节重要商品价格数据，本研究综合利用有向无环图和结构向量自回归模型，对我国生猪产业链上游玉米、豆粕和仔猪价格，中游生猪价格和下游猪肉价格的传导效应开展研究，分析以上 5 种价格之间的传导关系，揭示我国养猪业价格波动的规律。

（4）运用集合经验模态分解方法从多尺度视角分析我国仔猪价格、生猪价格及猪肉价格波动的关联性，发现三者价格在不同时间尺度下呈现出不同的波动关系。在以上分析结果的基础上，综合运用有向无环图、结构向量自回归模型和时差相关系数深入分析生猪产业链各环节价格在不同尺度上的传导效应，以克服格兰杰因果检验和传统预测误差方差分解等研究方法的局限性，探究多尺度视角下生猪产业链价格传导效应。

（5）综合运用有向无环图、结构向量自回归模型和预测方差分解方法，深入探究 CME 瘦肉猪期货价格和持仓量、WTI 原油价格、人民币对美元汇率等国际市场因素对我国猪肉价格波动的影响。

（6）选取货币供应量、仔猪价格、饲料价格、城镇居民收入和白条鸡价格等 5 个变量，运用通径分析法实证分析货币政策对猪肉价格的直接与间接影响效应。研究结果表明，货币政策对猪肉价格的直接影响有限，而是通过间接影响发挥作用，其中主要通过仔猪价格和城镇居民收入对猪肉价格产生影响，货币政策通过饲料价格和白条鸡价格对猪肉价格的影响较小。

（7）提出一种改进的基于集合经验模态分解技术的混合建模框架，以进行我国生猪价格短期预测。该方法首先运用集合经验模态分解技术对原始生猪价格序列进行分解，得到本征模函数和剩余分量，然后使用重组算法将本征模函数和剩余分量重组为高频波动成分、低频波动成分和趋势项。然后运用极限学习机对低频波动成分建模，分别运用自回归移动平均模型和多项式回归模型对高频波动成分和趋势项建模，以得到上述 3 个重组成分的预测值。

（8）利用曼奎斯特指数和倍差法方法对我国 2002—2012 年生猪补贴政策实施前后的生猪养殖效率变化进行分析，旨在辨析我国生猪补贴政策的有效性。结果表明，在该时间段，我国大规模和中规模生猪养殖的技术效率和规模效率总体上有略微增长，但全要素生产率、技术进步和纯技术效率下降明显。其次，大规模和中规模生猪养殖的技术效率变化指数波动幅度并不大，但是全要素生产率和技术进步变化指数波动幅度大，且两者呈现出同步变化趋势。再者，生猪补贴政策整体上降低了生猪养殖的规模化效率。

（9）基于农村居民生活消费数据和生猪产业相关数据，运用 Minot 福利效应模型，探究我国生猪主产区生猪价格波动的农户福利效应变化，并分析生猪补贴政策对各省份农户福利的影响情况。结果表明，生猪主产区各省份农户猪肉消费占总消费的比值和生猪生产收益占总收入的比值总体呈现出略微下降的趋势，净收益率总体上并没有明显的规律，但是省际差异性较大。在农户福利方面，各省份农户福利效益的变化走势基本趋同，其中生猪价格正向影响生产福利，而猪肉价格负向影响消费福利，价格的波动不利于农户福利的稳定，而且大部分省份农户生产福利变化主导着总福利变化。

参 考 文 献

白华艳，2016. 我国生猪能繁母猪补贴效率分析及政策评价 [J]. 暨南学报（哲学社会科学版）(7)：120-128.

卜林，李政，张馨月，2015. 短期国际资本流动、人民币汇率和资产价格：基于有向无环图的分析 [J]. 经济评论 (1)：140-151.

蔡勋，陶建平，2017. 货币流动性是猪肉价格波动的原因吗：基于有向无环图的实证分析 [J]. 农业技术经济 (3)：33-41.

曾华盛，谭砚文，2017. 生猪补贴政策对广东生猪生产效率的影响 [J]. 江苏农业科学，45 (13)：271-275.

陈爱雪，2016. 国际农产品价格波动对我国的影响及对策 [J]. 经济纵横 (2)：102-107.

陈晨，2012. 我国养猪业纵向市场价格互动关系分析 [J]. 价格理论与实践 (1)：39-40.

陈丹妮，2014. 货币政策、通胀压力与农产品价格 [J]. 中国软科学 (7)：185-192.

陈诗波，王亚静，李崇光，2008. 中国生猪生产效率及影响因素分析 [J]. 农业现代化研究 (1)：40-44.

陈顺友，熊远著，邓昌彦，2000. 规模化养猪生产波动的成因及其抗风险能力初探 [J]. 农业技术经济 (6)：6-9.

程国强，胡冰川，徐雪高，2008. 新一轮农产品价格上涨的影响分析 [J]. 管理世界 (1)：57-62.

崔百胜，2012. 基于动态模型平均的中国通货膨胀实时预测 [J]. 数量经济技术经济研究 (7)：76-91.

邓创，徐曼，2014. 中国的金融周期波动及其宏观经济效应的时变特征研究 [J]. 数量经济技术经济研究 (9)：75-91.

董晓霞，2015. 中国生猪价格与猪肉价格非对称传导效应及其原因分析：基于近20年的时间序列数据 [J]. 中国农村观察 (4)：26-38.

杜家菊，陈志伟，2010. 使用 SPSS 线性回归实现通径分析的方法 [J]. 生物学通报，45 (2)：4-6.

杜建丽，林振山，张真真，2009. 基于 EMD 的我国受旱面积波动的多时间尺度的分析 [J]. 干旱区资源与环境 (23)：90-93.

方燕，杨双慧，2011. 我国猪肉价格波动影响因素的实证研究 [J]. 价格理论与实践 (11)：23-24.

付莲莲，邓群钊，翁异静，2014. 国际原油价格波动对国内农产品价格的传导作用量化分析：基于通径分析 [J]. 资源科学，36 (7)：1418-1424.

顾国达，方晨靓，2010. 中国农产品价格波动特征分析：基于国际市场因素影响下的局面转移模型 [J]. 中国农村经济 (6)：67-76.

管卫华，林振山，顾朝林，2006. 中国区域经济发展差异及其原因的多尺度分析 [J]. 经

济研究 (7)：117-125.

郭永济，丁慧，范从来，2015. 中国通货膨胀动态模型预测的实证研究 [J]. 中国经济问题 (5)：3-15.

何剑，孙鲁云，2016. 中国生猪市场的价格传导效应研究：基于仔猪与生猪价格的周数据分析 [J]. 价格理论与实践 (8)：105-108.

何伟，刘芳，2015. 国内外生猪价格整合研究：基于月度时间序列数据的检验 [J]. 世界农业 (8)：63-68.

何忠伟，王琛，刘芳，2012. 我国生猪产业产销间价格传导机制研究：基于 VAR 模型的实证分析 [J]. 农业技术经济 (8)：38-45.

何忠伟，刘芳，王琛，2013. 中国生猪价格波动与调控机制研究 [M]. 北京：中国农业出版社.

黄守坤，2015. 国际大宗商品对我国农产品价格的波动溢出 [J]. 宏观经济研究 (7)：88-95.

黎东升，刘小乐，2015. 我国生猪价格波动新特征：基于 HP 和 BP 滤波法的实证分析 [J]. 农村经济 (6)：52-55.

李秉龙，何秋红，2007. 中国猪肉价格短期波动及其原因分析 [J]. 农业经济问题 (10)：18-21.

李靓，穆月英，赵亮，2017. 国际原油价格、货币政策与农产品价格 [J]. 国际金融研究 (3)：87-96.

李忠斌，文晓国，李军明，2013. 农产品价格波动成因与对策研究 [J]. 中国农业科技导报 (1)：176-184.

李仲飞，肖仁华，杨利军，2014. 基于集合经验模态分解技术的中国房地产周期识别研究 [J]. 经济评论 (4)：108-121.

梁剑宏，刘清泉，2014. 我国生猪生产规模报酬与全要素生产率 [J]. 农业技术经济 (8)：44-52.

刘芳，王琛，何忠伟，2013. 我国生猪市场价格预警体系研究 [J]. 农业技术经济 (5)：78-85.

刘清泉，2012. 居民收入、猪肉价格与货币供应：基于 2001—2010 年经验数据 [J]. 农业技术经济 (1)：118-126.

刘清泉，2013. 我国生猪价格形成与传导机制研究 [D]. 长沙：湖南农业大学.

刘清泉，周发明，2011. 中国生猪有效供给的现实困境与市场调控 [J]. 中国畜牧杂志 (20)：5-13.

刘小乐，黎东升，2015. 我国生猪价格调控政策综合效果实证评价：基于生猪价格波动视角 [J]. 价格月刊 (9)：14-17.

罗光强，2014. 中国农产品价格波动与调控机制研究 [M]. 北京：经济科学出版社.

吕东辉，杨祎，金春雨，2012. 基于 MS-ARCH 模型的我国生猪价格波动特征检验及其与 CPI 变动关联性分析 [J]. 农业技术经济 (9)：96-103.

吕杰，綦颖，2007. 生猪市场价格周期性波动的经济学分析 [J]. 农业经济问题 (7)：

89-92.

马恒运，1995. 经济研究中的通径分析法 [J]. 统计研究（2）：52-54.

毛学峰，曾寅初，2008. 基于时间序列分解的生猪价格周期识别 [J]. 中国农村经济（12）：4-13.

宁攸凉，乔娟，宁泽逵，2012. 中国生猪产业链价格传导机制研究 [J]. 统计与决策（10）：96-98.

潘方卉，刘丽丽，庞金波，2016. 中国生猪价格周期波动的特征与成因分析 [J]. 农业现代化研究（1）：79-86.

潘国言，龙方，周发明，2011. 我国区域生猪生产效率的综合评价 [J]. 农业技术经济（3）：58-66.

彭白桦，2016. 国际市场影响对国内农产品市场价格的波动影响研究：兼评《中国农产品价格波动与调控机制研究 [J]. 农业经济问题（11）：104-105.

彭代彦，喻志利，2015. 中国生猪价格波动影响因素协整分析：基于非结构突变与结构突变分析的比较 [J]. 价格月刊（9）：23-28.

綦颖，吕杰，宋连喜，2007. 生猪价格波动的经济学分析 [J]. 中国畜牧杂志（2）：31-35.

秦喜文，周明眉，董小刚，等，2016. 基于 EMD 的中国股票市场分形特征研究 [J]. 吉林大学学报（信息科学版）（3）：449-454.

秦宇，2008. 应用经验模态分解的上海股票市场价格趋势分解及周期性分析 [J]. 中国管理科学（10）：219-225.

阮连法，包洪洁，2012. 基于经验模态分解的房价周期波动实证分析 [J]. 中国管理科学（3）：41-46.

阮连法，包洪洁，温海珍，2012. 重大事件对城市住宅价格的影响：来自杭州市的证据 [J]. 中国土地科学（12）：41-47.

孙秀玲，宗成华，乔娟，2016. 中国农产品价格传导机理与政策：基于生猪产业的分析 [J]. 经济问题（1）：113-118.

谭莹，陈标金，2016. 国际主要生猪市场价格波动溢出效应对比研究 [J]. 价格理论与实践（4）：88-91.

谭莹，2010. 我国生猪生产效率及补贴政策评价 [J]. 华南农业大学学报（社会科学版），9（3）：84-90.

田文勇，姚琦馥，吴秀敏，2016. 我国生猪规模养殖变化与价格波动动态关系研究 [J]. 价格理论与实践（2）：81-84.

涂圣伟，蓝海涛，2013. 我国重要农产品价格波动、价格调控及其政策效果 [J]. 改革（12）：41-51.

王阿娜，2012. 浮动汇率制下农产品价格波动分析 [J]. 农业经济问题（5）：95-100.

王芳，陈俊安，2009. 中国养猪业价格波动的传导机制分析 [J]. 中国农村经济（7）：31-41.

王静怡，陈珏颖，秦富，等，2015. 中国猪肉产业链市场价格传导机制 [J]. 中国农业大学学报，20（2）：268－275.

王明利，李威夷，2010. 生猪价格的趋势周期分解和随机冲击效应测定［J］. 农业技术经济（12）：68－77.

王明利，李威夷，2011. 基于随机前沿函数的中国生猪生产效率研究［J］. 农业技术经济（12）：32－39.

王倩，王玥，常清，2014. 我国猪肉价格周期波动的实证分析［J］. 价格理论与实践（9）：37－38.

王世杰，2009. 近年我国猪肉价格变化状况及政府干预影响分析［J］. 价格月刊（9）：31－32.

王烁，李铁铮，2015. 生猪价格与玉米价格动态影响关系研究：基于 Geweke 因果分解检验［J］. 价格理论与实践（11）：85－87.

王思舒，郑适，周松，2010. 我国猪肉价格传导机制的非对称性问题研究：以北京市为例［J］. 经济纵横（6）：84－87.

王孝松，谢申祥，2012. 国际农产品价格如何影响了中国农产品价格？［J］. 经济研究（3）：141－153.

魏君英，何蒲明，马敬桂，2013. 仔猪价格与生猪价格波动关系的实证研究［J］. 饲料工业（21）：60－64.

魏君英，李炳莲，马敬桂，2014. 豆粕价格与生猪价格波动关系的实证研究［J］. 饲料工业. 35（19）：57－61.

文春玲，陈红华，田志宏，2014. 我国农产品价格与国际市场关联性研究［J］. 价格理论与实践（3）：70－72.

吴登生，李建平，汤铃，等，2011. 生猪价格波动特征及影响事件的混合分析模型与实证［J］. 系统工程理论与实践，31（11）：2033－2042.

夏龙，崔海艳，2015. 中国生猪市场价格的内外相依性分析［J］. 中国畜牧杂志（20）：19－23.

肖小勇，章胜勇，2016. 原油价格与农产品价格的溢出效应研究［J］. 农业技术经济（1）：90－97.

徐雪高，2008. 新一轮农产品价格波动周期：特征、机理及影响［J］. 财经研究（8）：110－119.

徐雪高，2008. 猪肉价格高位大涨的原因及对宏观经济的影响［J］. 农业技术经济（3）：4－9.

许彪，施亮，刘洋，2014. 我国生猪价格预测及实证研究［J］. 农业经济问题（8）：25－32.

闫振宇，陶建平，徐家鹏，2012. 我国生猪规模化养殖发展现状和省际差异及发展对策［J］. 农业现代化研究，33（1）：13－18.

杨朝英，徐学荣，2011. 中国生猪价格波动特征分析［J］. 技术经济，30（3）：100－103.

杨朝英，徐学荣，2011. 中国生猪与猪肉价格的非对称传递研究农业技术经济（9）：58－64.

杨军，黄季焜，李明，等，2011. 我国货币供应量对农产品价格影响分析及政策建议 [J]. 农村金融研究（12）：58-61.

杨艳昭，吴艳娟，封志明，2014. 非洲粮食产量波动时空格局的定量化研究 [J]. 资源科学，36（2）：361-369.

杨志波，2013. 我国猪肉市场非对称价格传导机制研究 [J]. 商业研究（2）：121-128.

杨子晖，2011. 经济增长、能源消费与二氧化碳排放的动态关系研究 [J]. 世界经济（6）：100-125.

于爱芝，2011. 货币供给冲击对农业的影响 [J]. 经济学动态（3）：127-131.

余世鹏，杨劲松，刘广明，等，2014. 基于 HHT 的三峡水库蓄水后坝下游水情多尺度时频特征 [J]. 长江流域资源与环境，23（10）：1440-1448.

张利庠，张喜才，2011. 外部冲击对我国农产品价格波动的、影响研究：基于农业产业链视角 [J]. 管理世界（1）：71-81.

张立中，刘倩倩，辛国昌，2013. 我国生猪价格波动与调控对策研究 [J]. 经济问题探索.（11）：117-122.

张谋贵，2012. 我国生猪价格周期性波动特征及其调控建议 [J]. 价格理论与实践（2）：32-33.

张喜才，张利庠，卞秋实，2012. 外部冲击对生猪产业链价格波动的影响及调控机制研究 [J]. 农业技术经济（7）：22-31.

章和杰，何彦清，2011. 财政政策与货币政策对国民收入的影响分析 [J]. 统计研究，28（5）：21-26.

赵瑾，郭利京，2014. 我国生猪价格波动特征及原因探析 [J]. 价格理论与实践（4）：85-87.

赵守军，赵瑞莹，2012. 山东省生猪价格波动研究 [J]. 科技和产业，12（5）：69-73.

周发明，廖翼，2012. 我国生猪价格波动及其调控政策评价：一个文献综述 [J]. 湖南社会科学（1）：156-160.

周金城，陈乐一，2014. 基于门限模型的我国猪肉产业链非对称价格传导研究 [J]. 经济问题探索（1）：127-134.

周金城，陈乐一，2014. 我国生猪价格与玉米价格的动态传导关系研究 [J]. 价格理论与实践（1）：82-83.

庄岩，2013. 中国农产品价格波动的影响因素及政府调控研究 [D]. 哈尔滨：哈尔滨商业大学.

ABAO L N, KONO H, GUNARATHNE A, et al., 2014. Impact of foot-and-mouth disease on pork and chicken prices in Central Luzon, Philippines [J]. Preventive veterinary medicine, 113（4）：398-406.

ABDULAI A, 2002. Using threshold cointegration to estimate asymmetric price transmission in the Swiss pork market [J]. Applied economics, 34（6）：679-687.

ADACHI K, LIU D J, 2009. Estimating long-run price relationship with structural change of unknown timing: an application to the Japanese pork market [J]. American journal of agricultural economics，91（5）：1440－1447.

AFANASYEV D，FEDOROVA E，POPOV V，2015. Fine structure of the price－demand relationship in the electricity market：multi－scale correlation analysis［J］. Energy economics，51：215－226.

ANTONIADOU I，MANSON G，STASZEWSKI W J，et al.，2015. A time－frequency analysis approach for condition monitoring of a wind turbine gearbox under varying load conditions［J］. Mechanical systems & signal processing，64－65：188－216.

BAI J，Perron P，2010. Computation and analysis of multiple structural change models［J］. Journal of applied econometrics，18（1）：1－22.

BANKER R D，CHARNES A，COOPER W W，1984. Some models for estimating technical and scale inefficiencies in Data Envelopment Analysis［J］. Management science，30（9）：1078－1092.

BESSLER D A，1984. An analysis of dynamic economic relationships：an application to the U. S. hog market［J］. Canadian journal of agricultural economics/revue canadienne dagro-economie，32（1）：109－124.

BOETEL B L，LIU D J，2010. Estimating structural changes in the vertical price relationships in U. S. beef and pork markets［J］. Journal of agricultural and resource economics，35：228－244.

BOX G E P，JENKINS G M，REINSEL G C，1976. Time series analysis：forecasting and control－Rev. ed.［J］. Journal of time，31（2）：238－242.

BOYD M S，BRORSEN B W，1988. Price asymmetry in the U. S. pork marketing channel［J］. North central journal of agricultural economics，10（1）：103－109.

BUNCIC D，MORETTO C，2015. Forecasting copper prices with dynamic averaging and selection models［J］. North American journal of economics and finance，33：1－38.

CARTER C A，MOHAPATRA S，2008. How reliable are hog futures as forecasts？［J］. American journal of agricultural economics，90（2）：367－378.

CAVES D，CHRISTENSEN L，DIEWERT W，1982. The economic theory of index numbers and the measurement of Input，output，and productivity［J］. Econometrica，50（6）：1393－1414.

CECHURA L，SOBROVA L，PRAGUE，2008. The price transmission in pork meat agri-food chain［J］. Agricultural economics，54（2）：77－84.

CHANG C C，LIN C J，2011. LIBSVM：a library for support vector machines［J］. Transactions on intelligent systems and technology，2（3）：27.

CHARNES A，COOPER W W，RHODES E，1978. Measuring the efficiency of decision making units［J］. European journal of operational research，2（6）：429－444.

CHEN C F，LAI M C，YEH C C，2012. Forecasting tourism demand based on empirical mode decomposition and neural network［J］. Knowledge－based systems，26：281－287.

CHOW G C，1960. Tests of equality between sets of coefficients in two linear regressions

[J]. Econometrica, 28: 591 – 605.

COASE R H, FOWLER R F, 1937. The pig – cycle in great britain: an explanation [J]. Economica, 4 (13): 55 – 82.

DIEBOLD F X, MARIANO R S, 1995. Comparing predictive accuracy [J]. Journal of business and economic statistics, 13 (3): 134 – 144.

EMMANOUILIDES C J, FOUSEKIS P, 2015. Assessing the validity of the LOP in the EU broiler markets [J]. Agribusiness, 31 (1): 33 – 46.

EZEKIEL M, 2015. The cobweb theorem [J]. Quarterly journal of economics, 52: 255 – 280.

FARE R, GROSSKOPF S, NORRIS M, et al. , 1994. Productivity growth, technical Progress, and efficiency changes in industrialized countries [J]. American economic review, 84 (1): 66 – 83.

FELIPE I J S, MOL A L R, ALMEIDA V, et al. , 2012. Application of ARIMA models in soybean series of prices in the north of Paraná [J]. Custos e agronegocio, 8: 78 – 91.

FUTRELL G A, GRIMES G, 1989. Understanding hog production and price cycles [D]. Purdue university cooperative extension service, West Lafayette, Indiana.

LI G Q, XU S W, LI Z M, et al. , 2012. Using quantile regression approach to analyze price movements of agricultural products in China [J]. Journal of integrative agriculture, 11 (4): 674 – 683.

GERVAIS J P, 2011. Disentangling nonlinearities in the long – and short – run price relationships: an application to the US hog/pork supply chain [J]. Applied economics, 43: 1497 – 1510.

GUO Z, Zhao W, LU H, et al. , 2012. Multi – step forecasting for wind speed using a modified EMD – based artificial neural network model [J]. Renewable energy, 37 (1): 241 – 249.

HAHN W, 2004. Beef and pork values and price spreads explained [R]. Livestock dairy & poultry outlook, USDA economic research service.

HARLOW A A, 1960. The hog cycle and the cobweb theorem [J]. American journal of agricultural economics, 42 (4): 842 – 853.

HAYES D J, SCHMITZ A, 1987. Hog cycles and countercyclical production response [J]. American journal of agricultural economics, 69 (4): 762 – 770.

HENGHUNG K, LIHSING H, LIN W H, 2015. Do hog breeds matter? Investigating the price volatility in the Taiwan's auction market [J]. Agricultural economics, 61 (7): 314 – 325.

HUANG G B, 2003. Learning capability and storage capacity of two – hidden – layer feedforward networks [J]. IEEE transactions on neural networks, 14 (2): 274 – 281.

HUANG G B, Chen L, Siew C K, 2006. Universal approximation using incremental constructive feedforward networks with random hidden nodes [J]. IEEE transactions on neural networks, 17 (4): 879 - 892.

HUANG G B, ZHU Q Y, SIEW C K, 2006. Extreme learning machine: theory and applications [J]. Neurocomputing, 70: 489 - 501.

HUANG G B, BABRI H A, 1998. Upper bounds on the number of hidden neurons in feedforward networks with arbitrary bounded nonlinear activation functions [J]. IEEE transactions on neural networks, 9 (1): 224 - 229.

HUANG N, SHEN Z, LONG S R, et al., 1998. The empirical mode decomposition and the hilbert spectrum for nonlinear and non - stationary time series analysis [J]. Proceedings mathematical physical & engineering sciences, 454: 903 - 995.

HYNDMAN R J, KHANDAKAR Y, 2008. Automatic time series forecasting: the forecast package for R [J]. Journal of statistical software, 27 (3): 1 - 22.

JHA G K, SINHA K, 2014. Time - delay neural networks for time series prediction: an application to the monthly wholesale price of oilseeds in India [J]. Neural computing & applications, 24: 563 - 571.

JUMAH A, KUNST R M, 2008. Seasonal prediction of European cereal prices: good forecasts using bad models? [J]. Journal of forecasting, 27: 391 - 406.

KINNUCAN H W, ZHANG D, 2016. Notes on farm - retail price transmission and marketing margin behavior [J]. Agricultural economics, 46: 729 - 737.

KISI O, LATIFOGLU L, LATIFOGLU F, 2014. Investigation of empirical mode decomposition in forecasting of hydrological time series [J]. Water resources management, 28 (12): 4045 - 4057.

KOZIC I, SEVER I, 2014. Measuring business cycles: empirical mode decomposition of economic time series [J]. Economics letters, 123 (3): 287 - 290.

KUIPER W E, LANSINK A G J M O, 2013. Asymmetric price transmission in food supply chains: impulse response analysis by local projections applied to U. S. broiler and pork prices [J]. Agribusiness, 29 (3): 325 - 343.

LARSON A B, 1964. The hog cycle as harmonic motion [J]. American journal of agricultural economics, 46 (2): 375 - 386.

LARUE B, GERVAIS J P, LAPAN H E, 2010. Low - price low - capacity traps and government intervention in the québec hog market [J]. Canadian journal of agricultural economics, 52 (3): 237 - 256.

LEE Y, WARD C E, BRORSEN B W, 2012. Procurement price relationships for fed cattle and hogs: importance of the cash market in price discovery [J]. Agribusiness, 28 (2): 135 - 147.

LI G Q, XU S W, LI Z M, et al, 2012. Using quantile regression approach to analyze price movements of agricultural products in china [J]. Journal of Integrative Agriculture, 11 (4): 674 - 683.

LI M Y, HUANG Y X, 2014. Hilbert - huang transform based multifractal analysis of China stock market [J]. Physica a statistical mechanics & its applications, 406: 222 - 229.

LI Z M, CUI L G, XU S W, et al., 2013. Prediction model of weekly retail price for eggs based on chaotic neural network [J]. Journal of integrative agriculture, 12 (12): 2292 - 2299.

LUO W C, LIU R, 2011. Analysis of meat price volatility in China [J]. China agricultural economic review, 3 (3): 402 - 411.

MALMQUIST S, 1953. Index numbers and indifference surfaces [J]. Trabajos de estadistica, 4 (2): 209 - 242.

MAO X, ZENG Y, MAEDA K, 2016. Identification of types and driving forces for China's hog price cycle based on the hilbert - huang transform [D]. Journal of the faculty of agriculture kyushu university.

MARTIN - RODRIGUEZ G, 2012. Forecasting pseudo - periodic seasonal patterns in agricultural prices [J]. Agricultural economics, 43 (5): 531 - 544.

MILJKOVIC D, 2009. US and Canadian livestock prices: market integration and trade dependence [J]. Applied economics, 41: 183 - 193.

NAPOLITANO G, SERINALDI F, SEE L, 2011. Impact of EMD decomposition and random initialisation of weights in ANN hindcasting of daily stream flow series: an empirical examination [J]. Journal of hydrology, 406: 199 - 214.

NIAKI A H M, AFSHARNIA S, 2014. A new passive islanding detection method and its performance evaluation for multi - DG systems [J]. Electric power systems research, 110 (5): 180 - 187.

OLADOSU G, 2009. Identifying the oil price - macroeconomy relationship: an empirical mode decomposition analysis of US data [J]. Energy policy, 37: 5417 - 5426.

OUYANG F Y, ZHENG B, JIANG X F, 2015. Intrinsic multi - scale dynamic behaviors of complex financial systems [J]. Plos one, 10 (10): e0139420.

PARCELL J L, 2003. An empirical analysis of the demand for wholesale pork primals: seasonality and structural change [J]. Journal of agricultural and resource economics, 28 (2): 335 - 348.

PARKER P S, SHONKWILER J S, 2014. On the centenary of the German hog cycle: new findings [J]. European review of agricultural economics, 41 (1): 47 - 61.

PAUL R K, GURUNG B, PAUL A K, 2015. Modelling and forecasting of retail price of Arhar Dal in Karnal, Haryana [J]. Indian journal of agricultural sciences, 85 (1) .

RAMIREZ O A, FADIGA M, 2003. Forecasting agricultural commodity prices with asymmetric - error GARCH models [J]. Journal of agricultural and resource economics, 28: 71 - 85.

RIBEIRO C O, OLIVEIRA S M, 2011. A hybrid commodity price - forecasting model applied to the sugar - alcohol sector [J]. Australian journal of agricultural and resource economics, 55: 180 - 198.

RUDE J, SURRY Y, 2014. Canadian hog supply response: a provincial level analysis [J]. Canadian journal of agricultural economics/revue Canadienne dagroeconomie, 62 (2): 149 – 169.

RUTH M, CLOUTIER L M, GARCIA P, 1998. A nonlinear model of information and co-ordination in hog production: testing the coasian – fowlerian dynamic hypotheses [R]. Salt lake city, American agricultural economic association, 80: 156 – 164.

SAADAOUI F, 2013. The price and trading volume dynamics relationship in the EEX power market: a wavelet modeling [J]. Computational economics, 42 (1): 47 – 69.

SAENGWONG S, JATUPORN C, ROAN S W, 2012. An analysis of taiwanese livestock prices: empirical time series approaches [J]. American journal of surgery, 11: 4340 – 4346.

SANDERS D R, MANFREDO M R, 2003. USDA livestock price forecasts: a comprehensive evaluation [J]. Journal of agricultural and resource economics, 28 (2): 316 – 334.

SANDERS D R, MANFREDO M R, 2002. USDA production forecasts for pork, beef, and broilers: an evaluation [J]. Journal of agricultural and resource economics, 27: 114 – 127.

SHARMA A, 2000. Seasonal to interannual rainfall probabilistic forecasts for improved water supply management: Part 1——A strategy for system predictor identification [J]. Journal of hydrology, 239: 232 – 239.

SHIH M L, HUANG B W, CHIU N H, et al., 2009. Farm price prediction using case – based reasoning approach——A case of broiler industry in Taiwan [J]. Computers & electronics in agriculture, 66 (1): 70 – 75.

SHRIVASTAVA N A, PANIGRAHI B K, 2014. A hybrid wavelet – ELM based short term price forecasting for electricity markets [J]. International journal of electrical power and energy systems, 55: 41 – 50.

SIMS C A, 1980. Macroeconomics and reality [J]. Econometrica, 48: 1 – 48.

SORJAMAA A., HAO J., REYHANI N., et al. 2007. Methodology for long—term prediction of time series [J], Neuro computing. 70 (16): 2861 – 2869.

SPADA G, GALASSI G, OLIVIERI M, 2014. A study of the longest tide gauge sea – level record in Greenland (Nuuk/Godthab, 1958 – 2002) [J]. Global & planetary change, 118: 42 – 51.

SPIRTES P, GLYMOUR C, SCHEINES R. 2000. Causation, prediction, and search [M]. 2nd edition. Cambridge: The MIT Press.

STAVROPOULOS K S, AZZAM A, 2011. Price transmission and volatility in the greek broiler sector: a threshold cointegration analysis [J]. Journal of agricultural & food industrial organization, 9 (1): 1 – 37.

STREIPS M A, 1995. The problem of the persistent hog price cycle: a chaotic solution [J]. American journal of agricultural economics, 77 (5): 1397 – 1403.

SU X, WANG Y, DUAN S, MA J, 2014. Detecting chaos from agricultural product price time series [J]. Entropy, 16: 6415 – 6433.

SWANSON N R, Granger C J, 1997. Impulse response functions based on a causal approach to residual orthogonalization in vector autoregressions [J]. Publications of the American statistical association, 92: 357 – 367.

TAIEB S B, BONTEMPI G, ATIYA A F, et al., 2012. A review and comparison of strategies for multi – step ahead time series forecasting based on the NN5 forecasting competition [J]. Expert systems with applications, 39 (8): 7067 – 7083.

TAMINI L D, GERVAIS J P, 2005. Developing economic indexes for the quebec hog/pork industry [J]. Canadian journal of agricultural economics/revue Canadienne dagroeconomie, 53 (1): 1 – 23.

THEODOSIOU M, 2011. Forecasting monthly and quarterly time series using STL decomposition [J]. International journal of forecasting, 27 (4): 1178 – 1195.

TOKGOZ S, 2009. Impact of energy markets on the EU agricultural sector [D]. Iowa state university.

WU Z, HUANG N E, 2005. Ensemble empirical mode decomposition: a noise – assisted data analysis method [J]. Advances in adaptive data analysis, 1: 1 – 41.

XIONG T, LI C, BAO Y, et al., 2015. A combination method for interval forecasting of agricultural commodity futures prices [J]. Knowledge – based systems, 77: 92 – 102.

XIONG T, BAO Y, HU Z, 2013. Beyond one – step – ahead forecasting: Evaluation of alternative multi – step – ahead forecasting models for crude oil prices [J]. Energy economics, 40: 405 – 415.

XIONG T, BAO Y, HU Z, 2014. Multiple – output support vector regression with a firefly algorithm for interval – valued stock price index forecasting [J]. Knowledge – based systems, 55: 87 – 100.

XU X, QI Y, HUA Z, 2010. Forecasting demand of commodities after natural disasters [J]. Expert systems with applications, 37: 4313 – 4317.

YERCAN M, ADANACIOGLU H, 2012. An analysis of tomato prices at wholesale level in Turkey: an application of SARIMA model [J]. Custos e agronegocio, 8 (4): 52 – 75.

YU L, WANG S, LAI K K, 2008. Forecasting crude oil price with an EMD – based neural network ensemble learning paradigm [J]. Energy economics, 30 (5): 2623 – 2635.

ZENG Q, QU C, NG A K Y, et al, 2016. A new approach for baltic dry index forecasting based on empirical mode decomposition and neural networks [J]. Maritime Economics & Logistics, 18 (2): 192 – 210.

ZHANG Q, REED M, 2008. Examining the impact of the world crude oil price on China's agricultural commodity prices: the case of corn, soybean, and pork [J]. Maternal and child health care of China, 17: 118 – 121.

ZHANG X, LAI K K, WANG S Y, 2008. A new approach for crude oil price analysis based on empirical mode decomposition [J]. Energy economics, 30: 905 – 918.

ZHANG X, Yu L, Wang S, et al., 2009. Estimating the impact of extreme events on crude oil price: an EMD – based event analysis method [J]. Energy economics, 31 (5): 768 – 778.

ZHANG X, HU T, REVELL B, et al., 2005. A forecasting support system for aquatic products price in China [J]. Expert systems with applications, 28 (1): 119 – 126.

ZHAO G Q, WU Q, 2015. Nonlinear dynamics of pork price in China [J]. Journal of integrative agriculture, 14 (6): 1115 – 1121.

ZHOU D, KOEMLE D, 2015. Price transmission in hog and feed markets of China [J]. Journal of integrative agriculture, 14 (6): 1122 – 1129.

ZHU B, WANG P, CHEVALLIER J, et al., 2015. Carbon price analysis using empirical mode decomposition [J]. Computational Economics, 45 (2): 195 – 206.

ZHU Q Y, QIN A K, SUGANTHAN P N, et al., 2005. Evolutionary extreme learning machine [J]. Pattern recognition, 38 (10): 1759 – 1763.

附录　农产品价格短期预测与预警理论、方法与应用

本附录为生猪市场波动和价格预测研究的延续性工作。农产品价格稳定关乎国计民生，准确预判农产品价格走势并提出合理的预警方案对制定农产品市场调控策略和指导农业生产决策具有重要意义。因此，基于生猪市场波动和价格预测研究工作，中国人民大学信息与价格预测运筹中心（Hub of Information，Price Prediction and Operation，HIPPO，河马中心）将农产品品种扩大到主粮、肉禽、蔬菜、水果和小宗农产品，围绕农产品价格预测预警开展了一系列创新性研究和实践性探索。本附录在梳理农产品价格预测预警理论的基础上，系统介绍了由河马中心开发的中国农产品价格自适应短期预测系统（Self-adaptable Short-term Agricultural Prices Prediction System，SSAPP系统）的原理、方法和应用实例。该预测系统以时间序列模型为基础、经济因果模型为辅、深度融合机器学习技术，并广泛结合专家研判和市场调研，构建一套涵盖点预测[①]、区间预测[②]和概率密度预测信息的农产品价格短期预测预警体系。研究团队每年定期发布我国农产品价格短期预测分析研究报告，并形成了一系列资政报告。研究成果多次获得国家和省部级领导的批示并被相关部门采纳，为服务我国乡村振兴战略的实施和国家宏观价格调控提供了有价值的经济主张和政策建议。

1　研究概论

农产品价格的稳定关乎国计民生。农业所特有的自然再生产与经济再生产过程，使得农产品市场蕴藏着巨大不确定性，这给农业生产经营决策和宏观调控政策制定带来了极大挑战。准确预判农产品价格走势并提出合理的预警方案，有利于增强农业生产决策和农产品市场调控的主动性、前瞻性和科学性，对保障重要民生产品的供求关系平衡、降低农业生产经营的盲目性、

[①]　点预测是指给出待预测农产品价格未来某时点的确切预测值。例如，2021年8月全国生猪批发价格预测值为15元/千克。

[②]　区间预测是在给定的置信水平下，得到某时点待预测农产品价格可能落在的预测区间。例如，在95%的置信水平下，2021年8月全国生猪批发价格将落入 [14.5，16.5] 元/千克的价格区间。

保障农民收入和促进农业健康发展具有重要意义（黄季焜，2004；朱信凯等，2012）。

农产品价格预测与预警历来是国内外学者和政府决策部门的广泛关注对象和研究热点。在理论研究方面，价格预测理论与方法研究主要围绕两个方向展开：时间序列模型和因果模型。时间序列模型具有简洁性和易用性的特征，并且在中短期预测表现上具有较高的准确性，得到了国内外研究者的持续关注，并被市场交易者广泛采纳（Ramirez，Fadiga，2003；Xiong et al.，2015；王吉恒，王新利，2003；刘峰，王儒敬，2009；许世卫等，2011；李哲敏等，2015）。因果模型通过纳入众多价格影响因素，从影响机理出发开展价格预测工作，在具备大量影响因素数据支撑的情况下具有优良的中长期预测表现（Wu et al.，2004；Jha，Sinha，2013；Li et al.，2014；赵瑞莹和陈会英等，2008；王川，王克，2008；刘芳，王琛等，2013；李干琼等，2021）。

这些研究大大加深了学界对价格预测预警方法的认识。然而，现有关于农产品价格预测方法的研究依然存在一些不足，主要体现在以下两个方面：①目前研究主要采用单一模型进行单品种商品价格预测，然而农产品数量众多且价格形成机制错综复杂，通过单一模型的方式对农产品价格预测面临很大挑战，国际研究的前沿之一在于如何利用"自适应"思想，通过构建预测算法池遴选出品种特异性模型；②随着农业大数据的出现，传统时间序列模型和因果模型在处理高维变量选择和模型形式甄别方面都出现了困难与低效的问题，目前研究的前沿在于如何引入机器学习技术，集成时间序列模型和因果模型各自的优势，有效提升大数据条件下农产品价格预测的准确性。

在实践方面，世界很多国家均建立了从农产品市场信息采集、分析到发布的预测预警体系。以美国为例，美国农业部的农产品市场预测预警体系涉及全球 120 多个国家、60 多个品种，并定期发布《世界农产品供需预测报告》[①]，提供主要农产品的全球产量、美国供求情况、美国农产品价格预测信息。该报告成为美国主导世界农产品贸易的向标，极大地影响了世界农产品的贸易趋势以及各国政府的政策制定。国内方面，2016 年 7 月起，农业部（现农业农村部）信息中心每月发布中国农产品供给需求估计与预测报告[②]，开展市场年度（Market Year）预测分析。此外，2014 年起，中国农业科学院连续 7 年举办

---

① 美国农业部（USDA）每个月发布世界农产品供需需求估计与预测报告 *World Agricultural Supply and Demand Estimates*（WASDE），全文来源 https：//www.usda.gov/oce/commodity/wasde.

② 我国农业部（现农业农村部）自 2016 年 7 月每个月发布中国农产品供给需求估计与预测报告 *China Agricultural Supply and Demand Estimates*（CASDE），全文来源 http：//www.agri.cn/V20/SC/gxxs/.

中国农业展望大会并发布《中国农业展望报告》①，该报告对未来 10 年我国农产品生产、消费等情况进行展望，这开启了我国提前发布农产品市场信号、有效引导市场、主动应对国际变化的新做法。

不容忽视的是，当前我国农产品市场预测预警实践尚存在如下不足：①中、短期农业决策参考信息匮乏。目前价格分析及展望报告多聚焦于对农业生产以及农产品供需的长期研判，难以满足农业生产经营主体和政府主管部门进行中短期决策的支持信息。面对错综复杂的经济环境和农产品市场，及时有效的中、短期决策对于化解突发风险、应对市场挑战越发重要。②预测信息呈现形式单一。农业主管部门发布的农产品价格预测以年度点预测和区间预测为主，缺乏全面反映农产品市场不确定性和农产品价格波动形态的概率密度预测信息。价格概率密度预测信息可提供任意置信水平的预测区间波动范围，能为农业生产经营主体和政府主管部门提供更全面的决策支持信息。

为解决上述问题，中国人民大学信息与价格预测运筹中心汇聚中国人民大学与华中农业大学的科研力量，共同开发中国农产品价格自适应短期预测系统（SSAPP 系统）。该预测系统以时间序列模型为基础、经济因果模型为辅，深度融合机器学习技术，并广泛结合专家研判和市场调研，构建一套涵盖点预测、区间预测和概率密度预测信息的农产品价格短期预测预警体系，以满足农业生产经营主体和政府主管部门在制定中、短期决策时对农产品价格预测信息的高质量、及时性和多样性需求。自 2017 年以来，研究团队运用 SSAPP 系统对我国主粮、肉禽、蔬菜、水果和小宗农产品价格开展预测预警分析，每年定期发布我国农产品价格短期预测分析研究报告，截至 2021 年 7 月，共发布预测报告 12 份。目前，主要农产品月度价格短期预测的准确度在国内外同领域中处于领先水平。此外，基于 SSAPP 系统的预测信息，我们针对中美贸易摩擦、新冠肺炎疫情冲击、粮食价格支持政策调整、非洲猪瘟等重大事件形成了一系列政策报告。研究成果多次获得国家和省部级领导的批示并被相关部门采纳。

本附录在梳理农产品价格预测与预警理论的基础上，对 SSAPP 系统预测原理、方法、数据和软件开发设计进行了系统介绍，并以 2020 年第三季度我国主要肉禽价格为例展示了 SSAPP 系统的预测结果。最后，我们对目前相关研究的问题和未来研究方向进行了展望。

---

① 最新一期的《中国农业展望报告（2021—2030）》于 2021 年 4 月发布，在总结回顾了 18 个主要农产品 2020 年市场形势的基础上，对未来 10 年我国农产品生产、消费等情况进行展望。

2　农产品价格预测与预警理论

早期农产品价格预测研究主要侧重于统计学方法和计量经济学模型。规范的农产品价格预测研究可追溯至 1917 年 Moore 的先驱性工作，Moore（1917）出版的 *Forecasting the Yield and the Price of Cotton* 一书中，首次运用线性回归方法对农产品价格进行预测分析。此后，各种农产品价格预测方法层出不穷。移动平均模型、自回归移动平均模型和多元线性回归模型等统计学方法和计量经济学模型被广泛地应用于农产品价格预测（Hahn，2004；Li et al.，2012；Saengwong et al.，2012；Felipe et al.，2015；Jumah et al.，2010；Paul et al.，2015；Ramírez et al.，2003；Martín‐Rodríguez，2012）。以生猪市场价格预测为例，Hahn（2004）在研究牲畜价格传递的基础上，对生猪价格进行短期预测。Li 等（2012）构建分位数回归模型对我国猪肉价格进行了短期区间预测。Saengwong 等（2012）运用自回归移动平均模型和方差分解方法对生猪价格进行短期预测。许彪等（2014）从趋势因素、周期因素、季节因素、偶发因素和货币因素等维度构建五因素模型对我国生猪价格进行短期预测。上述以统计学和计量经济学为学科基础的预测方法，具有模型结构简单、可解释性强等优点。但此类方法以价格序列服从线性波动为假设前提，现实中的农产品价格序列往往呈现出明显的非平稳、非线性、周期性、季节性等特征，使得此类方法在预测实践中难以达到较好的效果。

近年来，农产品价格预测研究技术在非线性特征、多尺度分析、时频分析、相似成分分析、季节性分析、集成模型等方面取得了显著进展。这其中，以神经网络、支持向量机、极限学习机、决策树等机器学习技术为核心算法的预测模型已被成功地应用于农产品价格预测预警场景（Jha et al.，2014；Ribeiro et al.，2011；Shih et al，2009；Su et al.，2014；Zhang et al.，2005；Li et al.，2013）。值得注意的是，针对蔬菜价格呈现出的季节性波动态势，我们构建了基于季节性分解和极限学习机的混合模型对蔬菜价格进行预测（Xiong et al.，2018）。针对生猪价格呈现的非线性和周期性波动态势，我们构建了基于多尺度分析框架的生猪价格预测模型（Xiong et al.，2017）。

在政府层面，美国农业部每月定期发布《世界农产品供需预测报告》、每年定期发布《农业长期展望报告》。其中，《世界农产品供需预测报告》给出主要农产品的全球产量、美国供求情况、美国农产品价格点预测与区间预测信息。其农产品价格点预测和区间预测主要来源于定量模型预测、专家定性的判断以及分析人员的长期研究。

为加强农产品市场信号引导，我国农业农村部和中国农业科学院开展了大量卓有成效的工作。农业部信息中心于 2016 年 7 月 11 日首次发布中国农产品供给需求估计与预测报告，对玉米、大豆、棉花、食用植物油、食糖等大宗农产品的供需、价格开展年度预测分析，截至 2021 年 8 月已经发布 62 期。此外，自 2014 年，中国农业科学院连续 7 年举办中国农业展望大会并发布《中国农业展望报告》，该报告对未来 10 年我国农产品生产、消费等情况进行展望。

针对上述学界和政府开展的农产品价格预测预警工作，我们从预测尺度、预测算法、预测模型、预测值形式等四方面进行总结与评述。

预测尺度。美国农业部发布的《世界农产品供需预测报告》以及我国农业农村部发布的中国农产品供给需求估计与预测报告都是针对市场年度（Market Year）的供需与价格的预测分析，本质上均为年度预测；中国农业科学院发布的《中国农业展望报告》提供了未来 10 年我国农产品供需等预测信息。上述定期发布的农产品价格预测信息均以年度及以上为尺度，对于把握我国农产品市场长期运行态势具有重要意义。但是，年度预测信息难以满足农业生产经营主体和主管部门制定半年度、季度、月度、甚至周度等中、短期决策的参考信息需求。面对错综复杂的农产品市场环境，及时有效的中、短期决策对于化解突发风险、应对市场挑战十分重要。因此，我们聚焦短期预测，开展我国农产品价格预测研究与实践，定期公开发布《我国农产品价格短期预测分析报告》，为市场主体和主管部门开展中、短期决策提供参考信息。

预测算法。现有农产品价格预测研究往往基于某一特定预测算法，如传统的指数平滑方法等统计学方法或者新兴的支持向量机等机器学习方法。但是，农产品种类繁多，价格决定机制和价格波动规律不一（庞贞燕，刘磊，2013；田利辉，谭德凯，2014），面对众多的预测算法，亟待解决的问题是应该采用何种算法对何种农产品价格开展预测建模。预测科学与计算智能领域存在一个普适定理——"没有免费的午餐"定理（No Free Lunch Theorem）。该定理表明任何两种预测算法对所有预测问题的期望性能是相同的，即没有任何一种预测算法能够解决所有的预测问题。因此，在"没有免费的午餐"定理的指导下，我们尽可能地纳入主流的预测算法，构建一个预测算法池，然后根据农产品价格波动规律，自适应地选择最适用于该波动规律的预测算法来开展预测建模，从而得到更为科学的预测信息。

预测模型。以在预测建模中是否纳入农产品价格的影响因素为依据，可以将预测模型分为因果模型（Causal Model）和时间序列模型（Time Series Model）。前者依赖影响因素对价格序列的解释关系来构建预测模型；后者不依赖影响因素对价格序列的解释关系，仅根据待预测农产品价格时间序列本身的波动特征与规律构建预测模型。现有研究与实践往往在因果模型和时间序列模型之间二选一，但是两类模型有其各自的优势。因果模型的优势在于其从各因素对农产品价格的影响路径与机理出发，能够更好地纳入专家研判、市场调研信息等（张金清，刘庆富，2006）；而时间序列模型基于统计学和计量经济学理论，依赖历史价格数据建模，往往在短期预测表现出更好的预测效果。考虑到农产品种类繁多、各种农产品价格影响因素交织、重要的专家研判和市场调研信息往往难以量化纳入到模型中（项乐，2014），因此我们综合利用时间序列模型和因果模型，构建以时间序列模型为主体的农产品价格短期预测模型，并从因果模型的角度纳入专家研判和市场调研信息，综合各方有价值信息，最终形成高质量农产品价格预测信息。

预测值形式。根据预测理论，预测值形式主要分为点预测（Point Prediction）、区间预测（Prediction Interval）和概率密度预测（Probability Density Prediction）三类，预测难度持续增加，预测信息逐级丰富。美国农业部发布的《世界农产品供需预测报告》和我国农业农村部发布的中国农产品供给需求估计与预测报告均提供主要农产品价格的年度点预测和区间预测信息，但缺乏更为丰富的概率密度预测信息。学术界也主要侧重于农产品价格点预测研究，较少涉及区间预测和概率密度预测。农产品价格概率密度预测通过构造农产品价格未来走势的概率密度函数，可以得到价格在未来某个时点的概率分布，能够充分反应不确定性，可传递比传统点预测和区间预测更丰富的信息。根据农产品价格概率密度预测结果，分析预测偏差和任意置信水平的预测区间波动范围，能为农业生产经营主体和政府主管部门提供更全面的决策支持信息，避免造成重大的经济与社会福利损失。因此，我们搭建一个以农产品价格点预测、区间预测和概率密度预测信息为核心决策支持信息的发布平台，为农业生产经营主体和政府主管部门服务。

3　农产品价格自适应短期预测系统（SSAPP 系统）

在本节，我们将对农产品价格自适应短期预测系统（SSAPP 系统）的预测原理、预测方法和软件开发做系统介绍。考虑到为便于建立模型的优点和提升在短期预测实践中的高效预测性能，以时间序列预测建模方法为主开展我国农产品价格短期预测研究工作。与此同时，在预测模型的寻优环节借鉴了因果模型能够描述影响因素与农产品价格因果关系的优点，我们不仅通过预测模型的预测性能评估预测表现，也结合专家研判和市场调研信息等，将农产品供求信息、宏微观经济环境、农业调控政策、农业重大突发事件等对农产品价格的经济影响纳入到了预测模型评估环节中，在保证农产品价格预测准确度高的同时，也确保了农产品价格预测符合基本的经济规律。为此，我们设计了 SSAPP 系统的逻辑图（附图 1）。由图可知，SSAPP 系统由数据采集分析、预测算法池构建、预测系统校验和预测执行等四部分组成。接下来，我

们将介绍 SSAPP 系统的预测算法池、多步预测策略、运行步骤、软件设计
与开发。

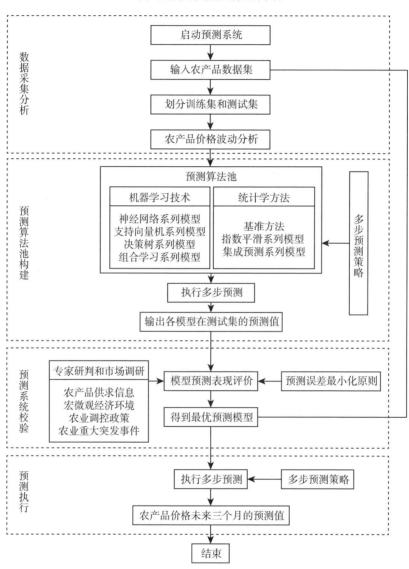

附图 1　SSAPP 系统逻辑图

3.1　预测算法池

　　为实现自适应预测建模，即 SSAPP 系统根据农产品价格波动规律自适应
地选择最优预测算法开展预测分析，我们将目前主流的 9 种统计学方法和 6 种

机器学习方法纳入建模过程中，形成预测算法池，在 SSAPP 运行过程中，SSAPP 能够自适应地根据各农产品价格的各预测步长选择最优的模型开展预测建模。具体预测算法及介绍如下。

3.1.1　统计学方法

根据统计学方法的基本原理，我们将 9 种方法划分为四类，分别是基准方法、自回归移动平均模型、指数平滑和集成预测方法。

（1）基准方法（Benchmarks）

季节性朴素预测法（Seasonal Naive）。该方法简单方便，当价格序列呈现明显的季节性且变化稳定时，往往预测准确度较高。具体地，季节性朴素预测法对第 i 年度 t 月份的预测值由上一年度（$i-1$）同月份（t）的真实值所表示。

随机游走（Random Walk）模型。随机游走模型用来描述价格的一种不稳定移动行为。在这种移动行为下，农产品价格随机地从当前价格水平移动到新的水平。具体地，随机游走模型对第 i 年度 t 月份的预测值由第 i 年度 $t-1$ 月份的实际值加上一个随机项所表示。

（2）自回归移动平均模型（Autoregressive Integrated Moving Average）

自回归移动平均模型是由 George Box 和 Gwilym Jenkins 提出的一种著名的时间序列预测方法，所以又称为 Box‐Jenkins 模型。其原理在于，将待预测的农产品价格随时间推移而形成的价格序列视为一个随机序列，用一定的数学模型来近似描述这个序列，这个模型一旦被识别后就可以从价格序列的过去值及当前值来预测价格的未来值。

（3）指数平滑（Exponential Smoothing）

简单指数平滑法（Simple Exponential Smoothing）。简单指数平滑法是在移动平均法基础上发展起来的一种时间序列分析预测法，它是通过计算指数平滑值，配合一定的时间序列预测模型对价格的未来走势进行预测。其原理是任一期的指数平滑值都是本期实际观察值与前一期指数平滑值的加权平均。

指数平滑状态空间模型（Exponential Smoothing State Space Model）。状态空间模型是一种动态时域模型，用来估计不可观测的时间变量。状态空间模型建立了可观测变量和系统内部状态之间的关系，从而可以通过估计各种不同状态向量达到分析和预测的目的。Hyndman 等（2002）创新性地将状态空间思想引入指数平滑模型，构造出指数平滑状态空间模型，并在 2008 年出版的学术专著 *Forecasting with Exponential Smoothing：The State Space Approach* 中对其原理予以详细阐述。

累加式 Holt‐Winters 模型（Holt‐Winters with Additive Seasonality）。Holt‐Winters 本质上是三次指数平滑法，其在二次指数平滑的基础上保留了

季节性的信息，使得其可以预测带有季节性的时间序列。按照季节性分量的计算方式不同，可以分为累加式季节性分量和累乘式季节性分量。累加式 Holt - Winters 模型适用于具有线性趋势而且季节效应不随时间变化的序列。

累乘式 Holt - Winters 模型（Holt - Winters with Multiplicative Seasonality）。如上所述，累乘式 Holt - Winters 模型适用于具有线性趋势且季节效应随序列量级发生变化的序列。

（4）集成预测方法（Ensemble Forecasting Method）

基于 STL 的预测模型（STL - based Prediction Model）。STL 为 Seasonal and Trend decomposition using Loess 的简称，是一种以局部加权回归作为平滑方法的时间序列分解方法。农产品价格序列往往呈现出明显的非线性、非平稳特征，直接对其进行建模预测难度较大。而借助时间序列分解方法，农产品价格序列可以分解为季节项、趋势项、周期项和随机波动项等特征相对单一的成分，对各成分进行建模预测的难度将大大降低，这正是近年来时间序列预测的研究热点。基于 STL 的混合预测方法正是此类预测实践的代表方法之一，通过运用 STL 对农产品价格进行分解，得到特征相对单一的各组成成分，进而运用 ARIMA、指数平滑等统计学方法对各成分进行建模预测，继而加总得到农产品价格的预测值。

Theta 预测法（Theta Forecasting Method）。Assimakopoulos 和 Nikolopoulos（2000）首次提出 Theta 预测法，该方法是一种基于"分解—集成"思想的指数平滑方法。具体地，农产品价格序列首先通过经典的去季节性方法剔除掉季节性波动成分，通过引入 Theta 系数修正去季节性价格序列的局部曲率，去季节性价格序列被进一步分解为两条 Theta 曲线，分别为线性回归线（Theta＝0）和 Theta 曲线（Theta＝2）；进而采用 Naive 方法对线性回归线进行趋势外推，运用简单指数平滑方法对 Theta 曲线进行建模预测；最后将线性回归线和 Theta 曲线的预测值相加，并且叠加季节性波动成分，即可得农产品价格的预测值。

3.1.2 机器学习方法

我们选择最具代表性的 6 种机器学习方法（即神经网络、支持向量回归、极限学习机、随机森林、Adaboost 和 Gradient Boost）进行农产品价格短期预测。具体算法及介绍如下。

（1）神经网络（Neural Networks）系列方法

前馈神经网络（Feed - forward Neural Network）是最为经典的神经网络结构。附图 2 描述了一种典型的三层前馈神经网络，该网络具有四个输入节点、四个隐藏层节点和一个输出节点。其中，输入节点为农产品价格的滞后值，输出节点为农产品价格的预测值，而隐藏层节点通过非线性激活函数处理来自输入节点的信息并传递给输出节点。

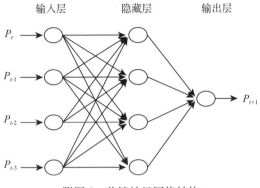

附图 2　前馈神经网络结构

极限学习机（Extreme Learning Machine）。由于传统神经网络存在速度缓慢、容易陷入局部最优、过拟合和欠拟合等缺陷和不足，黄广斌等人提出极限学习机的理论。极限学习机，作为一种神经网络模型，在人工智能领域内有着广泛的应用，其特点是训练速度极快、误差小、泛化能力强等。极限学习机算法核心是，随机为极限学习机选择它需要的阈值和权值，由此可得到关于极限学习机的 n 方程组。为求得最优解，给定 n 为最长的输入数据的长度，即令 $n=N$。为防止 n 取值大所导致的计算量过大等问题，可以设定为 n 个隐含层节点并采用最小二乘法对最终的输出权重值求解，以达到简化模型的实际效果。

（2）支持向量回归（Support Vector Regression）

基于统计学习理论与结构风险最小化原则，Vapnik 等（1997）提出支持向量机，其在解决小样本、非线性及高维模式识别中表现出许多特有的优势。支持向量机最初用于解决分类问题，通过引入不敏感损失函数，Vapnik（1998）提出用于解决回归预测问题的支持向量回归（Support Vector Regression）并将其成功应用到时间序列预测场景中。

支持向量回归算法的基本思想是，通过用内积函数定义的非线性变换将输入空间变换到高维空间，使样本线性可分，再在高维空间作线性回归。即对于给定的非线性训练集，可以通过非线性函数将训练集数据映射到一个高维线性特征空间，将在输入空间中的非线性函数估计问题转化为高维特征空间中的线性函数估计问题。因此，作为机器学习的明星算法，我们将支持向量回归纳入到预测算法池。

（3）随机森林（Random Forest，RF）

随机森林是机器学习领域一种比较新的算法，是 Bagging 算法的优化。

RF 使用 Bagging 算法，通过监测变量残差平方和或回归平方和的边际减小量来评价解释变量的相对权重，能够很好地排除异常值的影响，具有更好的预测精度 (Kampichler et al.，2010)。

具体而言，RF 具有以下优点。第一，RF 对数据集适应能力强，数据无需满足事先设定的假设条件或特定函数形式，对多元共线性不敏感，对缺失数据和非平衡数据比较稳健。第二，建模简单高效，泛化能力强，利用决策树多路径并行的优点迅速捕捉拐点。对比神经网络和支持向量回归，RF 的参数较少，仅需指定回归树的棵数与每个分叉节点采样的特征数，训练过程更简单快速。第三，RF 能处理高维数据集，不容易产生过拟合和欠拟合的问题。第四，RF 能够得到各个变量的权重，评估变量在模型中所起的重要性作用。因此，可将随机森林纳入到预测算法池。

（4）组合预测方法

AdaBoost 是英文"Adaptive Boosting"（自适应增强）的缩写，其作为目前流行的整体模型算法被广泛运用于预测研究之中。AdaBoost 的自适应在于，前一个基本分类器被错误分类的样本的权值会增大，而正确分类的样本的权值会减小，并再次用来训练下一个基本分类器。同时，在每一轮迭代中，加入一个新的弱分类器，直到达到某个预定的足够小的错误率或达到预先指定的最大迭代次数才确定最终的强分类器。AdaBoost 算法的优点在于很好地利用了弱分类器进行级联，可以将不同的分类算法作为弱分类器，具有很高的精度；且相比于 Bagging 算法和 Random Forest 算法，AdaBoost 充分考虑到每个分类器的权重。

Gradient Boost 主要思想是，每一次建立模型是在之前建立模型损失函数的梯度下降方向。Gradient Boost 结合了回归树与提升树的思想，主要解决一般损失函数的优化问题，其核心是利用损失函数的负梯度作为前一轮学习器的残差近似值，在残差减小的梯度方向建立新的决策树，使模型加速收敛到局部或全局最优解，具有很强的预测能力。相比于传统的线性回归模型，Gradient Boost 具有以下优势。第一，Gradient Boost 可以解释变量之间的非线性关系。与线性回归假设预测变量和响应变量之间具有线性的关系不同，Gradient Boost 通过最小化损失函数来预测响应变量，在控制了模型中的所有其他预测变量之后，生成偏依赖图以解释预测变量和响应变量之间的关系。第二，Gradient Boost 提高了模型预测的准确性，其通过阶段性学习数据对预测变量进行权重调整。第三，Gradient Boost 解决了多重共线性问题，该算法考虑了预测变量之间的相互作用，对预测变量的响应取决于较高层节点的预测变量的值。

3.2 多步预测策略

农产品价格短期预测本质上是多步预测问题，与之相对应的是单步预测。单步预测是得到将来单个时间点的预测值，而多步预测将得到未来连续多个时间点的预测值，是实现农产品价格短期预测的重要环节。但随着预测步长的增加，多步预测的建模难度急剧增大，将面临诸多难点，比如易出现误差积累问题等（Weigend，Gershenfeld，1995）。因此，多步预测被认为是现代预测理论与方法中最富挑战性的研究热点之一。多步预测的效果主要由两大关键点决定：预测策略和建模算法。之前介绍了 SSAPP 系统所构建的算法池和相应的建模算法，现简要介绍 SSAPP 系统所采用的四种常用的多步预测策略（即迭代策略、直接策略、MIMO 策略和 MISMO 策略）和我们所开发的一种新型的基于粒子群优化算法的 MISMO 策略。

迭代策略（Recursive Strategy）。迭代策略通过最小化单步预测误差而得到预测模型，然后迭代运用该模型进行多步预测，在这个过程中，前期的预测值作为输入参与后期的预测（Sorjamaa et al.，2007）。由于预测值作为输入参与接下来的预测过程，迭代策略易产生误差累积的问题，即随着预测步长的增加，积累的预测误差会越来越大，从而明显地降低模型的多步预测能力。但由于仅需构建一个预测模型，建模过程简单，迭代策略仍然被广泛地应用于多步预测。

直接策略（Direct Strategy）。不同于迭代策略仅构建一个预测模型，由 Cox（1961）提出的直接策略通过构建一系列的预测模型来解决多步预测问题。对于提前 H 步预测，直接策略构建 H 个预测模型分别完成各步预测（Franses，Legerstee 2009）。在直接策略中，预测模型的输入均为观测值，这样在预测过程中不会出现预测值作为输入参与接下来预测的现象，因此直接策略不会产生误差积累问题。但是，由于需构建多个预测模型，直接策略的建模过程复杂，极其耗时。

MIMO 策略（Multi‑Input Multi‑Output Strategy）。MIMO 策略由 Bontempi（2008）首次提出，该策略通过构建一个多输入多输出的框架进行多步预测，预测值不再是迭代策略和直接策略中的点而是向量，其中 H 为预测步长。对比于直接策略，MIMO 策略只需构建一个多输出模型以解决多步预测问题，建模过程简单，耗时短。但是，模型的输出点个数必须与预测步长相等，即主观的假设模型的多输入和多输出之间有确定的函数关系，但在实际的建模过程中，这种主观的假设往往是不成立的。

MISMO 策略（Multi‑Input Several Multi‑Output Strategy）。针对 MI‑MO 策略的劣势，Taieb 等（2010）提出了 MIMO 策略的改进版——MISMO 策略，该策略通过引入参数 s，使预测模型能根据数据本身的特征自适应地确定输出点的个数，一定程度上消除了 MIMO 策略中输出点个数必须与预测步长相等的限制。对于给定的参数 s，MISMO 策略构建 $n = H/s$ 个预测模型，每个预测模型的输出点个数为 s。

基于粒子群优化算法的 MISMO 策略（PSO‐MISMO Strategy）。通过引入参数 s，MISMO 策略能更灵活的处理多步预测问题（Taieb et al.，2012），但同时也带来一些问题。其一，当 $n=H/s$ 不为整数时该如何处理；其二，虽然 MISMO 策略在一定程度上消除了 MIMO 策略中输出点个数必须与预测步长相等的限制条件，但同时产生了新的限制条件，即各预测模型的输出向量长度必须相等（均为 s）。完全消除以上两个限制条件是时间序列多步预测研究中亟待解决的问题，因此，我们构建基于粒子群优化算法的 MISMO 策略（Bao et al.，2014），借助粒子群优化算法高效的寻优能力，该策略能自适应地优化各预测模型的输出向量长度，从而完全消除了 MIMO 和 MISMO 策略中的限制条件。因为篇幅所限，不再详述 PSO‐MISMO 的实现细节，详细算法请见文献 Bao 等（2014）。

3.3　系统运行步骤

本节以研究团队在 2021 年 6 月发布的《2021 年第三季度我国主要农产品价格短期预测》为例，说明 SSAPP 系统的运行过程。在此次预测分析过程中，我们所开展的短期预测是指对 2021 年 6 月、7 月、8 月、9 月农产品价格（半月度）给出预测信息。SSAPP 系统运行逻辑图如附图 1 所示，具体步骤如下。

第一步，数据采集分析。我们搜集整理了 38 种我国主要农产品的价格及供需数据，涵盖了主粮、肉禽、蔬菜和水果（来源于商务部）。本研究旨在预测主要农产品在 2021 年 6 月、7 月、8 月、9 月价格走势。多步预测建模中预测步长过大将导致预测准确度明显降低，为缩短预测步长、保证预测准确度，本研究将各月第一周和第二周的平均价格作为上半月价格，第三周和第四周的平均价格作为下半月价格，最终形成半月度的农产品价格数据，预测步长为 8 步。凭借 STL 分解技术，我们着重分析了农产品价格序列的季节性、周期性、趋势性与随机性等多种波动特征，以准确把握农产品价格波动规律。

第二步，预测算法池构建。在提升预测算法多样性的考量下，我们选择 15 种主流预测算法构建算法池，涵盖了经典的统计学方法和新兴的机器学习技术。由此，对于每一种农产品，SSAPP 系统将构建并训练 15 种预测模型，并在测试集进行短期预测。

第三步，预测系统校验。在综合考虑到宏微观经济环境、农产品供求信息、农业调控政策、农业重大突发事件等多方信息对农产品价格的经济影响的情况下，结合专家研判和市场调研，SSAPP 系统依据预测误差指标最小化原则自适应地选择出预测准确度最高的预测模型。

第四步，预测执行。根据上一步选择的预测模型对农产品价格进行预测，得到 2021 年 6 月、7 月、8 月、9 月农产品价格预测值。

3.4　软件设计与开发

基于专家支持系统和预测支持系统的设计理念，我们搭建了 SSAPP 系统结构图（附图 3）。具体的，该系统包括数据库（农产品市场数据采集与处理平台）、算法库（以 9 种统计学方法和 6 种机器学习方法为主的预测算法池）、方法库（粒子群优化算法、多步预测策略等应用于预测建模过程的核心方法）、知识库（主要包括专家研判和市场调研信息）等四大基础库，并配有相应的管理子系统。进而借助流程控制子系统协调用户、四大基础库之间的资源交互，配合友好的人机交互子系统，实现信息咨询、数据分析与处理、农产品价格预测预警等功能。

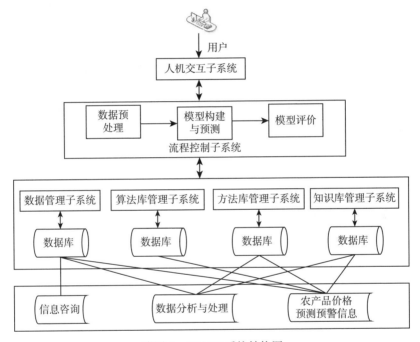

附图 3　SSAPP 系统结构图

该系统吸收了前期开发的基于 MATLAB GUI 平台的"我国鲜活农产品价格预测预警系统"和基于 R 平台的"农产品价格区间预测系统"的成功经验，结合上述设计的系统体系结构，扩展实现 SSAPP 原型系统。原型系统的开发平台为 Window 10，编程语言为 R，函数包主要来自 R 平台与自行编程，主要开发软件为 R Studio。

SSAPP 软件基于 R Studio Version 1.2.5033 开发环境，运用 R 语言 3.6.3。本软件共包括 3 个主要用户界面、1 个主可执行文件（运行 .exe）、18 个函数文件、5 个数据文件与 12785 行代码。

本软件的主要功能包括两个方面。第一,可对我国农产品价格开展分解分析,将波动特征复杂的农产品价格分解为季节项、趋势项和不规则波动项,进而降低了价格分析的难度,提升了价格分析的针对性和准确性。第二,可对我国农产品价格开展预测预警分析,基于 9 种统计学方法和 6 种机器学习技术搭建预测算法池,借助 5 种多步预测策略,结合专家研判和市场调研信息,本软件可根据各农产品价格波动特征与规律,自适应地选择预测表现最优的预测模型对其进行预测建模,进而完成短期预测预警分析工作。

本软件基于 R 开发环境,采用 R 语言进行开发,软件的计算耗时较低,运行速度较快,能满足用户对农产品价格短期预测预警的即时性需求。

以白条猪价格预测为例,SSAPP 系统的预测界面如附图 4 所示。选择农产品品种为白条猪,选择预测步长为 8,选择预测算法为自适应预测算法,即可单击"开始预测"按钮,系统开始训练预测模型并对白条猪价格未来走势开展预测分析。图中未标注价格的线表示白条猪历史价格,标注价格的线表示 SSAPP 系统对 2021 年 10 月至 2022 年 1 月期间白条猪价格的预测研判,从图中可知,我们认为白条猪价格将在 2021 年第四季度继续探底,这将一直持续到 2022 年初。我们已向中国版权保护中心申请软件著作权,并于 2021 年 1 月获批。

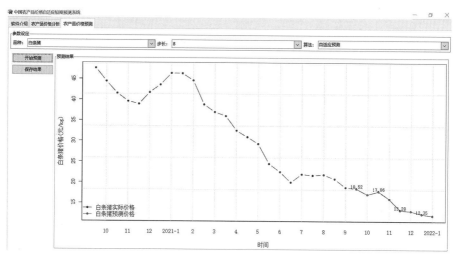

附图 4　自适应算法预测结果

4　应用实例展示

2020 年 5 月,我们基于 SSAPP 系统,结合专家研判和市场调研,对 2020 年第三季度我国主要肉禽价格开展预测分析,在此基础上完成并发布

《加强生猪产业顶层设计　防止猪肉价格大幅波动》研究报告。本节以该研究报告为例，说明农产品价格预测分析的全过程和预测准确度等情况。

具体的，我们基于 SSAPP 系统，利用 2000 年 1 月至 2020 年 4 月的数据，对 2020 年 5—9 月（第三季度）我国猪肉、牛肉、羊肉和鸡肉等四种肉类批发价格①开展半月度预测，预测结果如下所示。

2020 年第三季度我国猪肉价格预测如附图 5 所示，并进一步计算其MAPE 值，MAPE 为平均绝对百分比误差（Mean Absolute Percentage Error），MAPE 是主流预测误差指标，值越小表示预测越准确，MAPE 小于10％表示较高的预测准确度，小于 5％表示很高的预测准确度。

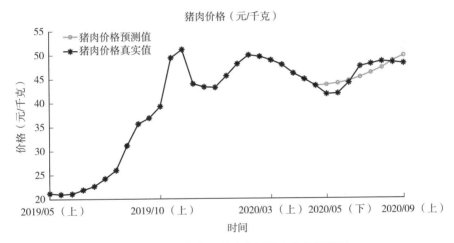

附图 5　2020 年第三季度我国猪肉价格预测图

在图中，圈线表示第三季度猪肉价格预测值，星线表示 2019 年 5—2020 年9 月间猪肉价格真实值，需要说明的是，圈线所示的预测值是由研究团队于2020 年 4 月底估计得出，并呈现在 5 月公布的《加强生猪产业顶层设计　防止猪肉价格大幅波动》研究报告中的，此时 2020 年 5—9 月的真实值未尝可知。由图所示，第三季度猪肉价格预测值与真实值较为接近，说明团队在 5 月就预测到接下来 3 个月猪肉价格将上涨。根据计算第三季度我国猪肉 MAPE值为 3.48％，进一步说明预测猪肉价格准确度高。

第三季度我国牛肉价格预测图如附图 6 所示，第三季度牛肉价格预测值略高于真实值，但差距较小。根据计算第三季度我国牛肉的 MAPE 仅为2.05％，说明第三季度牛肉价格预测准确度高。

---

①　价格数据来源于商务部全国农产品商务信息公共服务平台。

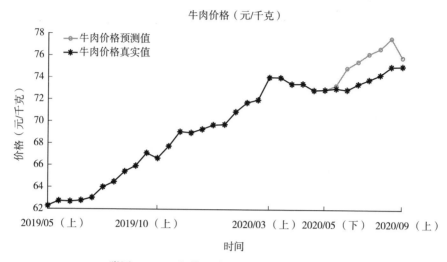

附图 6　2020 年第三季度我国牛肉价格预测图

第三季度我国羊肉价格预测图如附图 7 所示，第三季度羊肉价格预测值略低于真实值，但差距较小。根据计算第三季度我国羊肉的 MAPE 为 1.25%，说明第三季度羊肉价格预测准确度高。

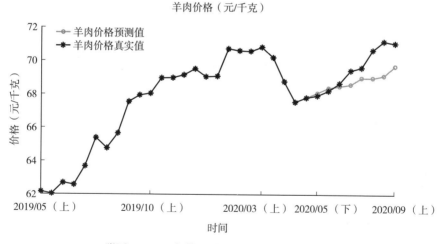

附图 7　2020 年第三季度我国羊肉价格预测图

第三季度我国鸡肉价格预测图如附图 8 所示，第三季度鸡肉价格预测值略高于真实值，但综合来看第三季度差距可控。第三季度我国鸡肉的 MAPE 为 4.69%，说明第三季度鸡肉价格预测准确度高。

鸡肉价格（元/千克）

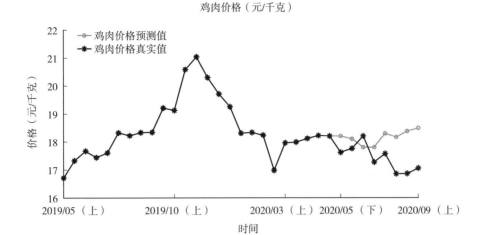

附图 8　2020 年第三季度我国鸡肉价格预测图

5　成果汇编

河马中心团队汇聚全国农林经济管理的一流学科资源，围绕农产品价格的预测预警与农产品市场的宏观调控等研究方向，致力于成为农业与宏观经济领域高校智库的引领者。中心自成立以来，每年以农业农村部农产品市场预警重大专项为依托，定期发布我国主要农产品市场短期预测报告。2017 年至 2021 年 7 月，共发布预测报告 12 份，撰写政策报告多篇，多次获得国家和省部级领导肯定性批示，为我国农产品市场调控、引导消费者预期和农业生产经营提供了有价值的经济主张和政策建议。

5.1　预测报告选编

①2018 年 3 月发布《农产品市场短期价格分析与预测》研究报告。报告指出 2018 年二季度农产品价格整体变动仍以下跌为主，但降幅较上年放缓。蔬菜、肉禽都预计进入季节性的触顶回落区间；水果价格将在波动中小幅上涨，逐步接近年内价格最高点；水产价格在未来可能出现小幅调整，随后逐步进入上行轨道；粮油价格将仍然保持前期小幅波动的变化态势。目前，农业生产正在跨越从由增产导向转向提质导向的关口；新产业新业态亮点纷呈，农业多功能性得到拓展；农产品市场"短期看供给，长期看需求"的局面基本形成。

②2019 年 1 月发布《上半年稳中略涨　春节期间普遍上扬——2019 年上半年我国主要农产品价格短期预测》报告。报告预测 2019 年上半年我国农产品市场供给总量将仍然保持充足，农产品市场整体价格预计呈现稳中略涨态

附图 9　中国农产品价格短期预测报告

势。春节期间牛、羊、鸡肉价格维持高位，猪肉价格呈现"北低南高"，果蔬市场"春节效应"显著，部分品种价格预计涨幅明显，特色小宗农产品市场存在大涨大落风险。建议特别关注春节期间存在较大价格上涨风险的农产品品种，并重视猪肉区域价差问题，防范南方主要城市因猪肉调入不足而导致的价格攀升。同时注意防范和应对部分农产品节后价格的快速下跌。

③2019 年 8 月发布《粮食价格总体平稳　肉禽价格普遍上扬——2019 年下半年我国主要农产品价格短期预测》报告。报告预测 2019 年下半年我国主要农产品价格预计稳中略涨，粮食价格预计保持总体平稳，玉米价格下半年预计止跌回升，肉禽价格预计持续上涨，果蔬价格季节性、随机性特征仍显著，品种间价格波动趋势差异性较大，个别特色小宗农产品价格预计逐步回落。建议关注存在较大价格上涨风险的农产品品种，在进行疫病防治的同时，特别重视生猪生产，引导养殖场户增养补栏，加快落实扶持生猪恢复性发展的政策，保障猪肉供给，防止猪肉价格持续过快上涨。

④2019 年 12 月发布《第一季度整体平稳　春节期间稳中略涨——2020 年第一季度我国主要农产品价格短期预测》报告。报告显示 2020 年第一季度我国主要农产品价格整体平稳，春节期间肉禽产品维持高价，猪肉价格高位震荡，果蔬市场节庆效应显著，部分品种价格涨幅明显，特色小宗农产品价格稳中略涨。建议特别关注猪肉价格高位震荡走势，在严控疫病的同时进一步加强生猪养殖扶持政策的执行力度，有效增加春节期间猪肉供给，及时准确发布生猪存、补栏信息，严防猪肉价格再次过快上涨，确保春节期间重点农产品价格整体平稳。

⑤2020 年 5 月发布《加强生猪产业顶层设计　防止猪肉价格大幅波动》报告。报告强调当前我国生猪产能依然严重不足，猪肉消费持续回升，猪肉进口不确定性加大。5 月底之前我国猪肉价格将相对平稳，6 月底到 7 月初稳中

有升，随着消费缓解，第三季度有较大上涨风险，预计 9 月猪肉批发价格突破 49 元/千克。2021 年年底生猪产能有可能恢复到非洲猪瘟前的水平。建议将生猪生产作为国家战略产业，健全我国生猪产业协调机制；稳定政策预期，建立保障猪肉供给的长效机制；相信市场力量对生猪供需的调节作用，尽量减少政府对市场的直接干预；构建立体循环、综合开发、生物安全的生猪生产体系。

⑥2020 年 12 月发布《短期存在上涨压力　第一季度运行平稳——2021 年第一季度我国主要农产品价格短期预测》报告。报告认为 2021 年第一季度粮食价格稳中略涨，肉禽价格高位震荡。春节期间部分粮食价格预计小幅上涨、肉禽价格维持高位、果蔬价格明显上扬，节后粮食价格预计稳中略涨，肉禽产品维持高价，猪肉价格高位震荡，果蔬价格季节性、随机性特征显著，品种间价格变动趋势存在差异。建议高度关注粮食价格波动对下游中小企业及农户收入的影响，引导农户规避市场风险；有效增加春节期间猪肉供给，严防猪肉价格再次过快上涨；密切关注果蔬价格走势及供需形势，保障市场供给和调运；着力完善国家重要农产品价格风险预警体系，形成涵盖重要农产品价格和供需基本面信息的大数据库。

⑦2021 年 6 月发布《2021 年第三季度我国主要农产品价格短期预测》报告。报告分析指出第三季度我国粮食价格将缓步上行，猪肉价格继续探底，其他肉禽价格窄幅波动，果蔬价格季节性波动明显，即 2021 年第三季度我国农产品市场价格上行压力较大，部分农产品价格波动较剧烈。建议主管部门特别关注猪肉价格持续下跌走势，统筹协调各地政策力度和内容，在确保扶农利产政策延续性的基础上，逐步降低对生猪生产的直接干预，发挥经营主体的自主经营活力，进一步发挥市场在生猪供需和价格形成中的决定性作用。

5.2　成果采纳情况

①2018 年 12 月，《预计 2019 年春节期间部分品种价格上扬，上半年农产品价格稳中略涨》，得到农业农村部采纳，刊发于农业农村部参考内刊《市场与信息化》。

②2019 年 5 月，《预计下半年我国主要农产品价格稳中略涨——粮价总体平稳，肉价普遍上扬》，得到农业农村部采纳，刊发于《农民日报》。

③2020 年 2 月，《关于疫情期间提前做好玉米春播准备，保障国家饲料粮安全的建议》获一项正部级批示、三项副部级批示。

④2020 年 2 月，《建议及时出台强力措施，破解畜牧业复工复产面临的"六大难题"》获一项正部级批示。

⑤2020 年 2 月，《稳定政策预期，把现代农业示范区建设成为乡村振兴的重要抓手》获一项正部级批示。

⑥2020 年 2 月，《新冠肺炎疫情对 2020 年农产品价格和 CPI 的影响与对策建议》获一项正部级批示、两项副部级批示。

⑦2020 年 3 月，《关于重视新冠肺炎疫情影响，确保脱贫攻坚按时完成的建议》获一项正部级批示。

⑧2020 年 3 月，《新冠肺炎疫情对全年粮食生产不会造成大规模冲击》获一项正部级批示。

⑨2020 年 3 月，《建议尽快出台措施，化解家禽业发展危机》获一项副国级批示。

⑩2020 年 3 月，《关于建立和完善国家生物安全治理体系的几点建议》获一项正部级批示。

⑪2020 年 4 月，《关于发展贫困地区特色农业　助力脱贫攻坚与乡村振兴有效衔接的建议》获一项正部级批示。

⑫2020 年 4 月，《关于健全顶层协调机制　确保猪肉供应的建议》获一项正部级批示。

⑬2020 年 4 月，《新冠肺炎疫情对我国农产品贸易的影响分析》获一项正部级批示。

⑭2020 年 5 月，《建议尽快做好秸秆还田　还一片蓝天白云》获一项正部级批示。

⑮2020 年 5 月，《加强生猪产业顶层设计　防止猪肉价格大幅波动》获一项正部级批示。

⑯2020 年 9 月，《高度重视近期猪肉价格走势　保障四季度肉类价格平稳运行》被国家发改委价格司采纳。

⑰2020 年 12 月，《短期存在上涨压力　第一季度运行平稳——2021 年第一季度我国主要农产品价格短期预测》获一项正部级批示。

⑱2021 年 7 月，《2021 年第三季度我国主要农产品价格短期预测分析》获三项副部级批示。

6　结论与展望

农产品价格的超常波动不仅损害农业产业链各环节生产经营主体和终端消费者的福利，也不利于整个农产品市场的健康稳定发展。为了应对农产品价格频繁异常波动带来的不利影响，未来研究将从以下几方面着手做进一步优化，一方面细化农产品数据收集工作，另一方面搭建农产品信息监测平台，切实完善农产品价格预测与预警机制。

数据收集精细化。高质量的农产品价格数据和基本面数据收集对精准预测预警起到关键性作用。我们现有的数据还局限在部分主要农产品、部分周期、部分频率和部分区域内。今后，我们将扩大数据收集的广度和深度，建立如生猪、主粮、大豆等重点产业数据库，拓展如供给、需求、政策、库存、运输等综合性基本面数据源，融合地方如县市、交易市场等农业监测采集与直报数据，实现数据收集的时间连续性、品种全面性、频率实时性和地区综合性。

机制响应系统化。通过对农产品的价格预测分析，制定合理化警情标准，建立系统化预警响应机制，提出科学性预警处置方案可以有效引导农产品生产者合理安排生产计划，避免价格波动时因"盲目"或"逆向"操作带来的损失。在实际应用中，我们可以结合预警模型，积极开发相关应用程序，构建可追溯性、可视化系统，规范预测分析—预警响应—预警处置流程联动机制，为缓解农产品价格波动影响提供有效及有力保障。

信息监测平台化。随着云计算、遥感技术、物联网、移动互联等技术的快速发展，我国农业已进入大数据时代。通过搭建可视化预警农业监测服务平台，我们可以对接地方（县市、交易市场）农业监测直报数据，融入作物遥感监测数据及气象灾害监测信息等强化基准数据，利用物联网、遥感等技术开展实时信息采集技术研究；基于大数据分析技术构建智能模型分析系统，建立健全农产品市场价格预测预警机制，从而实现农产品市场的动态监测、实时预警和精准调控。

参 考 文 献

程国强，胡冰川，徐雪高，2008. 新一轮农产品价格上涨的影响分析 [J]. 管理世界 (1)：57 - 62＋81＋187 - 188.

胡冰川，2015. 中国农产品市场分析与政策评价 [J]. 中国农村经济 (4)：4 - 13.

黄季焜，杨军，仇焕广，徐志刚，2009. 本轮粮食价格的大起大落：主要原因及未来走势 [J]. 管理世界 (1)：72 - 78.

黄季焜，2004. 中国农业的过去和未来 [J]. 管理世界 (3)：95 - 104＋111.

李干琼，王盛威，许世卫等，2021. 大城市蔬菜供需分析与预测研究：以上海市为例 [J]. 上海农业学报，37 (4)：125 - 132.

李哲敏，许世卫，崔利国等，2015. 基于动态混沌神经网络的预测研究：以马铃薯时间序列价格为例 [J]. 系统工程理论与实践，35 (8)：2083 - 2091.

李剑，李崇光，2017. 农产品期货市场风险评价：一个基于价格泡沫模型的新分析框架 [J]. 中国农村经济 (5)：73 - 87.

刘芳，王琛，何忠伟，2013. 我国生猪市场价格预警体系研究 [J]. 农业技术经济 (5)：78 - 85.

刘峰，王儒敬，李传席，2009. ARIMA 模型在农产品价格预测中的应用 [J]. 计算机工程与应用，45 (25)：238 - 239.

许彪，施亮，刘洋，2014. 我国生猪价格预测及实证研究 [J]. 农业经济问题，35 (8)：

25 - 32.

许世卫，李哲敏，李干琼等，2011. 农产品市场价格短期预测研究进展 [J]. 中国农业科学，44 (17)：3666 - 3675.

王川，王克，2008. 基于 BP 神经网络的我国农产品市场风险预警研究 [J]. 农业经济问题 (S1)：154 - 158.

王吉恒，王新利，2003. 农产品市场风险与市场预测研究 [J]. 农业技术经济 (3)：1 - 5.

赵瑞莹，陈会英，杨学成，2008. 生猪价格风险预警模型的建立与应用 [J]. 运筹与管理 (4)：128 - 131.

庞贞燕，刘磊，2013. 期货市场能够稳定农产品价格波动吗：基于离散小波变换和 GARCH 模型的实证研究 [J]. 金融研究 (11)：126 - 139.

田利辉，谭德凯，2014. 大宗商品现货定价的金融化和美国化问题：股票指数与商品现货关系研究 [J]. 中国工业经济 (10)：72 - 84.

项乐，2014. 非线性面板模型参数估计量的偏误修正方法研究 [J]. 数量经济技术经济研究，31 (4)：145 - 161.

熊景华，茹璟，2021. 基于随机森林算法和模糊信息粒化的汇率预测组合模型研究 [J]. 数量经济技术经济研究，38 (1)：135 - 156.

张金清，刘庆富，2006. 中国金属期货市场与现货市场之间的波动性关系研究 [J]. 金融研究 (7)：102 - 112.

赵振全，于震，刘淼，2007. 金融加速器效应在中国存在吗？ [J]. 经济研究 (6)：27 - 38.

朱信凯，韩磊，曾晨晨，2012. 信息与农产品价格波动：基于 EGARCH 模型的分析 [J]. 管理世界 (11)：57 - 66+187 - 188.

王孝松，谢申祥，2012. 国际农产品价格如何影响了中国农产品价格？ [J]. 经济研究，47 (3)：141 - 153.

张成思，刘泽豪，罗煜，2014. 中国商品金融化分层与通货膨胀驱动机制 [J]. 经济研究，49 (1)：140 - 154.

张利庠，张喜才，2011. 外部冲击对我国农产品价格波动的影响研究：基于农业产业链视角 [J]. 管理世界 (1)：71 - 81.

ASSIMAKOPOULOS V, NIKOLOPOULOS K, 2000. The theta model: A decomposition approach to forecasting [J]. International journal of forecasting, 16 (4)：521 - 530.

BAO Y K, XIONG T, HU Z Y, 2014. PSO - MISMO modeling strategy for multi - step - a-head time series prediction [J]. IEEE transactions on cybernetics, 44 (5)：655 - 668.

COX D R, 1996. Prediction by exponentially weighted moving averages and related methods [J]. Journal of the royal statistical society B, (23)：414 - 422.

HAHN W, 2004. Beef and pork values and price spreads explained [J]. USDA economic research service.

HYNDMAN R J, KOEHLER A B, SNYDER R D, et al. , 2002. A state space framework for automatic forecasting using exponential smoothing methods [J]. International journal of forecasting, 18 (3)：439 - 454.

JHA G K, SINHAK, 2013. Agricultural price forecasting using neural network model: An innovative information delivery system [J]. Agricultural economics research review, 26 (347 - 2016 - 17087): 229 - 239.

JUMAHA, KUNST R M, 2010. Seasonal prediction of European cereal prices: good forecasts using bad models? [J]. Journal of forecasting, (27): 391 - 406.

KAMPICHER C, WIELAND R, CALMÉ S, et al., 2010. Classification in conservation biology: A comparison of five machine - learning methods [J]. Ecological informatics, 5 (6): 441 - 450.

RAMIREZ O A, FADIGE M, 2003. Forecasting agricultural commodity prices with asymmetric - error GARCH models [J]. Western journal of agricultural economics, 28 (1): 71 - 85.

KAMPICHLER C, WIELANDR, CALMÉ S, et al., 2010. Classification in conservation biology: A comparison of five machine - learning methods [J]. Ecological informatics, 5 (6): 441 - 450.

LI G Q, XU S W, LI Z M, et al., 2012. Using quantile regression approach to analyze price movements of agricultural products in china [J]. Journal of integrative agriculture, (11): 674 - 683.

LI Y Z, LI C G, ZHENG M Y, 2014. A hybrid neural network and H - P filter model for short - term vegetable price forecasting [J]. Mathematical problems in engineering, 18 (5): 916 - 830.

LI Z M, CUI L G, XU S W, et al., 2013. Prediction model of weekly retail price for eggs based on chaotic neural network [J]. Journal of integrative agriculture, (12): 2292 - 2299.

MARTÍN - RODRÍGUEZ G, 2012. Forecasting pseudo - periodic seasonal patterns in agricultural prices [J]. Agricultural economics, (43): 531 - 544.

MOORE H L, 1917. Forecasting the yield and the price of cotton: New York: the macmillan company.

PAUL R K, GURUNG B, PAUL A K, 2015. Modelling and forecasting of retail price of arhar dal in Karnal, Haryana [J]. Indian journal of agricultural sciences, 85.

RAMÍREZ O A, FADIGE M, 2003. Forecasting agricultural commodity prices with asymmetric - error GARCH models [J]. Journal of agricultural & resource economics, 71 - 85.

RIBEIRO C O, OLIVEIRA S M, 2011. A hybrid commodity price - forecasting model applied to the sugar - alcohol sector [J]. Australian journal of agricultural & resource economics, (55): 180 - 198.

SAENGWONG S, JATUPORN C, ROAN S, 2012. An analysis of taiwanese livestock prices: empirical time series approaches [J]. Journal of animal and veterinary advances, (11): 4340 - 4346.

JHA G K, SINHA K, 2014. Time - delay neural networks for time series prediction: An application to the monthly wholesale price of oilseeds in India [J]. Neural computing & applications, 24 (3 - 4): 563 - 571.

SHINH M L, HUANG B W, CHIU N H, et al. , 2009. Farm price prediction using case-based reasoning approach: A case of broiler industry in Taiwan [J]. Computers & electronics in agriculture, (66): 70 - 75.

SU X, WAN Y, DUAN S, et al. , 2009. Detecting chaos from agricultural product price time series [J]. Entropy, 6415 - 6433.

TAIEB S B, BONTEMPI G, ATIYA A F, et al. , 2012. A review and comparison of strategies for multi - step ahead time series forecasting based on the NN5 forecasting competition [J]. Expert systems with applications, 39 (8): 7067 - 7083.

TAIEB S B, SORJAMAA A, BONTEMP G, 2010. Multiple - output modeling for multi - step - ahead time series forecasting [J]. Neurocomputing, 73 (10): 1950 - 1957.

VAPNIK V, 1988. Statistical learning theory [M]. New York. Wiley.

VAPNIK V, GOLOWICH S E, SMOLA A, 1997. Support vector method for function approximation, regression estimation, and signal processing [J]. Advances in neural information processing systems, 281 - 287.

WEIGEND A S, GERSHENFELD N A, 1995. Times series prediction: Prediction the future and understanding the rast [J]. Journal of economic behavior & organization, 26 (2): 302 - 305.

SORJAMAA A, HAO J, REYHANI N, et al. , 2007. Methodology for long - term prediction of time series [J]. Neurocomputing, 70 (16): 2861 - 2869.

WEIGEND A S, GERSHENFELD N A, 1995. Times series prediction: Prediction the future and understanding the past [J]. Journal of economic behavior & organization, 26 (2): 302 - 305.

FRANSES P H, LEGERSTEE R, 2009. A unifying view on multi - step forecasting using an autoregression [J]. Journal of economic surveys, 24 (3): 389 - 401.

WU J J, ADAMS R M, KLING C L, et al. , 2004. From microlevel decisions to landscape changes: An assessment of agricultural conservation policies [J]. American journal of agricultural economics, 26 - 41.

XIONG T, LI C, BAO Y K, 2018. Seasonal forecasting of agricultural commodity price using a hybrid STL and ELM method: Evidence from the vegetable market in China [J]. Neurocomputing, (275): 2831 - 2844.

XIONG T, LI C, BAO Y K, 2016. An improved EEMD - based hybrid approach for short - term forecasting of hog price in China [J]. Agricultural economics - zemedelska ekonomika, (63): 136 - 148.

XIONG T, LI C, BAO Y K, et al. , 2016. A combination method for interval forecasting of agricultural commodity futures prices [J]. Knowledge - based systems, (77): 92 - 102.

ZHANG X, HU T, REVELL B, et al. , 2005. A forecasting support system for aquatic products price in China [J]. Expert systems with applications, (28): 119 - 126.